高木大祐 著

動植物供養と現世利益の信仰論

考古民俗叢書

慶友社

動植物供養と現世利益の信仰論

目次

序章　生業からの仏教民俗研究へ向けて

第一節　生活と仏教の関わりを考える　―民俗信仰・仏教民俗とその周辺の研究史―

国際人になれ、グローバリゼーションに対応せよということが言われて既に久しい。現実に多くの日本人が留学であれビジネスであれ海外に向かっている。そしてその人々の経験について次のように語られることがある。海外に行って自分の宗教をうっかり「無宗教だ」と言ってしまった。ところがそのことで人間として問題を抱えているかのように思われてしまった(1)。自分が持つ信仰について自覚し、説明できることが異文化コミュニケーションのなかで求められるということを示すエピソードと捉えることができるであろう。つまり、グローバリゼーション、異文化コミュニケーションの進展が、自文化の持つ位置づけを考え、自覚することの重要性を高めているのである。したがって、日本人の宗教について、自画像を描いておくことが今必要であり、そのために「自省の学」としての民俗学の役割も高まっている考えられる。「日本人と宗教」というテーマに関心を持つ筆者が、民俗学に立脚してこのことを考えようとする理由はここにある。

本書は「日本人の宗教的自画像(2)」を描く作業の一部として、日常生活たる生業と、日本における代表的宗教の一つと見なされる仏教との関わりを考えようとするものである。ここでなぜ、「生業」「仏教」というキーワードを設定するのか。まずそのことを、民俗学が信仰・宗教をとらえる時に使われてきた、「民間信仰」「民俗宗教」「民俗信仰」、そして「仏教民俗」といった概念の変遷を研究史から振り返っていくことにより説明していこう。

一　民間信仰から民俗信仰へ

民間信仰の語は柳田國男も提唱しているが、この概念について宗教と対比的に捉え研究を発展させたのは堀一郎である。堀一郎は民間信仰について「民族の宗教体験の歴史の中の、特に前宗教的な、未分化の分野を指す」という概念規定をした上で、その中心的な特色は「自然宗教と直接的に、或は残留的、習合的に連続した性格を持つ」点にあるとする。そして宗教の機能の一翼を、民衆との接触面において担うのが民間信仰である、との立場を示している［堀　一九五一　一〇―一三］。その上で、民間信仰の「歴史的、歴史社会的の相対価値は極めて高いことを知らなければならない」と民間信仰研究の意義を訴える［堀　一九五一　一五―一六］。

こうした堀の立場は当時の民俗学の立場と、それに対する堀の捉え方を反映している。堀は民俗学の前提として、どんな複雑な社会でも文化を類型要素によって抽出すれば、そこに基本的な文化の型、生活の型、行動の型を考えることができるという可能性があることを述べ、これらの型を集約することで日本人とか日本文化の基盤をなすエトスを明らかにすることができる、ということを民俗学の課題としてあげている［堀　一九五一　六―二］。すなわち、ある文化の中における行動様式の「原本的意義と原本的形態」、文化の基盤をなす「エトス」の二つの柱を、堀は民俗学に見出していたということになる。民間信仰はこれを描き出すための素材であったと捉えることができよう。

堀がこうして素材としての民間信仰の重要さを訴える一方で、池上廣正は民間信仰そのものへの着目を訴えている。池上は「我国に於ける民間信仰調査の回顧」で、民間信仰の「最も概括的と思われる定義」として、「日本人の信仰の自然の在り方を求めようとする」こと、それを「民間人の間に――主として農村、漁村等に――自然の状態に近いままに保たれている信仰」に求めること、民間信仰の概念規定は「始めから明確にすることは無理であって、むしろそれらの研究の結果に於て明かにされる」ことの三点を挙げている［池上廣　一九九一　三］。

のちの論考「民間信仰」では、「民間信仰は外来の諸創唱宗教や諸信仰を受け容れる受容の場であり、変容、融合の場でもあり、更に新しい諸宗教発生の母体でもあるという意味で、所謂『表層的宗教』に対し『基層的信仰』と言えるとその性質を述べている。そしてその研究の意義は民俗学の立場からは「古い信仰形態と信仰意識とを抽出すること」であり、宗教学の立場からは民間信仰を「現在動いている相において捉えること」としている［池上廣　一九九一　三三―三九］。

池上は当時の状況として、民俗学が目的とするところと、宗教学が目的とするところを、このように史的探求と現在的探求に分けたのであるが、現在では民俗学の内部でも歴史的展開を視野に入れながら現在の相を見ようとする立場があり、その垣根は低くなっていると言えよう。(3)

一方、民間信仰と類似のものとして扱われてきたのが民俗宗教である。櫻井徳太郎は民俗宗教を神道、仏教、キリスト教あるいは諸新宗教との関連で捉え、きわめて多彩な地域社会の宗教状況が矛盾なく体系化されている、その基盤となっているのが民俗宗教である、とする。そして、そのことを示した図の中で民俗宗教は、成立宗教と対置されつつ、仏教、キリスト教、新宗教、民族宗教と部分的に混じり合いながら、民間信仰とイコールの概念となっている［櫻井　一九八〇　二六―二七］。ここで、「成立宗教の民俗的規制」という捉え方で、仏教の土着化に民俗宗教が大きな役割を果たしたと強調していることが筆者の視点からは重要な指摘となる。民俗と仏教の関わり合いという点は後に仏教民俗学の項で確認することにしよう。

一方、宮家準は民俗宗教と民間信仰を位置付け直し、民俗宗教と普遍宗教の相関を示している［宮家　一九八九　一〇］。宮家によれば、理念的モデルとしての民俗宗教は、生活のなかから自然発生的に生じ、儀礼や年中行事により、集団を維持することに重点が置かれ、神話や伝説が思想の主体をなす。そして中核をなす聖なるものは、自然神、祖先神、宇宙やその法が中心であり、日常生活の順調や挫折の克服が救済の中心となる。そして、堀や櫻井徳太郎らが民間信仰としたものは、純粋の民俗宗教と普遍宗教が混肴した形で民間に残留した宗教形態であると位置付けている［宮家　一九八九　八―九］。

長谷部八朗は民俗宗教論が広がっていった背景に「民間信仰の複合性の解釈に関する視座の転換」、すなわち、複合性は人々が外来宗教を他律的に受け容れた結果なのではなく、人々が外来宗教の要素と在来の要素を融合して主体的な意味・価値の世界の再構成を行なった営みの所産だという認識の高まり、「成立宗教と民間信仰の交流の全貌は、成立宗教の影響による民間信仰の変容のみでなく、民間信仰の影響によってもたらされた成立宗教の変容をも含めた、両者の動態を視野に入れなければ十分に理解しえない」という複眼的分析の重要性の自覚、という二点を指摘している［長谷部　二〇〇六　二二五］。後述の藤井正雄の論などはこうした動向を代表するものといえよう。

さらに、近年は宮本袈裟雄、谷口貢が編んだ『日本の民俗信仰』において、「民俗信仰」という概念が提唱された。宮本は民間伝承から改称された民俗学の一領域として信仰研究があり、その分析対象が民間信仰であったとする。しかし、一九八〇年代以降学際的研究の進展、民俗学の研究領域の拡大に伴い、民俗宗教という語が使われるようになっていく。宮本によれば、堀一郎が民俗宗教を提示したことは、神話や儀礼など従来の民間信仰の内容よりも拡大した領域を取り込んだ結果の提言と見ることができる。また、宮田登『民俗宗教論の課題』は天皇制、性、被差別など民俗学、民間信仰研究の新分野開拓を意識している。仏教民俗学は五来重によって「仏教と民俗」で提唱されたが［五来　一九五九］、一九八〇年代の民俗学の多様化のなかで再評価された。このように、民俗学研究において新領域の開拓と民間信仰から民俗宗教への用語の変更は軌を一にしているといえるのである。

こうした展開を踏まえ、宮本は民間信仰を継承しながら、仏教や成立宗教・新宗教との関連、あるいは都市民、さらには在日外国人の信仰まで拡大した内容を含み、民俗学の立場を強調した用語として民俗信仰が最適であると提唱する［宮本　二〇〇九］。

一方、谷口は民間信仰から民俗宗教への展開を次のようにまとめる。地域社会に展開する民俗信仰の調査研究は「民間信仰」という枠組みで発達した。戦後、堀一郎が宗教民俗学の樹立に努め、民間信仰研究の意義は成立宗教と民間信仰が交錯する部分と成立宗教の基礎をなす下部構造に焦点をあて、「民衆の基本的な性向や意識」を究明することにあるとした。この堀の問題意識を継承・発展させたのが櫻井徳太郎である。谷口は櫻井の研究を前・中・後期に分けて捉える。前期には地域社会における「固有信仰」を究明するという指向が打ち出され、中期には成立宗教（創唱宗教）との対比から、民間信仰は地域社会の構成員が集団として世代的に継承してきた基層信仰であるとする。そして後期には、「民間信仰」を揚棄して「民俗宗教」の語を使うことを提唱する。このことについて谷口は、櫻井の民間信仰理解が従来の研究範囲を大きく拡大したために、「民俗宗教」を積極的に採用するに至ったと説明する。

そして一九七九年から一九八〇年にかけて『講座日本の民俗宗教』が刊行される前後から、民俗宗教という語が使用されるようになっていった。『講座日本の民俗宗教』はそれまでの民俗信仰研究の集大成的な意味合いがあったが、以降の研究は総合化よりも個別分野のテーマに絞った研究が主流となっていった。

このような認識のもとで、谷口は「民俗信仰」を採用する理由を二点挙げる。一つは、「民俗宗教」という包括的な概念の設定によって民俗学の立場からの主体的な研究が逆にみえなくなってきたのではないかという反省、もう一点は、「民俗信仰」という枠組みを設定することで、日本の社会に見られる様々な信仰を総合的に把握し、日本人の神観念や世界観を追究することを民俗学の大きな研究課題として位置付けることである［谷口　二〇〇九］。

宮本・谷口ともに、「民間信仰」から研究領域が拡大したことを受けて「民俗宗教」という概念が使われてきたと考え、ここで再度、民俗学の立場を強調した捉え方として「民俗信仰」という語を提唱しているのである。

日常生活の場における宗教（あるいは宗教的なもの）は、このように民間信仰や民俗宗教、民俗信仰といった概念によって捉えられ、研究の対象とされてきた。そこに欠かせない要素の一つに宮家のいう「民俗宗教と普遍宗教が混肴した形」がある。宮家が民俗宗教について提示したことを、あくまでモデルである、と断っているように、現実の形を捉えるには、様々な要素によって変化したものを視野に入れなければならない。そこで、「普遍宗教」である仏教と民俗（民俗宗教）の接合面を見ようとする仏教民俗学の立場が注目される。次にその主な論点を見よう。

二　仏教民俗学の提唱

初期の日本民俗学を形成していった、柳田國男の研究のキーワードが「固有信仰」であったこと、折口信夫は「古代」の探求を旨としていたことは、よく指摘されるところである。それゆえ、初期の民俗学にとって、仏教は「固有信仰」「古代」にまで遡るために取り除くべきものであって、仏教と民俗の融合の在り方そのものには注意が払われなかった。一方、仏教者の側では教理・教学の研究は進んでも、「葬式仏教」と批判され、揶揄された実際の信仰の在り方については注意が払われなかった。このような問題意識から、現在では仏教と民俗の融合した姿を積極的に捉えようとする立場が生まれている。その内の一つが仏教民俗学である。仏教民俗学の第一人者、五来重は自らが仏教民俗学を標榜した動機を次のように述べている。

> 日本の仏教各宗がそれぞれ自分の教理・教学・信仰を打立てているが、一皮むきますと民衆の中には全く異質な仏教、すなわち庶民宗教的な仏教、あるいは民俗宗教的な仏教というものがあることに気がつきました。それから私は日本仏教史の一領域として仏教民俗学という領域を自分の仕事にしたわけです。

（中略）日本人は仏教をうけ入れるのに、じつはインド、中国そのままのなまの仏教をうけ入れたのではない。それを自分たちの生活にプラスになるような意味での仏教のうけ入れ方をした。あるいは山岳崇拝や祖先崇拝の宗教がまずあって、それにのせるような形での仏教のうけ入れ方をしてきたということが、従来、あまりにも無視されていたと感じたわけです。［五来　一九九五　二六四―二六五］

仏教を「なまの仏教」として捉えるのではなく、「うけ入れ方」に着目した意義は大きい。「うけ入れ方」への着目という点で、ここに述べられた視点は未だ有効であると考えられる。

そして、五来の問題意識には、それまでの日本民俗学が仏教を疎外してきた、仏教者の側も本場の仏教を指向し庶民の仏教をないがしろにした、という批判がある。五来は仏教民俗を「日本の宗教、文化、社会にとけこんだ仏教は、庶民のあいだの民俗となって伝承されてきた。このようにして成立した民俗」と規定し、仏教民俗学を「このような仏教民俗を対象とする民俗学的・文化史的・社会史的研究の総体」［五来　一九八〇　四］と定義している。初期の民俗学からも仏教者からも軽視された、庶民のあいだの民俗として伝承された仏教を積極的に捉えようとしている姿勢が窺えよう。

次に、中村康隆の主張からも、仏教民俗学の問題意識を確認しておこう。中村は仏教民俗学の開拓を志した一因として、伝統的な仏教学と正統派民俗学の双方から異端外道視され白眼視されることへの反発を挙げている。すなわち、特に明治から昭和の初期頃には葬式仏教非難、葬式無用論が幅を利かせていて、葬儀によって民衆と深く結合し得た力が仏教の維持力となり、また民衆の仏教信仰への傾斜を招き得た事実が軽視されていた。ところが、民俗学の方では、民俗慣習の固有性を重視する余り、仏教色を払捨する傾向があった。これに対して、仏教民俗学の立場は、仏教がその宗教的な活力を発揮し民衆の血となり肉となってその生命を輝かし維持し得たのは、それが民間習俗の間にまでとけこみ、日常生活の場面にまで実際化したからに外ならない、とする認識にある。また、民俗は生長流動して、消長常なきものである、仏教による民俗の変貌と適応、止揚とを否定し去ることはできない、と提起して、消極的な文化残存の面にのみ眼を奪われることなく、文化変容の積極的な様相もとらえねばなるまい、と固有信仰の解明に傾いていた初期民俗学に批判的な立場をとっている［中村　一九九一］。その上で、非常に多くの習俗が課題として挙げられるわけだが、ここでは、教義だけ、固有信仰だけでは解明できない仏教儀礼、習俗が多くかつ広く存在していることを踏まえておくべきだろう。

中村の論中にも「仏教の民俗化」ということが言われているが、これを「仏教の民俗化」「民俗の仏教化」と対置したのが藤井正雄である。藤井は、インド・中国・朝鮮において生活化された仏教が日本に導入されたことによって、日本仏教が導入時においてすでに諸文化の累積したものであった、さらにその上に定着化の過程における変容が加わることで日本仏教は二重の変容を受けている、という認識に立っている。そしてその定着化の過程には、仏教が民俗に意味づけを与えてとりこむ〈民俗の仏教化〉と、仏教が民俗に傾斜して自己を失っていく〈仏教の民俗化〉という二つの方向がある、ということを指摘している。このことから、仏教民俗学の発展的方向には、〈仏教の民俗化〉にもとづく仏教民俗学の構築、〈民俗の仏教化〉にもとづく仏教民俗学の構築、〈民俗の仏教化〉〈仏教の民俗化〉の両面を総合する仏教民俗学の構築の三つが考えられる、とする。この第三の発展的方向、日本仏教を〈仏教の民俗化〉と〈民俗の仏教化〉の習合形態とみるならば、インド・中国・朝鮮においても同様のプロセスが見られることと考え合わせて、日本仏教民俗学の成立は漢訳仏教圏である東アジア比較仏教民俗学、ないし上座部仏教圏である南アジア、さらにチベット仏教を含めた国際仏教民俗学になっていかねばならない、と指摘している。その上で藤井は日タイの葬送習俗の事例比較を行い、非日常的世界の構築、すなわち死と生の世界のリミナリティに現出する人間文化としての共通性を看過ごしてはならない、民俗事象が仏教の大系のなかに組み込まれていく際の意味づけは対象を異にしても可能、と指摘している。〔藤井　一九九二〕。

インドの仏教と日本の仏教を比較したとき、従来は「日本の仏教は本来の仏教ではない」という解釈がなされがちであった。しかし、藤井が指摘するように、仏教はインド・中国・朝鮮において生活化されたうえで日本に伝来している。たとえば、インドで広まる段階で既に仏教の初期経典にはない偶像崇拝、聖者信仰（仏舎利とストゥーパ、聖蹟に対する信仰）などを取りこんでいる。すなわち、民俗化を受けているのである。そして日本に伝播するまでの間、中国、朝鮮半島においても様々な変容を受けてきている。偽経の存在もその一つと言えるし、また中国で生まれた宗派も存在している。このことは「本来の仏教ではない」という批判の限界を露呈していると言えよう。仏教も民俗も、従ってその接合により生じる仏教民俗も、すべては変容を受けていくことを忘れてはなるまい。

三　仏教が持つ二面性

仏教と民俗との関係を考えようとする前提として、仏教そのものが二つに分裂して受け取られていることは留意するべきであろう。一つは般若心経の現代語訳や、『歎異抄』や『正法眼蔵』の関連本が多く出版されていることに見られるような、その思想への関心である。もう一方が俗に「葬式仏教」と揶揄されるような、葬儀・法事を中心とする寺院の活動である。前者が高く評価される一方で、後者は戒名に象徴されるような費用の不透明さなどもあって批判の対象となっている。

こうした状況に対して、問題を提起しようとする動きもすでに出ている。大村英昭らが浄土真宗の現状について主張していることがまず第一に認められよう。大村のほか、金児暁嗣、佐々木正典のグループは、真宗教団内部において「現場なき教学」と「教学なき現場」という分裂状況を「『教学なき現場』が単なる〝経営〟に頽落する危険性を持つとすれば、『現場なき教学』も、心情のない（情の通わぬ）専門的知性に頽落する危険性をもっている」とも指摘している［大村・金児・佐々木　一九九〇　四―五］。大村らはこの状況を踏まえて真宗（P）（真宗ピューリタニズム）、真宗（C）（真宗カトリシズム）という概念を提唱している。ピューリタニズムとカトリシズムはもちろんキリスト教の史的展開から仮借された概念であるが、あらゆる宗教に通用する分類として使われている。ここでいうピューリタニズムとは、「一切の妥協を排して教義を純化（purify）するポジの面と、だがしばしば排他的に硬直したセクト主義に陥るネガの面」を併せ持つものであり、カトリシズムは「〝人類普遍〟の名にかくれた妥協をこととし、ひたすら現にある制度に安住する」ネガの面と、「一方でピューリタニズムを修道院（order）に生かし、しかも他方では、日本の先祖崇拝まで同化してしまおうとするしたたかな二枚腰がある」というポジの面を持つ［大村・金児・佐々木　一九九〇　九一―九二］。

そしてこの二面について真宗の教団史にあてはめて、純粋な教理哲学上は否定されながら、現実の寺院に見られる、荘厳や葬儀・法事などの儀礼・儀式の役割を認め、真宗C（カトリシズム）の必要性を訴えている。

浄土真宗の僧侶でありながら社会学者・宗教学者という立場から問題提起を続けている大村と同じように、曹洞宗の僧侶であり、文化人類学者である立場から問題提起を行なっているのが佐々木宏幹である。佐々木は人々が死者の弔いを寺に依頼する理由について「寺と寺を主管する僧（住職・住持）には法力とか行力あるいは仏力が具わっており、この力または資質が死者・死霊を安定させうるとの観念や心情が人びとに共有されているから」［佐々木　二〇〇四　五］と述べている。

ところが、それに対して僧たちの捉え方にはギャップがあるということも指摘する。佐々木は「今日、僧が具えている法力とか行力、仏力などと言うと、いわゆるインテリ僧ほど、そう言われることに肯定的ではない観がある。どうしてであろうか」と問いかけ、その答えとして「近代仏教教理学を学び、その思考法を身に着けた僧は、仏教は本来すぐれて知的かつ合理的な宗教であると捉えがちであり、その視点から見ると、法力とか仏力のような「力」は非合理的、非科学的な思考の所産と映」ること、「僧には仏教のとくに教理・宗旨を法力とか行力と関連づけて扱うことは、高度の宗教思想を低級な呪術や呪力の世界に貶めることになるのではないかとの、懸念がある」ことなどを挙げている。〔佐々木二〇〇四　一〇―一一〕

こうした「仏力」をめぐり、人びとが求める一方で僧たちが忌避しようとする傾向を佐々木は問題視し、僧の説教や儀礼が有り難いのは僧が具えている力あってこそであると力説する。大村と佐々木に共通するのは、佐々木の表現を借りるならば〝あるべき姿〟（宗旨・教学）と〝ある姿〟（檀信徒の現実）〔佐々木　一九九一　二〇〕とのギャップを抱えた教団の姿を指摘し、それを克服する方策を提示する姿勢である。これはいずれも宗教と民俗の接点に着目した発想ともいえ、民俗の視点から仏教を見直す必要性が示されているといえよう。

第二節　本書の課題

一　「現世利益」への着目

前節に述べたように、仏教と民俗が混じり合って定着していることを評価する機運があるなかで、信仰史の面から見て見直さなければならない要素は何だろうか。ここで、多くの仏教寺院が法事を手がけ、また現世利益の功徳を説いていることを思い出すべきであろう。「葬式仏教」と「現世利益」は、日本仏教の活動が「本来の仏教」から外れてしまったことを批判する二本柱であると筆者には思われる。しかし、前節に紹介した大村、佐々木のように、そこに安住して堕落することは戒めながらも、その役割を積極的に評価しようとする動きが生まれている。

「葬式仏教」が評価されねばならないのは、人は誰でも死ぬものであり、それに対処することは、誰しもが持つ普遍的な課題だからであろう。ならば、誰もが経験しなければならない、普遍的な活動に関する信仰であれば、「現世利益」も「葬式仏教」と同様、その評価が見直されるべきではないだろうか。池上良正は現世利益について、その内実が明らかではないと問題点を指摘しながら「『現世利益』の曖昧さに着目することは、『宗教』そのものの見えにくさ、面白さを考えることにもつながるかもしれない」〔池上良　二〇〇四　一七〇〕とその可能性を指摘している。また池上は現世利益批判には、教義的批判と歴史的批判の二つの系譜があることを述べている。そして「現世利益」を平均的日本人の共通宗教（common religion）と捉え、利己心と利他心、現世と来世（「本来的な救済」と「単なる御利益」）、「個人」と「社会」、日本（現世利益）と非日本（非現世利益）という対立軸を批判して、「現世利益」をめぐる議論の具体相に注目し、「現世利益的だ」という言葉が何を意味し、何との対比で選ばれたのかを反省する意義を主張する〔池上良　二〇〇四〕。

池上は「現世利益」をめぐる議論の具体相に注目する、としているが、「日本人の宗教は現世利益的だ」という表現の議論の場面に限らず、「現世利益」といわれるものについて調査し、検討するには、池上が批判した二項対立的な枠組を脱して、その深層に迫っていく必要がある、ということになろう。

一方、民俗学の立場から現世利益への着目を提唱したのは宮本袈裟雄である。これまで民間信仰・民俗宗教が持つ特色の一つとして現世利益が指摘されたのは、あくまで民間信仰・民俗宗教のもつ性格の一つとしてであり、民間信仰の中核を先祖崇拝・祖先信仰と位置付けた上でそれとの関連で諸々の信仰を理解してきたと宮本は指摘する。そして、自らの姿勢について次のように述べる。

こうした民間信仰・民俗宗教の理解に対して、私が本書で意図したかったことは、民間信仰・民俗宗教の中核の一つとして祖先信仰を位置づけることには異論がないが、それと並列するもの、同等のものとして現世利益信仰を位置づけることである。前者の祖先信仰は、系譜意識を前提としており、家意識や系譜意識の高まり強化によって強められてきたと思われるのに対し、後者は日常生活の円滑な営みに基礎を置き、病気や災害などの災厄からの一日も早い快復を願い、平穏な生活にあっては一層の幸せを希求する信仰と規定することができ、庶民にとって先祖供養以上に身近かな信仰、関心の深い信仰といえるのではなかろうか。〔宮本二〇〇三　ii〕

筆者もこの宮本の立場を踏襲する。その上で、この宮本の指摘を、筆者の関心に引き直してみれば次のようになる。これまで仏教が果たした役割は「葬式仏教」と「現世利益」の両面があると思われるが、どちらかといえば「葬式仏教」という側面への着目が、批判であれ評価であれ優勢であった。しかし、「現世利益」もまた葬式仏教と同等に民間信仰・民俗宗教の中核に位置づけるられるべき側面である。したがって、この側面からの研究が今後一層必要となるのではないか。

二　民俗学の視座、生業の視点

さて、民俗学がこれまで「現世利益」を積極的に取りあげてきたのは、とりもなおさず、民俗学が「民間」の学、「生活」の学を志してきたからであろう。柳田國男は次のように述べている。

然らばその民間傳承の研究の眼目はどこに在るかといふと、其答は何よりも簡明である。我々は民間に於いて、即ち有識階級の外もしくは彼等の有識ぶらざる境涯に於て、文字以外の力によって保留せられている従来の活き

方、又は働き方考へ方を、弘く人生を學び知る手段として觀察してみたいのである。〔柳田　一九七〇　三四三〕

近年、新谷尚紀は方法論の観点から、柳田の民俗学は正しく継承されなかった、と主張しているが、方法論はともかくとして、こうした視点は柳田の時から受け継がれてきているといえるのではないだろうか。とはいえ、有識階級とそのほかを分けようとする発想が、高学歴化の進んだ現代でもそのまま通じるわけではない。少しアレンジを加えて考える必要がある。

そこで、「民間」とともに求められる要素が「生活」である。谷口貢は民俗について、民俗の存在形態は複雑多様であるため一応の規定とことわりながら、「一定の地域で生活を営む人々が、その生活や生業形態のなかから育み、伝承してきた生活文化やそれを支える思考様式」と規定している〔谷口　一九九六　四〕。つまり、生活、生業への着目である。このことは民俗学史のなかで一貫してきたと見てよかろう。

この谷口の規定に見られるように、民俗学の視座とは生活・生業を基盤とするものであると筆者も考えたい。つまり「生活や生業形態」と、「伝承してきた生活文化やそれを支える思考様式」としての信仰の結びつきを見ることを基本的なスタンスとしたい。ところが、これまで生業を基盤として信仰の研究が行われてきたかといえば、そうとは言い切れない側面もある。そのことを確認するため、民俗学が生業をどう捉え、扱ってきたか確認しておこう。まずはその捉え方であるが、生業という語は「『なりわい』のことであり、暮らしを支え、生計を維持する営み」〔野本　一九九七　三〕、「人が生計を維持するために必要になる仕事を総称する概念」〔湯川　一九九七　二七二〕と定義される。この定義自体は的確なものといえ、筆者もこれにしたがって生業という語を用いたい。

ただし、生業をどう扱ってきたか、という点では従来の研究には問題点があった。湯川洋司によれば、生業という語はアチックミューゼアムによる『民具蒐集調査要目』に「生業に関する語」という項目が立てられたのが早い用例であり、初期には民具の収集に関わって注目された。以降、古態の記述、歴史的遡及、社会史的視点、地域生活の基盤・生計維持活動としての把握、環境・風土論との連接といったかかわりで取りあげられてきた［湯川　一九九七　二七二―二七五］。このように生業研究の大筋を振り返ってみたとき、信仰が主なトピックとして挙げられていないのはなぜだろうか。

もちろん、無視されてきたわけではない。「生業と民俗」と銘打った『日本民俗学大系』第五巻では「はじめに―生業と民俗」で、最上孝敬が「技術の問題」「労力の問題」「土地の問題」と並んで「信仰と生業」を取りあげているし［最上　一九五九］、同書の各論においても、俗信、儀礼、信仰といった項目を立てて信仰に触れているものが少なからずある。ところが、同シリーズの第七巻で、同書所収の井之口章次「農耕年中行事」に関して、桜田勝徳は「農耕という平常の生産活動を中心とした生活と年中行事との、かみ合わせ・関係に重点が注がれることを期待していたのであったが、今までの民俗学の業績を考えれば、ただちにそれを望むことは確かに無理な注文であったかもしれない」［桜田　一九五九　一五］と、当時の民俗学の業績からは平常の生産活動（生業）と年中行事（信仰）の接合は無理であった、と受け取れる所感を述べているのである(4)。

桜田の指摘を踏まえるならば、大系第五巻のように生業研究の中で信仰の記述をすることは行われはじめていたものの、その二つを接合して何かを考察しようとすることはできない、というのが当時の研究の状況であったということになろう。したがって、生業の研究は生業の研究、信仰の研究は信仰の研究と分裂していたといって差し支えあるまい。

そして、そのことは現在行われている研究にとっても無縁な課題ではない。例えば、野本寛一が次のように指摘するとおりである。

生業民俗の研究も、技術・民具・自然環境とのかかわりといった即物的な側面と、儀礼・信仰・呪術・伝説・民謡・芸能といった、信仰的・心意的側面とを別途に扱ったり、どちらかに大きく偏ったりする傾向が見られる。前記のうちのどの項目にもおのおのの深さと広がりがあるゆえに、両者を見つめる場合に偏りがあることは止むを得ないとしても、両者を分離してしまっての生業民俗研究は決して望ましいものではない。

〔野本　一九九七　一二〕

もちろん、この指摘があてはまらない研究もあった。千葉徳爾の一連の狩猟伝承研究は、生業の即物的な面（技術）、社会的な面（組織・集団）、心意的な面（信仰）とすべての範囲をカバーしている。それゆえに信仰の部分を読みながらも、技術や組織のことまであわせて考えることができる。しかし、千葉のような膨大な量の研究ではなく、個々の課題に取り組むに際して、両者を分離して考えることになっていないか、十分に自覚する必要があるのではないだろうか。しかし一方、桜田の言い方に従うなら、平常の生産活動と年中行事、野本の言い方なら生業の即物的な面と信仰的な面の関連に焦点を当てる研究は、新たな展開をもたらす可能性を持っているともいえよう。

実際、生業研究は既に一つの画期を通過してきていると考えられる。小島孝夫によれば、かつての生業研究(5)は民具の調査研究を介して展開した経緯や高度経済成長期における農山漁村の構造的変容の影響により、技術誌的記述に偏重したものであった。しかし、『日本民俗学概論』（一九八三年　吉川弘文館）と『日本民俗文化体系』（小学館）の刊行を画期として、生産技術の記述に偏った研究から脱する模索が始まったのである。小島はこの流れを踏まえて多様な自然環境と人間との相互作用に基づく生産活動を文化体系として捉えるという課題は未完のままである、と現状を述べる。そして、生活者の生きる姿勢を理解しようとする視点から生きるための普遍的な知恵を再構築していくことを新たな生業研究の方向性として提示している。したがって、小島による生業の定義付けは、単に所得形成を念頭に置いた活動を指すのではなく「どのようにして生きるのかという、個人や集団の価値観を内包する概念」となるのである［小島　二〇〇六］。

このように、現在の民俗学では、生業研究そのものが、どのように生きるのか、という価値観を含んだ方向へと展開していくことが課題として示されているのであり、物質的側面と心意的側面とを別々に捉えるのではなく、そのかかわりから捉えようとする研究の必要性は益々高まっていると考えられる。本論では、これまで生業の研究と信仰の研究が十分に関わり合ってこなかったと考えられることを踏まえ、「生業の視点から」信仰を見ることを強調したいのである。

三　供養への着目

ここまで述べてきたような視点で、大変に注目される題材となるのが供養である。仏教用語としての供養とは、サンスクリット語の「pūja」あるいは「pūjana」を訳した語とされ、仏・法・僧の三宝や父母、師、死者に供物を供給して資養する行為である。大乗仏教の経典では、供養の功徳が様々に説かれている。ここでは例として、日本の民俗に浸透している信仰の、仏教側の典拠になった教典を取り上げて、「供養」のあり方を見てみよう。薬師経では、薬師如来を供養するために仏像を作って安置し、花や香でその場所を飾り立てること、七日七夜にわたり八斎戒を守り、清浄な食物を食べ、入浴して身を清め、清浄な衣を着て、濁り汚れのない心、怒り害うことのない心、一切の生き物に恩恵や安らぎを与え、慈しみ、あわれみ他者の楽しみを見て喜ぶ平等な心を起こすこと、鼓を打って音楽を奏し、歌を歌って仏を讃え、如来の本願・功徳を念じて経を読み、その意味合いを考えて他に説き教えることを説く。そして、薬師如来を恭敬・供養すれば願い求めることは皆そのとおりになり、悪夢や不吉なしるしに災いされず、水害や火災、獅子や虎など動物の恐怖から解放される、他国の侵略や盗賊の反乱を免れる、とされている[6]。

地蔵経では、閻魔法王が大衆に向かって、正月・五月・九月の月の前半・後半の七日間夕暮れ時に閻魔法王、拏吉尼、起死鬼に対し、香・花・金・米・銀銭・銀幡・銀幣・ざくろとなつめの実・清浄な茶湯を真北に向かって供え、礼拝し真言を念ずれば不慮の死を遂げることはないと説いている[7]。

盂蘭盆経では修行によって得た力で亡き母が餓鬼となっているのを見た修行者（大目乾連、目連）が、仏から母を救う方法を教示され、それによって目連の母は餓鬼の苦から逃れられたとする経典である。その中で示された方法は、七月一五日に七代にわたる父母及び生みの父母で厄難を受けている者のために、様々な食べ物、五種の果実、水、香油、燭台、敷物、寝具などを盂蘭盆の法会の中に設け、全ての僧達に供養するというものである。また、同じ方法で生きている父母の無病・長寿、七代にわたる父母が餓鬼道を逃れ天上へ生まれることを説いている[8]。

ここに取りあげた経典は、言うまでもなく薬師信仰、地蔵信仰、盆行事の由緒となった経典であり、仏教と民俗の接点で重要な役割を果たしたと言えるものである。これら経典の中に現れる供養は、仏や僧を供養することによって様々な功徳・利益を得ようとするものである。同じように、仏菩薩の供養によって死者のために功徳を得ようとするのが追善供養の考え方である。これは仏の供養を行うことによって得られる善根を死者にふり向け（回向）、その冥福を願うというものである。

仏教的な供養とはこのように仏・僧に対して行われるものである。しかし、そのことによって得られる功徳が、ある時は自分の災難除けであり、またある時は父母のための長寿祈願、先祖のための追善となり、「葬式仏教」「現世利益」の両面で供養は重要な要素となっているのである。

しかも、供養の対象は先祖に留まらず、動植物や道具など様々な対象に広がりを見せている。これについての詳しい研究史は本書第一部第一章および第二部第一章に述べるが、ここには慰霊の意味合いと現世利益の要素を持ち合わせた姿を見せる供養がある。そしてその主体となるのは共通の生業を持つ人々であることが少なくない。ここに、本書が供養に着目しようとする理由がある。ある生業を基盤とする信仰と、仏教とが接合している、その現場がまさに供養、なかんずく動植物の供養であると考えられるからである。そこには人と宗教のかかわり方の一端を見ることができるであろう。民俗学の視座に立ち、信仰と生業の交わりから宗教と民俗の関わりを考えるには、供養は外せない要素であるといえよう。

四　本書の視点と構成

ここまで述べてきたことを踏まえ、筆者自身の問題意識をここで明らかにしておこう。筆者は生業を基盤として生み出され保持された、生活文化やそれを支える思考様式としての信仰を対象領域とする。人は誰しも食べなければ生きていけない。そこで何らかの生業を持つことが必要となる。その意味で生業こそ人が生きる上での最重要課題と言ってもいい。現世利益の願目のなかには、商売繁盛、大漁満足、交通安全など生業に関するものが多くある。これは生業をベースとした信仰を人々が寺院に求め、寺院の側もそれに応じる、あるいは積極的にこれを取り込もうとしている、ないしはしてきた証であろう。それとともに、あらゆる生業に人がコントロールしきれない部分があり、そのため次々に新たな儀礼が生み出され、生業と信仰の接点では変わらず仏教と民俗の習合が行われ続けるであろうことが予想される。この点から言っても、生業に関する信仰は間違いなく仏教民俗としての寺院信仰の一角を占めていると言える。

信仰研究と生業研究の間で、その接点にこそ信仰の歴史が積み上げられてきたとする視点に立つことができれば、新たな研究の展開が可能になるのではないか。従って、本論では生業が持つ特質を十分に考慮に入れた上で、生業に即した信仰の形態を見ていくことにより、仏教と生業との接点に成り立つ信仰、その信仰を支える寺院の姿を見ていくことを課題とする。

先に民間信仰から民俗宗教、民俗信仰へという民俗学における信仰研究の概念の変遷に触れた。いま筆者が本論において試みようとしていることは、従来の民間信仰研究、民俗宗教研究の主流よりも、生業を基盤とする視点へと研究領域をシフトしようとしているという意味において、研究領域を拡大させた民俗信仰の研究に連なるものである。そして、生業を基盤とする信仰の中から仏教の関わりの強いものを取りあげようとしている点で、民俗信仰の中の、仏教寺院や仏教的儀礼が関わる領域としての仏教民俗が研究対象であるといえる。

生業をベースとした信仰のありようを見ることにより、「日本人」と「宗教」というテーマに近づいていくことこそ本論が持つ最終課題である。本論では事例に則しながら、生業と関連する信仰の背景にどのような事情が潜んでいるのか、それを掘り起こしていく。第一部では漁業に関する仏教民俗として、魚霊供養と航海安全・大漁祈願のための寺院参拝を取りあげる。漁民が信心深いことについては、「板子一枚下は地獄」という言葉に象徴される仕事の危険性が理由付けとして従来最もよく用いられてきた。それ自体は否定されるべきものではないが、理由付けをこれのみですませて信仰の研究を行うことは、生業の詳細を考慮に入れないことになる。つまり、生業と信仰の研究の分裂を克服できない。本書では「板子一枚下は地獄」という言葉では表現しきれない漁業の特質にまで論及することにより、漁業―信仰―仏教をつなぐ線を描き出していきたい。

まず第一には、先に述べたように、供養に着目することが一つの手がかりになると考え、魚介類の供養を題材として、漁業のあり方と供養の背景とのかかわりを考えていく。第一章で漁業と信仰に関する研究史をまとめて筆者の問題意識を明らかにした上で、第二章では東北地方に多く見られる鮭供養の例を取りあげる。ここでは鮭が長く漁業の主力であった歴史、人工ふ化を義務づけられているという鮭の特殊性、そして人工ふ化とセットで河川で行われる鮭漁と、かつて海面で盛んに行われた建網漁との違いといった要素を後景としながら供養のあり方を見ていく。

一方で、鮭の特殊性にも配慮し、他の魚介類供養との違いを考慮に入れつつ、共通する供養の動機は何かを探るため、各種の養殖漁業における供養のあり方を第三章で見る。ここでは、対象とする魚種の特性や、それによる養殖漁業の特性の違いといった点を見ながら、それぞれの魚介類供養をつなぐ線はあるのか考える材料とする。第四章では紀伊半島太平洋岸に点在する供養塔に着目し、その現状を追う。ここでは現在に至るまでの各浦の歴史、特徴とあわせて考えることで、供養塔が存在することにどんな意味が持たされているか考えていく。

第五章と第六章では、漁民による寺社参拝に注目する。魚介類供養のほかにも、漁業と仏教の接点を設定することで、生業に関わる信仰と仏教のかかわりを考えることとする。第五章では三重県の青峯山正福寺（真言宗）と和歌山県の那智山青岸渡寺への参拝行動に注目する。このことにより漁民の間での寺院信仰の広まりの経緯や現状について考察する。また、これに着目することで、これまで民俗学の研究で取りあげられることのなかった遠洋漁業船の船主の信仰に焦点を当てることが可能になる。彼らの仕事と寺社参拝のつながりはどこから来るのかを考察したい。第六章では静岡県の奥山半僧坊（臨済宗方廣寺派方廣寺の鎮守）に着目することにより、第五章までに示した漁民側の信仰への希求を、寺院側はどのように取り込んできたのか、歴史的観点を交えて考察することとする。

第一部によってまず信仰と生業が切り離せないものであることを提示する。そしてその信仰に仏教寺院が関わっているところから、日本仏教がどのように生業信仰に対応してきたのかを考える。

第二部では漁業以外の生業を取りあげることにより、それぞれの生業が抱える特質がどのように信仰と結びついているかを考察する。ここで特に注目したいのは生業が人にもたらす動植物観である。動植物観に着目するのは、第一部との比較により、動植物観が引き起こす葛藤とそれに対処する仏教儀礼という形の中で共通点、相違点を見いだしていくためである。また一方、動植物を利用するがために仏教儀礼を必要とする人びとと、教理としては殺生を禁じる仏教という相克を生業に関する信仰ははらんでいると考えるためでもある。

第一章で生業と信仰の研究のありかたを振り返り、第二章では造園業に注目する。造園業者が日々の仕事で草木と関わる中で生まれてくる草木観を明らかにし、その草木観が草木供養とどのようにつながっているのかを考える。第三章では動物園、水族館での慰霊行事に着目して、第一部とは異なる「飼育する」という動物とのかかわりが作る動物観と、供養との関係を考える。この際、公営施設であるために、表面上「無宗教」の形を取り、「供養」ではなく「慰霊」を行わなければならない事例も取りあげることになる。しかし、これを通してその根本には同じ思いがあることも明らかにできるであろうと考えている。そして第四章では現代の狩猟のありかたと動物供養との関連を考える。ここでは、既に現金収入の手段としては成り立たなくなった狩猟に関しても、他の生業と同じ視点からの分析が今なお有効であることが示されるであろう。

そして、仏教はこれらの個々の事例、研究の中で通奏低音として常に存在することになる。本論で探求しようとするものは、このような生活、生業の中に、さらには生活、生業が求める信仰・儀礼の中に通奏低音として存在する仏教の姿である。通奏低音、すなわち目立たないながらも常にそこに存在し、全体を貫く存在としての仏教とは、一体どういうものなのか。人々がもとめるものと、仏教者が応えようとするものの交錯を見ることが、たとえその一端のみに留まるとしても、その視点においては可能であろうと考える。

注

（1）　こうしたエピソードにおける「海外」が、諸外国というよりはキリスト教の強い影響下にある欧米各国であることは明らかである。従ってこの記述には日本人の「海外」認識の危うさが潜んでいる。しかし、本書の目的はグローバリズム批判ではないので、ここではこの問題は措くことにする。

（2）この表現は伊東幹治の著書名『日本人の人類学的自画像』（筑摩書房　二〇〇六年）に倣ったものである。
（3）松崎憲三は「過去に連なる現世相に焦点を当てながら、民俗が持つ現代的意味を明らかにしたい」［松崎　二〇〇四　八］との立場を言明している。
（4）これについては、井之口の論考の内容を含めて、第二部第一章で再考する。
（5）小島は「なりわい」という語を使用しているが、「なりわいは生業とも表記する」［小島　二〇〇六　一八三］と同一概念であることを示しているから、本論では他の部分と用語を統一するため、「生業」を用いる。
（6）石田瑞麿『民衆経典』仏教経典選一二　筑摩書房　一九八六年　一五〇―一五五頁。
（7）石田前掲書　二二一―二三二頁。
（8）石田前掲書　二九七―三七八頁。

第一部　漁業と仏教民俗

第一章　研究史と問題の所在

第一節　漁民信仰の研究史

日本の漁民、漁民社会に関する研究という観点で見ると、一九三〇～一九四〇年代のアチックミューゼアム同人による活動の成果が挙げられる。しかし、この段階では信仰に関する研究への指向性は弱かった。高桑守史はアチックミューゼアム同人による活動を一　漁村の文書資料の収集刊行、二　漁村や漁業に関する社会経済史的研究、三　聞き書き調査を中心とした漁村や漁民に関する民俗学的研究、という三つの傾向に分けている。一には渋沢敬三『豆州内浦漁民史料』をはじめとする漁業史料、二には山口和雄による九十九里地曳網漁業に関する研究や伊豆川浅吉による土佐捕鯨に関する研究成果が含まれる。そして三の民俗学的研究として宮本常一、桜田勝徳らの成果を挙げている。しかし、高桑は、一、二の漁村史や漁業史には問題意識を伴った見るべきものがある一方、三の民俗学的成果は資料記録の観が強い、と民俗学的見地から見たときの問題点を指摘している〔高桑　一九九四　一八―一九〕。

一方、戦後になり昭和二四（一九四九）年には柳田國男編『海村生活の研究』が刊行される。昭和一二（一九三七）年から昭和一四（一九三九）年にかけて郷土生活研究所同人によって行われた海村生活調査の報告書である。調査は『採集手帳（沿海地方用）』を携行したメンバーによって行われ、一〇〇項目にわたる情報が収集された。『海村生活の研究』では、さらにこれを二五項目に整理して分担執筆している。漁民信仰に関する項目を挙げると、一六　漁撈と祝祭（関敬吾）、一七 海の怪異、一八 海より流れ寄るもの、一九 海へ流すもの（以上三項目　大藤時彦）、一九 海辺聖地、二〇 海上禁忌、二一 血の忌（以上三項目　瀬川清子）がある。全体としては漁撈組織・慣行、人生儀礼、信仰、衣食住の各範囲を広くカバーするが、漁具・漁法に関する項目はない。

『海村生活の研究』の問題点はこうして項目によって整理し分担執筆したために、一つ一つの民俗事象を全国的に比較検討するには適するものの、一つの民俗事象についてその背景となる様々な要素を追うことが不可能な点にある。高桑はこの点を「それぞれの項目が特定の村落のなかで、いかに有機的に結びつき、民俗的位相を示しているかという問題の理解には、きわめて不都合」［高桑　一九九四　二〇］と指摘している。

ここで、関敬吾の執筆による「漁撈と祝祭」を取りあげ、その問題点を検討してみよう。関はこの項目を一、エビス祭・龍宮祭　二、出漁祝　三、初漁祝　四、大漁祝　五、大漁祈願に分けて執筆している。このうち『採集手帳（沿海地方用）』の調査項目に挙げられているのは、初漁祝いと大漁祝いである。また、エビス祭に関しては漁の神の具体例としてエビス神が挙げられている。これに出漁祝、大漁祈願を加えて漁撈儀礼を分類し、さらに挙げられるだけの資料がなかったとしながら、漁期の最後に行われる終漁祝を加えて、初漁祝、大漁祝、不漁時の大漁祈願、終漁祝の四段階が存在することを推測したのがこの項目での関の成果である。

しかし、各項目を見ると、地域も、漁の種類も雑多な儀礼が、ただその行われる意味合いによって各項目に羅列されており、しかも、漁の種類がはっきりしないまま、地域名だけ挙げられているケースも多い。この点を鑑みると、こうした分類が初めて示されたことは評価するべきであるものの、この分類を発展させて漁撈儀礼の特質を考えるには、やはり不十分な内容に留まるといわざるを得ない。また、終漁祝の資料を挙げられなかったことにも、この調査の姿勢が影響しているように筆者には思われる。なぜなら、終漁祝の存在を推測するなら、獲れる季節が限られる魚種など、漁期の始めと終わりがはっきりした漁や、網子や乗組員を一年契約で決めるような、一年ごとの違いがはっきりした組織などが存在する地域を想定しなければならないと考えられるからである。ある程度背景の違いを考慮に入れた上での資料収集が必要ということがこのことから想定されるのである。海村調査は概括的すぎるために、こうした取り組みは不可能であったであろう。とすると、序章で指摘した生業の研究と信仰の研究が分離してしまう傾向は、漁の形態や組織と信仰が切り離された項目となったこの『海村生活の研究』に既に内包されていたのではないだろうか。ならば、『海村生活の研究』は民俗学の漁村・漁民研究の出発点の一つであると同時に、未だ克服されない課題の始まりでもあったのである。

高桑が指摘する、『海村生活の研究』のもう一つの問題点にも触れておこう。アチックミューゼアムの漁村研究が持つモノグラフィックな性格と比較し、「柳田のこのもくろみは（中略）日本の常民、つまりは農民の保持する民俗と同一線上に、これらの民俗を置くことにより、全国規模において統一的に比較検討をなす」狙いを持つものと分析する。そしてそれは「農民も山民も漁民も等しく常民」と位置付ける柳田の認識から出発しており、これらのあいだの民俗の差異は柳田にとって同質上のバリエーションという認識があったものといえる、という見解を示す［高桑一九九四　二〇］。高桑によれば、このように農民世界の延長線上に漁民の世界を把握する傾向は、戦後、漁撈民俗の個別的分野の問題が掘り下げられていく過程にまで続いたのである［高桑一九九四　二一］。

一方で、初期民俗学の漁業研究に大きく貢献した桜田勝徳は、漁撈の伝統、漁業民俗を標榜し、漁場慣行、漁業組織、そして信仰と広範に研究を残している。なかでも、網漁業、釣り漁業から、ある集落でただ一人、二人が魚を手づかみする、あるいは抱き取る技術を持っているという非常に個別的なものまで、漁業形態を網羅している点は特筆される。信仰の面については、エビスの神体について、海底の石を拾う例や網の一番大きい浮子を夷浮子として祀る例に最初に着目したと言えるのが桜田である。そして、その考証に以下のような部分がある。

尤も、以上の如き網の漁神たる夷石や夷浮子の類は、従業者二三十人以上を要する大網漁業にのみ見られるものであり、小漁家が個々に行ふ刺網手繰網延縄釣漁に於ては、あまり例はない様に思われる。それは之等の漁業は数種の漁具と漁期に應じて使ひ分けてゐる漁家によつて営まれてをり、漁家はそれぞれの小漁具に各個に夷様を祀るよりも、家に一つの夷棚を持つて之にエビス様を常に祀つてゐたからであると思はれる。

［桜田　一九四二　二二九］

漁業の形態からエビスの異なる祀り方が生まれていることを、明確に指摘しているのである。桜田はエビス研究の意義を、「他の多くの漂着神がもはや単なる伝説口碑にその漂着神なる由来を止め」て発見から奉祀の手続き、最初の祀り方の細部が不明な状況にあって、エビスは漁村の各地においてこれがくり返されていることに求めている［桜田　一九四二　二三五］。このように、この時期の他の民俗学者と同様に、古風な信仰を求めるという関心の持ち方ながら、漁業形態が信仰に反映することに注意を払っていたことは高く評価できるものといえる。

やはり漁民研究に成果を残した、亀山慶一の研究はどうだろうか。亀山の『漁民文化の民俗研究』は第一編「漁村・漁業の民俗」、第二編「漁民の信仰」第三編「日韓漁民文化の比較」からなる。第一編は東京教育大学民俗総合調査団の報告書や、市町村史の漁撈民俗の部分を亀山が担当となって執筆した原稿からなる。このため、「津軽」や「志摩」、「西石見」といった広域的な地域を概括的に、しかも漁撈と信仰は項目を分けた状態で書かれているものが多い。つまり、まずは漁業の形態（漁法や漁撈組織）を概括的にまとめ、次いで信仰を概括的にまとめる形になっている。このため、より小さい単位（一つの集落、一つの漁撈組織）と信仰との関わりを知ることはできない。したがって、今筆者が問題としている生業と信仰の研究の分裂という傾向は、亀山にもあてはまるように思える。ところが、これには例外があって、志摩ではボラ網について忌みの習俗を、カツオ船について忌みやカツオの心臓に対する信仰、ハツヅリイワイなどを漁撈のあり方とともにまとめているし、宇和ではイワシ船曳網とカツオ釣りだけが、例外的に信仰まで含めた全体像をまとめて記述している。なぜこのような例外が生まれたか明確ではないが、漁種によって特別な信仰を持つことがある、という点に特定の漁については気付いていたのであろう。

第二編についても多くが概括的で、示された事例には地域名しか明らかでないものが多いが、産忌についてのみ、亀山は次のような指摘をしている。

漁にまつわる産忌の問題についてのもう一つの視点は、漁の業種もしくは漁撈組織との関連である。従来この種の伝承の調査に際して、漁の業種もしくは漁撈組織に関する配慮がほとんど欠けていたようである。これまでの調査報告では漁の業種もしくは漁撈組織を考慮することなく、ただ漠然と、産後その夫は何日間か出漁しないという類のものが圧倒的に多かったように見うけられる。〔亀山　一九八六　三〇五〕

そして、家族労働の小型船よりも共同漁撈組織・階層的漁撈組織をとる大型の業種に携わる漁民ほど産忌を厳重に守ること、津軽半島ではサメの延縄漁、タラの底刺網のような特殊な業種に携わる漁民の間では産忌が守られること、業種という視点からすればその典型はカツオ漁であることを指摘している。この指摘から見ても、亀山がカツオ漁を特殊な漁と考えていることは明らかであり、それが第一編でもカツオ船については例外的に信仰まで含めた記述を行っていた理由なのであろう。しかし、「漁の業種もしくは漁撈組織」という漁撈形態と信仰との関わりは、亀山が注目した産忌やカツオ船についてのみ顕著なのであろうか。むしろこれは、亀山が産忌やカツオ船に特に注意を払っていたことからその関わりに気付いたということではないだろうか。ならば、他の信仰、他の漁種についてもその結びつきにもっと関心が払われれば、新たな展開が可能であろう。

次に、これまでも何度か引用した高桑の研究を見よう。高桑の研究は、前に引用した従来の研究の批判に見られるように、漁民社会の特質に目を向けようとするものである。そのため主眼は農村社会とは異なる漁民社会の構造分析にあり、信仰について多く扱われているわけではない。しかし、伝統的漁民の類型化という試みのなかで、信仰対象をそのための素材として扱っている。受身型の漁撈方法をとる網漁民集団は、寄物に対して霊力を認める信仰が顕著になり、それが発展して寄神信仰・エビス信仰になる。人間世界から途絶した沖合を漁場とする釣・縄漁民は見えない深海の海底への恐怖心から龍宮信仰を持つ。浅海の海底を漁場とする特殊漁民集団（あま漁民・つき漁民）も同じ海底に根ざした龍宮・龍王信仰を持つが、海底に対する観念が、釣・縄漁民の暗黒のイメージとは異なる明るいイメージであり、信仰の質も異なると考えられるが、「今のところ、実体的にそれを明らかにすることはできない」としている［高桑　一九九四　四四六―四四九］。生業形態と信仰を結びつける視点を提示していることは、大変重要な指摘である。しかし、高桑の論は仮説を含んだものであり、今後の漁民社会研究、漁民信仰研究がこうした視点をどう深めていくか、課題は残されていると言えよう。

さて、ここまでに取りあげてきた論者、なかでも桜田、亀山、高桑はその著書名に『漁人』「漁民文化」「漁民社会」といった言葉が使われていることから分かるように、漁業を総合的に見ることを基軸として信仰も捉えようとするアプローチを試みていた。一方では、信仰の全体像を基軸として、そこから漁民信仰を捉えようとするアプローチもある。そして、このようなアプローチは個々の信仰対象の性格分析からなされることが多かった。例えば、エビス、稲荷、弁天、観音、龍神信仰を追求するために漁業を取りあげるという立場である。

川崎晃稔は南九州のエビス神の事例を集めて、その神体や祭祀を中心に分析している。中でも注目すべきは海中の石を神体とする儀礼の発生を、網漁が大型化、組織化して以降のこととした分析である。川崎は個々、あるいは小規模の漁での漁の神は寄り神、すなわちたまたま汀に打ち上げられた日頃見かけない石や何度も網にかかる石であったと捉える。そして「漁撈技術が発達して、組織的な経営がおこなわれるようになると不定期に訪れる神ではなく、年のあらたまりや漁期の初めの折目には、豊漁を約束してくれる漁神が組織にとってどうしても必要となる」ゆえに、寄り神的な性格を損なわないよう、偶然的な手段で神体を迎えるようにした、という説を提示するのである［川崎一九九一　一二五―一二六］。漁の規模という要素を念頭に各事例を比較しなければ提示し得ない仮説であるといえる。このように代表的な漁業神と見られるエビスについても、「漁業神」というくくりに満足することなく、漁の種類や規模と祭祀のあり方との関係を見る必要があるのである。

やはり漁業神の代表格と認識されている稲荷に関しては、亀山の論考がある。亀山は近代の漁業経済の発展を第一期（明治初年～三〇年、沿岸漁業が主）、第二期（明治三〇～大正初年、沖合漁業と大型定置網が発達）、第三期（大正一〇年以降、漁船の大型化、遠洋漁業の発展）にわけ、舞鶴市の岩室稲荷が漁業神として若狭地域に広く信仰されるようになったのは、鰤大敷網、サバ巾着網の導入以降であり、第二期に相当することを示す。そして、漁業が企業としての性格を強めてくる段階において急速に稲荷信仰が滲透していく場合が見られると指摘している［亀山　一九八三　二二一―二二三］。ただし、亀山はこのように地域的な信仰に関しては漁業経済との結びつきを考慮に入れている一方で、伏見や豊川といった広域的な知名度のある寺社に対してはその系統に関心が偏る傾向も見られる。これについては本書第一部第五章で述べるが、地域的な要素と広域的な要素を組み合わせて考察する必要がこれからの課題として残されていると言えよう。

このように、これまでの漁民社会、漁民信仰に関する研究は、ともすれば何か一つの要素、すなわち、信仰的要素、物質的要素、社会的要素、広域的要素、地域的要素のいずれかに偏りがちな傾向が見られ、それに対する批判も提示されているのであり、それを克服する方向性が今後求められると言えよう。

第二節　魚介類供養の研究史

漁民信仰が前節にまとめたような展開を経てきた一方で、本書で筆者が着目しようとしている、動植物供養の視点からは、どのような研究が行われてきたかを次にまとめてみよう。

海生動物・魚介類を供養の対象とする事例の研究ではクジラに関するものが質・量共に充実していると言える。クジラ供養に関する先駆的研究は進藤直作である。進藤の目的は鯨塚の分布からクジラの回遊路を探ることにあるのだが、一つ一つの事例を詳細に記述し、事例研究として価値がある。鯨供養の要因については、クジラの死に方が人に近いことを指摘して、そこにクジラを供養する心情の要素を見いだしている［進藤　一九七〇］。

吉原友吉は、個々の事例の建立の背景（因縁話など）を明らかにしながら、全国の鯨塚の事例をまとめており、事例の豊富さは他に類をみない貴重な研究である。これにより、塚建立の背景として、親子クジラの捕獲とそれによって災難に遭うという因縁話などがあることがわかる［吉原　一九八二］。

松崎憲三は非捕鯨地域における漂着するクジラ（寄り鯨）の供養と、捕鯨地域におけるクジラの供養に分けて、論考を発表している。非捕鯨地域については、寄り鯨のあったときに、なるべく助ける努力をし、肉を食べない地域と、飢饉の救済のためなど、何らかの大義名分のため、やむを得ずこれを獲り、肉や売上金を入手する地域があることを明らかにし、人間と同じく胎生し（そしてそれが解体の結果わかることもある）、イワシ等の大漁をもたらし、自らも巨大な恩恵となるといった要素が人間と並んで過去帳・位牌を作り、年忌供養を行うに至った理由であるとしている。

捕鯨地域については社寺参詣の子連れクジラやこの出産にやってくる母クジラが夢枕に立って助命嘆願するも捕獲され、人々に災厄をもたらすという祟り的側面を強調した伝説が語り継がれてきたこと、捕鯨に携わる人々が漁初め・漁仕舞、その合間に様々な祭祀を行い、三三頭目や千頭目といった何らかの契機に石碑を建立し、供養に努めたことを明らかにし、その供養の論法が狩猟民の世界観に通じるところがあると指摘している。また、孕みクジラを捕獲した場合、必ず胎児を埋葬し、供養碑を建立すること、クジラを神の使い、海からの贈り物とみなすことは非捕鯨地域・捕鯨地域に共通することを指摘している［松崎　二〇〇四］。

クジラのほかの魚供養では、地域毎の事例研究が多い。大崎智子は上野不忍池弁財天堂の供養碑を分析している。動植物供養に関するものとして、鳥塚・魚塚・スッポン感謝之塔・ふぐ供養碑・包丁塚がある。大崎はこの他の顕彰碑や道具供養の碑などと共に、建立年代、碑の大きさ、位置、碑の管理や法会について検証し、供養に様々な思惑が絡んでいることを挙げて、「弁天堂の諸碑に見られる動物供養についてはアニミズム的意識は強烈には反映されていないように思われる」と結論づけている［大崎　一九九五］。大崎の取りあげた事例は東京という土地柄を反映してか、調理師や卸売業者の団体が建立したものになっている。

田中宣一は、放生会と同じ思想に基づくものを「放生会」として捉えて、供養塔建立や供養祭の事例を取りあげ、魚霊供養を分析し、「放生という行為で日頃の殺生を償い、魚霊の存在を信じ、その供養によって安心立命を得ようとする伝承的心意の依然強くありつづけることが、不十分ながらも言えたかと思う」と結論付け、魚霊の存在を信じる思想のある事を指摘している［田中　一九八九］。

埋葬を伴う供養の例として、小島孝夫によるウミガメ埋葬習俗の研究を取りあげよう。小島は全国的に見られるウミガメの埋葬事例についてまとめ、また集中的に事例が見られる千葉県銚子の事例について詳しく述べている。特に注目すべきは、一つの伝承を手がかりに、史実や自然条件を踏まえて、ウミガメ埋葬習俗の発生と定着について分析していることである。

この伝承は以下のようなものである。明治のおわりころ、銚子でたった一艘の機械船があった。乗組員も地元の人ではなく、地元の漁船を指導するための船であったという。ある日、沖で一匹のウミガメを生け捕りにし、料理して食べてしまった。するとその帰りに、利根川の河口で三角波にあい、沈没して乗組員も死んでしまった。銚子の漁師たちは「大ガメをくっちまったばつだ」とおそれおののいた。(1)

小島はこの伝承に表れる要素について様々なアプローチで分析する。まず、「明治のおわりころ」という時代については、漁船の動力化が進み、未知の海域への進出によって予期せぬ海難事故との遭遇機会が増えたと推測する。「機械船」については、史実として、このころに銚子と縁のあった「地元の漁船を指導する船」が千葉県漁業指導船兼同水産講習所実習船「坂東丸」であること、そしてこの坂東丸が明治四三（一九一〇）年一二月一六～一七日に遭難していることを指摘する。そして「大ガメ」については、川口神社に奉納されている明治四三年七月のオサガメの絵馬の存在を提示して、傍証的にしか述べることができないとことわりながら、銚子沖を遊泳していたオサガメを捕獲できるほどの船は、絵馬の奉納された時点では坂東丸しかなかった、と推測する。そして明治四三年という年が海難事故の多発、ハレー彗星接近による騒動、利根川・荒川の堤防決壊による水害など世相の不安定な年であったことを明らかにする。これらの背景により前述の流言が生まれたものと小島は指摘する。

さらに、この伝承が九〇年間も伝えられた理由について、乗組員に銚子出身者がなかったため、かえって教訓として伝えられたこと、銚子の自然条件が、強い北東の風、濃霧、利根川河口に発生しやすい三角波など、海難事故が起きやすいものであることを挙げている。そして、銚子市域ではくり返される海難事故のために祟りの意識がいっそう顕著になったと指摘している。［小島　二〇〇五　二六六―三〇五］

生業に関わる時代の変化、自然条件、伝承の意味など、こうした多角的なアプローチによる分析が、ウミガメ埋葬習俗という一つの伝承を意味あるものとして描き出している。こうしたアプローチは評価されるべきものであろう。

漁民の建立する魚供養塚について論考を記しているのが鎌田幸男である。「鯔漁と供養塚」では、八郎潟のボラ漁法である張切網漁法と、ボラを中心とした供養碑について述べ、八郎潟周辺の供養碑が慰霊と大漁の感謝のためであること、大漁祭が神式で行われ、供養祭が僧侶により行われていることを明らかにしている［鎌田　一九八九］。「魚供養塚の考察」では「地蔵様の家」と呼ばれた家への奉納品や、祭魚標石も分析しつつ、秋田県内の塚・祭碑等の分布を明らかにし、魚霊鎮魂は罪障を払いさる儀礼と位置付け、塚建立は大漁記念とかかわるものと指摘している［鎌田　一九八九］。「魚供養塚等に関する追稿」ではサケの千本供養柱、カメの供養碑、ハタハタ供養の地蔵などの事例を示して、神道的色彩の強い大漁感謝と仏教的要素の多い魚霊鎮魂が混淆されながらその信仰・供養の形を保ってきており、それが魚族にかかわる漁民の典型的な信仰儀礼の一つであったと察せられると述べている［鎌田　一九九五］。

この鎌田の論考に注目したいのは、次のような記述が見られるからである。

ところで、鯔供養について次のような話が伝えられている。すなわち鯔は産卵のために腹に子をハラム（子をだいている）が、障害物に当たり腹を擦ると腹の子が腐るという。そのため本能的に腹の子を保護しようとする習性があり、毛縄など障害物に直面するとそれを飛び越えようとして水面上にはねるわけである。鯔の母性本能・母性愛がそうさせているのだと菅原亀蔵氏（土崎住）は熱っぽく語るのである。八郎潟魚族の中で鯔供養塚が多いのは、大型魚であること、そして産卵期に大量に漁獲をしていた事がそういう気持にさせているのであろうか。

［鎌田　一九八七　一六］

ボラが障害物を避けて水面にはねる習性は張切網漁法に利用されているもので、漁の形態と伝承が（あるいは供養習俗までも）直結している事例で大変興味深い。その上、母性本能や母性愛という要素は孕みクジラ・子連れクジラの事例を連想させ、注意を払っておく必要があると考える。

一方、供養習俗の背景としてのアニミズム、動植物に霊魂を認める考え方については木村・松崎が底流としてその存在を認めており、田中も「魚霊の存在を信じ、その供養によって安心立命を得ようとする伝承的心意」があると述べている。一方で、大崎が上野不忍池弁天堂の諸碑に関してアニミズム的な意識は強烈には反映されていないように思われると指摘している。この違いが生まれた要因としては、大崎の取りあげた事例が一次産業ではない業界団体にかかわるものである事が考えられるのではないか。

この関連で、松崎の次の指摘を看過することはできない。

> 尚、諸動植物に対する石碑の建立や供養会の執行が、アニミズム信仰の伝統の延長線上に立つものとはいえ、草木、鳥類、魚類、海豚・鯨と、対象の種類によって供養のあり方、霊魂観も微妙に異なるのではないかと考えている。
> 〔松崎　一九九六　一八二〕

これは鎌田の指摘により、ボラの習性・漁の形態が供養と結びついていることがわかることからも重要な指摘であることが裏付けられる。つまり、供養の対象であり、生業の対象でもある動植物のあり方と、漁（猟）の方法など生業の形態的なあり方が、「霊魂観」、ひいては供養のあり方に影響するのではないか、と予想されるのである。しかし対象となる動物・魚類の生態、猟・漁の形態までも視野に入れた分析は千葉徳爾の一連の研究(2)によって狩猟における動物観や宗教との関わりが明らかにされていることと、クジラについて研究の蓄積があること、ボラについて鎌田の研究があることを除いては十分に行われていない。つまり、前節に指摘したように、分析が信仰（供養）に偏って、漁撈そのものとの関わりの色合いは薄くなっている傾向が供養に関しても見られるといえる。一方、動植物供養に関しては網羅的な研究が近年行われていることも特徴といえよう。依田賢太郎による取り組み［依田　二〇〇七］や、依田、田口理恵らのグループによる調査［田口編著　二〇一二］などがその例である。網羅的な調査とはいえ、建立の背景なども調査されてはいる。しかし、生業との関わりの中から、どのような動植物観が生まれ，動植物を供養するこころがどのように生じてくるかという視点からの分析は不足している。

従って筆者は信仰の分析に主眼を置いた研究や、網羅的な研究の不足点をふまえ、特定の魚類・漁種に焦点を絞り、その生態・漁の形態を含めて詳細な事例分析を行うことで追究することを主な課題とし、漁業の中から魚介類を供養するこころが生まれてくるのはなぜなのかを追究していくこととしたい。

注

（1）小島は『銚子の民話（改訂版）』（銚子市文化財審議会編　銚子市教育委員会生涯学習課　一九九七年）からそのまま引用しているが、ここでは筆者がその内容を要約した。

（2）『狩猟伝承研究』（一九六九年、風間書房）から『狩猟伝承研究総括編』（一九八六年、風間書房）にいたる一連の狩猟研究。

第二章　鮭漁と鮭供養

漁業に関わる動植物供養の事例として、ここでは鮭供養を取り上げてみよう。鮭供養に関しては、岩手、福島、秋田、山形各県に供養の事例が見られ、また供養の視点に限らず、鮭という魚自体が民俗学の研究の対象とされているので、魚種や漁業形態を視野に入れて動植物供養を分析するには適した対象であるといえる。

第一節　鮭をめぐる民俗とその研究史

一　鮭の分類

生物学的分類でサケ科に属するものにはキングサーモン（和名マスノスケ）、ギンザケ、ベニザケとその陸封種のヒメマス、サクラマスとその陸封種のヤマメ、カラフトマス、シロザケなどがあるが、地方によってその呼称が異なる場合もある。日本の河川に遡上するのは、北海道の一部にベニザケが遡上するのを除けば、サクラマスとシロザケであり、一般にマスといえばサクラマス、サケといえばシロザケを指す。市場においてはさらに別称が使われ、札幌の市場における呼称を例に挙げると、春から初夏にかけて漁獲されるシロザケを時不知（トキシラズ）、時鮭と呼び、ロシア沿海州方面に母川があると言われる。秋に漁獲されるシロザケのうち川に遡上するのは翌年以降と思われる未成熟な個体は鮭児（ケイジ）といわれ、特に脂がのって美味とされる。本州の河川へ回帰する途中の、眼と吻端が近い成熟しきっていない個体はメジカと呼ばれ、やはり脂がのってうまいとされる。北海道の標津町はこのメジカを特産として宣伝している。その他の成熟した個体は銀毛、秋味などと呼ばれる。(1) 銀毛というのは河川に遡上する前のサケの魚体が銀色であることからついた呼び名で、主に北海道で獲れたものである。これに対して河川に遡上する成熟しきった状態は、色が変わり斑点状の模様が出てブナケと呼ばれる。本州で捕獲される鮭は海面、内水面を問わずブナケである。さらに河川遡上期を迎えたオスは、鼻が伸びて湾曲してくるので鼻曲がりと呼ばれる。河川の遡上を始めたサケは一切餌を口にしないこともあって、ブナケは脂ののりが悪いとされ、商品価値は低い。

本章で取りあげる鮭は古くから沿岸・河川で漁獲の対象であるシロザケであり、ブナケである。以下、特に必要のない場合にはシロザケの呼称として「鮭」を使用することをお断りしておく。

二　鮭漁史の概略

ここで少し鮭漁の歴史を簡潔にまとめておくことにする。日本において鮭は古くから貴重な食料であったといわれる。秋田県の子吉川、雄物川の流域の二ヶ所には「魚形文刻石」、通称「鮭石」がある。かつては寺の小僧がいたずらしたものだという伝承になっていたようだが、周囲に縄文時代の石器や土器も出土していることから、遺跡として認められ、秋田県の重要文化財になっている。おそらく何らかの呪術、儀礼に用いられたものと思われる［武藤一九四〇］。文献史料では『常陸国風土記』や『延喜式』に鮭に関する記述がみられ、『延喜式』の時代には貢納物として鮭が用いられていたことがわかる。主な産地は越後・越中・信濃である［市川　一九七七　七九―八〇］。

江戸時代には、河川に網を張り鮭漁を行う者には網役が課され、鮭や運上金を藩に納めていた。一方で藩は鮭を幕府に献上したり、贈答品として用いていた。仙台藩では贈答品用の鮭の加工が藩の管理下におかれていたことがわかっている。[2] この他にも各藩各様の方法で塩鮭や、塩鮭と筋子を組み合わせた子籠鮭が作られていた。この時代には、現代流に言えば、資源保護の取り組みも始まっている。越後村上藩の青砥武平次が三面川で始め、各地に広がった種川の制がそれである。これは鮭が産卵し、稚魚が育つ川を「種川」として定めて保護し、稚魚の発育を促す方法で、この頃には既に鮭の稚魚を守ることにより遡上する鮭が増えることが知られるようになった証でもあろう。

明治時代には、明治九（一八七六）年の茨城県那珂川を皮切りに人工ふ化事業が始められる。これが各地に普及して漁獲量の上で大きな成果を上げたのは戦後のことである。特に昭和四一（一九六六）年から本格的に実施された稚魚の餌付け放流、すなわち稚魚に餌を与え十分に成長させてから放流する方法により、鮭の回帰率が上昇し、漁獲量も増加した。一方、人工ふ化の実施により、漁獲の少ない河川でも他の河川から卵を移入して増殖をはかることが可能になった。特に北海道の卵が本州に移入された。実は北海道の鮭と本州の鮭では遡上の時期がずれており、北海道の鮭の方が遡上が早く、九月から川を上り始める。この北海道の鮭の卵が本州に移入されたことは、本州で鮭の漁期が延びるという結果をもたらした。

近代以来の鮭漁は主に河川での人工ふ化と一体となった採捕事業、[3] 沿岸の定置漁業、北洋漁業が主なものである。しかし、北洋漁業は二〇〇カイリ漁業水域の設定や母川国主義[4]による漁業規制によって全面停止となり、本州沿岸の定置網は鮭の値段が安くなり、どれだけ大漁しても経営が成り立たない状態となって、特に本州日本海側で姿を消しつつある。[5] 現在ではふ化事業を行う河川での採捕が、国による稚魚の買い上げを収入の柱にして続けられているが、海面での鮭漁はかつてよりも限られた地域のものになりつつある。

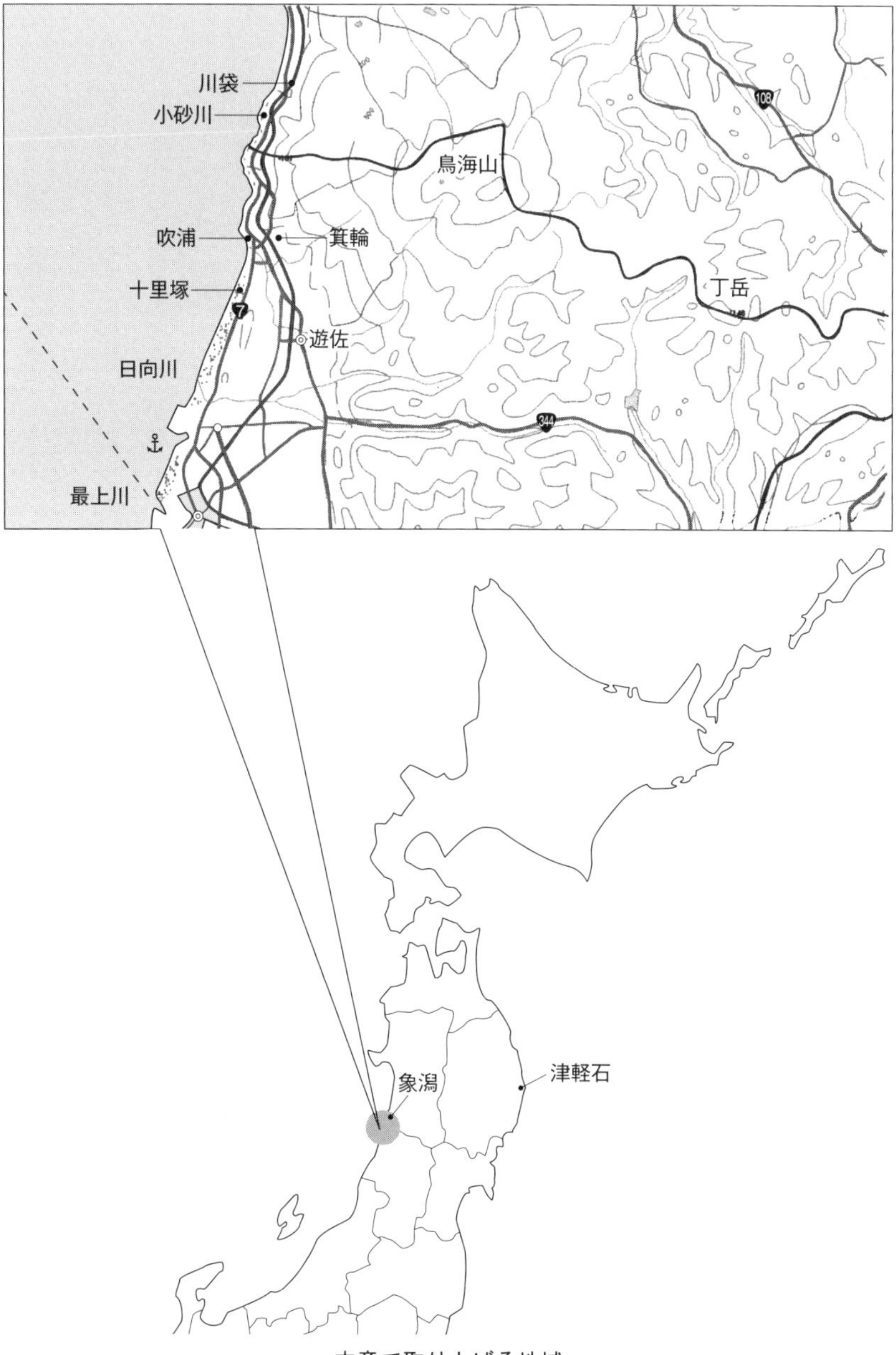

本章で取り上げる地域

三　鮭と伝承

次に鮭に関する伝承を概観する。先に述べたように、古くから生活と関わりの深かった鮭は、多くの伝承を生み出してきた。その代表とも言えるのが鮭のオースケ、あるいはオースケコースケと呼ばれる伝承であろう。この伝承の一般的なパターンは、鮭のオースケが上るときにその声を聞いてはならない、というものでオースケが上るとされる日は漁を休んで早く寝たり、一晩中騒いだり、あるいは耳塞ぎ餅を作ったりして声を聞かないようにする。この声を聞いたり、禁をやぶって漁をすると、死んだり家が没落したりするという伝承もある。つまり、伝承によって禁漁日が設定されることとなっている。具体的な事例を引いてみよう。


むかし。

小国郷（現最上町）に八右衛門という魚とりや牛方を、稼業にしていた男があった。

五月節句は、牛や馬を洗ってやり、ゆっくり休ませる日だから、八右衛門は、牛を川に連れて行って洗っていると、奥山から大きな鷲が、バホッと飛びおりてきて、あれっという間に、牛をさらっていってしまった。

八右衛門は商売の牛をとられたので、くやしくてくやしくてたまらない。

「あの畜生め、牛の味を知って、また来やがるにちがいねえ」

と、次の日、八右衛門は熊の皮をかぶって、川ばたにすわっていた。

すると、やっぱり大鷲が、バホッと飛びおりてきて、いきなり八右衛門をさらっていった。

「畜生、どこへいくものやら、いくところまでいってみっぺ」

と、山こえ、野こえ、飛んでいって、ある島の岩端の巣についた。

巣には、雛がピイピイと口をあけて待っているではないか。

そこで八右衛門は、着くか着かぬか、いきなり腰の山刀を抜いて、鷲の親子を切り殺してしまった。

あたりを見まわすと、牛や馬の骨が山のようになっていた。

さて、八右衛門は、仇はとったものの、さてどこをどうして帰っていったらよいものか困りはて、ぼんやり海を眺めていると、岸辺を泳いでいた魚が声をかけてくれた。そこで実はこれこれのわけでと語ると、魚は、

「おれたちの親方、鮭の大助は、毎年十月のエビス講の日になると、最上川へのぼっていくから、そのとき頼んで乗せてもらうどええ」

と教えてくれた。

その島は佐渡ヶ島だった。

そこで八右衛門は、仕方がないから十月まで島で暮らし、十月二十日、エビス講の前の日に岸辺に立って、

「鮭の大助どの、鮭の大助どの――」

と叫んでいた。

すると、沖のほうから、大波を立てて馬のようにでっかい魚がやってきた。これがたのみの鮭の大助であった。

「鮭の大助どのか。実はこれこれしかじかで。どうか、最上の小国郷まで乗せていってもらいでえ」

八右衛門が頼んだ。すると鮭の大助は、

「なに、おまえが梁掛け八右衛門か。いつもオラだち魚ば、梁にかけてとる憎いやつ」

と怒るのであった。

「これから以後は、梁掛けや魚とりはいっさいいたしませんから、どうか助けてくれ」

八右衛門は、ひらあやまりにあやまって、鮭の大助の背に乗せてもらった。

佐渡ヶ島を朝発ってそれから酒田の港にいき、そこから最上川をさかのぼっていると、ちょうどエビス講の夜になっていた。

「鮭の大助、今のぼる。

　鮭の大助、今のぼる」

と、大声で叫び叫び、ようやく帰りつくことができた。

村の人たちは、エビス講の夜に、この叫び声を聞くと、よくないことがおこるといっておそれ、みな、餅つきや酒盛りをして、にぎやかにさわぐのをならわしとして、これを「耳塞ぎ餅」といっている。

また、その夜は、魚の張り網や梁の片方をあけて、魚とりはしないことにしている。

最上川筋では、十月二十日（旧暦）の「鮭の大助」以後でないと、鮭漁は解禁しない(6)。

この物語にもオースケ伝承が禁漁と結びついている様子がうかがえる。

小野寺正人は「この伝承の機能は、鮭漁の期間の特定の日を禁漁とするところにあり、禁漁を守るためには犯したものに対する厳しい報復が伴っている。そしてこの禁制を守るために耳塞ぎ餅や小屋での酒盛りなどの習俗を生ぜしめたものであろう」としている。またその根底に鮭の遡上産卵保護があることを認めている。そして後述する弘法石の伝説と共に、その成立の背景は、近世における鮭漁の経済的役割に求め、「村落社会にあって鮭の漁獲という日常的な営みにおける伝説は鮭の回帰産卵習性を土壌とし、社会・経済的な事由によって成立したものと考え、伝説の発生・成立に注目していかねばならない」と指摘している［小野寺　一九九四］。先に述べた種川の制に象徴されるように、近世には鮭の習性について一定の理解があったと考えられ、小野寺の指摘は的を射たものと言える。

なお、オースケ伝承と似たものとしては、注連縄をつけたり、数珠をかけたりした特別な鮭が上り、これを捕ってはならないとする伝承もある。しかしこれは神社の生贄とするためとされているものもあり、禁漁というよりはより信仰的側面の強い伝承であろう。山形県真室川町ではオースケが注連縄をかけているといわれ、禁漁日の伝承もあるが、二つの伝承が結びついた結果である可能性も否定できず、注連縄をかけた鮭が禁漁と結びついているのかどうかで、伝承の性格を判断する必要がある。

鮭に関する伝承でオースケと並び多くの事例があるのが、石にまつわる伝承である。岩手県宮古市津軽石には、昔領主が津軽から鮭が会いに来るという石（汗石）を勧請し祀ってから鮭が上り始めたという伝説がある。また、同じ津軽石に次のような伝説もあり、現在ではこちらの方が一般に知られている。

昔、一宿を求めた旅の僧を快く泊めてやったところ、お礼に紙のつつみをくれた。これを開けてみると中に入っているのは石であった。この石を川へ投げ込んだところ、一両年を過ぎて川に鮭が上るようになった。不思議に思って託宣を受けると、旅の僧があらわれ、「自分は弘法大師で、津軽を廻っているときに、宿をくれずにことごとく悪口をされたので、川の石を一つ持ってきて、それをこの村のものに与えた。だから鮭が上るようになったのだ」といった。(7)

これと対になるように、津軽地方の黒石市には弘法大師が石を持っていって鮭が上らなくなったという伝説があり、これが縁で宮古・黒石両市は姉妹都市提携を結んでいる。津軽石では又兵衛祭という儀礼と結びついた、又兵衛伝説もよく知られている。後藤又兵衛という侍が、飢饉の上に藩に強固な鮭留を立てられて窮乏している村民を見かね、留めを破って処刑されたが、村民は又兵衛のおかげで助かった、というものである。

山形県庄内地方に目を移すと、汗石と同様、石が原因となって、鮭が上らなくなったという伝承に次のようなものもある。

山形県飽海郡遊佐町を流れる月光川の支流に滝淵川と呼ばれる小流がある。一見サケなど上らないような細く浅い川であるが、秋ともなると遡上するサケでいっぱいになる。昔、この川の真ん中に大きな石があったといわれている。この石は不思議な力をもっていて、サケがこの石に引きつけられるように上ってきて、この周りに群集していたという。それを狙ってこのあたりにはカワウソが頻繁に出没していた。この川辺には永泉寺という天台宗の寺院があるが、かつてこの石があったある秋、サケを捕ったカワウソが寺の縁の下にサケを持ち込んでいるのを住職が見つけた。何をしているのかと覗き込むと、そこには大漁のサケがカワウソの小便に漬け込まれ、すごい悪臭を放っている。これは寺の精進にさわるということで、すぐにそれを始末したが、数日たつとまたカワウソが来てションベンヅケを作ってしまう。再び始末してもその数日後には同じようにサケを持ち込んでいる。呆れ果てた住職は何か思案はないものかと考えに考えた挙げ句、寺の下の川にあるサケを集める石をどこかに捨ててしまえばサケが上らない、そうすればカワウソもサケを捕ることができずにションベンヅケも作れまいというので、さっそくその石を河口の吹浦港に持って行き海に捨てることにした。

石を吹浦の港へ持って行って捨てようとしていると、新潟県の村上からやってきている北前船の船乗りが、何をしているのかと尋ねてきた。かくかくしかじかだと説明すると、そんなにサケの寄る石だったなら、捨てずにぜひ俺にくれという。どうせ捨てるものなので住職は快諾し、その船乗りにくれてやった。船乗りは村上に帰って故郷の川三面川にその石を入れたところサケが大量に上るようになった。一方、月光川の流れにはそれ以後サケが上らなくなったという(8)。

菅豊はこの話に登場する永泉寺（曹洞宗、もとは天台宗）が伝承的に修験との関わりが深いこと、津軽石の伝説に登場する汗石を祀るのが、本来羽黒派の修験道の家であったシントウサマと呼ばれる神主であることから、「サケにまつわる石の民俗とその背景を詳らかにみると、その民俗の形成に修験系統の宗教者が大きく関わった可能性が浮かび上がってくる」と指摘している［菅　二〇〇〇　二二〇―二二五］。

一方小野寺は、川を上ってきた鮭が産卵の場所として河床を掘り、そこに二個ないし三個の拳大の石を並べ、これに腹をこすりつけて産卵する習性を伝える伝承の事例を挙げて、この石が産卵時にどのような役割を果たしていたかを漁師たちが漁撈の経験によって知り伝承してきたものであり、それが呪術として漁撈習俗に組み込まれるようになったと指摘している。さらに、山形県鮭川村で漁小屋を建てると川原から石を拾ってきて「エビスイシ」として祀る習俗を挙げ、「コジキ石の投影と見られる」と述べている［小野寺　一九九四　七〇］。(9)

鮭と石が関わる伝説の背景に、コジキ石のような漁師達の漁撈知識に基づく背景があったことはおそらく認められるだろう。また、菅はコドと呼ばれる陥穽漁具の中に入れるコドブシという石について、これに鮭がすり寄って静かになるという漁具の一部としての面だけでなく、鮭が石に引かれてくるという信仰の側面からも考え直してみる必要があると指摘している。これも小野寺がいうような漁撈知識が習俗に組み込まれたパターンとして理解できる。筆者はこれについて、鮭の事例の他にも、川崎晃稔が報告している石を拾ってエビスの神体とする事例(10)などとも考えあわせ、漁民が漁の上で石を重要なものと考えているが故に、信仰と結びつき、またある場合にはそれが鮭についても関わりの深いエビスと結びついたのだろうと考えている［髙木　二〇〇三］。もちろん、それが漁撈知識から取り込まれたものであるにしても、信仰の成立の背景には、菅の言うように修験の存在も見過ごすことはできない。ただ、ここでは、修験というバックグラウンドよりは、生業の視点から眺めることを重視するために、漁撈知識の面を強調しているのである。

表1　日本海側鮭遡上河川における鮭供養習俗　（二〇〇二年調査）

組合名	所在地	河川名	供養詳細	供養塔詳細
関漁業生産組合	秋田県由利郡象潟町関字有耶無耶ノ関	奈曽川	漁期の前に供養する。	供養の時、採捕場に塔婆を立てる。
川袋鮭漁業生産組合	秋田県由利郡象潟町川袋字滝ノ下	川袋川	二月　寺でお経を上げ、採捕場に塔婆建立。	採捕場に塔婆を立てる。朽ちたものから撤去する。
箕輪鮭漁業生産組合	山形県飽海郡遊佐町大字直世字荒川	牛渡川	漁終了後、供養祭。	鮭霊塔　昭和五一年建立。供養祭で塔婆を立てる。塔婆は孵化場を閉めるときに撤去。
桝川鮭漁業生産組合	山形県飽海郡遊佐町大字直世字山居	滝淵川	漁終了後、塔婆を立てて供養する。	採捕場に塔婆を立てる。
高瀬川鮭漁業生産組合	山形県飽海郡遊佐町大字北目字長田	高瀬川	終漁期（一月中）供養と豊漁祈願を行う。	塔婆を立てて供養する。塔婆はその後事務所に保管し、翌年も利用する。
洗沢鮭漁業生産組合	山形県飽海郡遊佐町大字直世字清水森	洗沢川	一九九二年ごろから途絶えている。	
日向川鮭漁業生産組合	山形県酒田市大字穂積字尻地	日向川	一二月二五日　鮭供養祭	塔婆を立てる。
赤川鮭漁業生産組合	鶴岡市本町	赤川	採捕場解体時お祓いをする。（神棚が祀ってある）	
山北町大川漁業協同組合	新潟県岩船郡山北町大字温出	大川／勝木川	近年まで一千本獲れたときに千本供養を行った。	千本供養の時角塔婆に経文を入れて立てる。
荒川漁業協同組合	新潟県岩船郡荒川町大字山口	荒川	ライオンズクラブの合同供養祭。牛・豚なども。	
柏崎市さけ・ます増殖協会	柏崎市	谷根川		さけ供養塔　昭和六〇年建立。柏崎市青海川
名立川鮭漁業生産組合	新潟県西頸城郡名立町大字赤野俣	名立川	一二月二〇日過ぎ、神司で行う。	
能生内水面漁業協同組合	新潟県西頸城郡能生町田麦平	能生川	一二月二七日前後　事業に従事した者全員が参列。	鮭供養の碑　二〇〇〇年四月建立。

鮭にまつわる信仰面の伝承で興味を引くのは「鮭千本を獲ると人一人の命に値する」という伝承である。千葉の報告にある猪の伝承と類似している上に、鮭についても塔婆を立てて供養が行われている。鮭の供養が行われている事例を日本海側の主要な鮭遡上河川を対象に調査した結果が表1である。

木製の塔婆を立てる事例が認められるのは秋田県象潟町、山形県遊佐町、新潟県山北町等である。さらに、河川のみならず海面漁業においても供養が行われていることを鎌田が報告している［鎌田　一九八九　七二―七三］。

四　鮭と民俗

ここで視点を口碑伝承から儀礼に移してみよう。菅は鮭に関する様々な儀礼・伝承から修験の影響を読みとっている［菅　二〇〇〇］。精緻な儀礼分析から儀礼形成への修験の影響を明らかにしたことは重要な成果である。たとえば、鮭と石が関わる伝承をふまえた上で、弘法伝説について「漂泊する宗教者が、石を用いて鮭の遡上に関する呪法を執り行い、石の信仰の形成に大きく関与した現実の修験系統の宗教者こそが、伝説の中に具現化されたのである」［菅　二〇〇〇　二四二］と指摘している。ただ、先にも述べたように本論の立場からは、その背景、基盤として鮭の産卵に関する漁撈上の知識が反映されていることをより重視して分析する必要がある。

漁撈の知識、技術の供養への反映という点では、菅が頭を叩く行為に着目し、アイヌや北西海岸ネイティブの習俗まで視野に入れて一連の研究を行っていることが注目される［菅　一九九四］［菅　一九九五］［菅　一九九六］。魚叩行為や初鮭儀礼などの鮭をめぐる儀礼・伝承には基層的な鮭の再生観、霊魂観があり、日本本州の場合にはエビスや仏教といった大きな信仰・儀礼体系を取り込み、あるいはそれに取り込まれながら再生観、霊魂観が再構成されてきたのだと菅は指摘する［菅　一九九六　五七―五八］。

また、津軽石に伝わる又兵衛伝説も注目を集めるところである。神野善治は実盛送りの伝承と比較して精霊の擬人化という仮説を立て、「鮭の大助」（オースケコースケ）と共通の構成要素があることを指摘して、大助、又兵衛ともに鮭の精霊であり、又兵衛は鮭の王と漁人の代表の名が混同され重なったのではないか、という見解を示している［神野　一九八四　一六四―一七七］。本書に取り上げた事例はいずれもオースケコースケ伝承の分布地から外れているが、神野の説はそこにも鮭に精霊の存在を見出す土壌があったことを示す説であり、興味深い。

鈴木正崇は又兵衛伝説と祭祀について、又兵衛の行動に鮭の習性をふまえた部分が見られること、人形の形象、鮭の供養と死者供養の習合、鮭の習性に関わる死の克服、石と鮭の関連の五つの視点から分析し次のように述べる。

又兵衛祭りには、鮭を神霊と見做して、形状にして神に祀り上げるという主題があると推定され、鮭が誕生と死を繰り返す川での供養がこれと習合し、鮭の豊漁を齎らすという石への信仰が加わって神霊化が強化される。いずれにしても、鮭の産卵後の自然死と、人間の捕獲による死という二重の死の観念が深く関わっている。又兵衛祭りは鮭祭りでもあり、生と死を故郷の川で繰り返す鮭の再生と回帰に自らの蘇りを託すと共に、現実の生活の糧としてその豊漁を祈る願いを籠める。

［鈴木　二〇〇四　二〇七―二〇八］

魚叩行為に関する菅の論考とあわせて考えれば、鮭に関して死と再生のイメージが強いことが窺えよう。それは大量に川に上ってきて産卵し、すぐに死んでしまう鮭の生態を抜きには考えられないことだろう。また、このイメージは人工ふ化という作業を通して、より強固になったと考えられる。従って死と再生を象徴するような鮭に関する行為・儀礼は伝承の延長線上にありながら、近代の鮭漁業の特質とも密接に関わるものだと言えよう。

さて、ここまで取りあげてきた信仰上のトピックに加え、漁場・漁具・社会組織などといった非常に広範な視点から鮭を捉えているのが赤羽正春である。『鮭・鱒Ⅰ』『鮭・鱒Ⅱ』は鮭の性質、食材としての鮭、漁法・漁具など鮭漁業の外形的な特徴、漁業権、人工ふ化事業、そして信仰に関わる精神世界と鮭に関して取りあげられたことのある視点はすべてカバーされている力作である。

本論文でこれから取りあげようとする供養についても、「鮭の慰霊」として取りあげられている。鮭の終漁儀礼としては鮭を食す事例と供養塔を建てる事例の二種があることを示して、この二つがかつては一体のものであったと予想し、大漁感謝の要素を強調する。次にいくつかの事例を取りあげて太平洋側と日本海側の違いを指摘し、新潟・東北地方での熊の慰霊と比較して、「古の日本人は獲物の魂を送ることと、霊となった魂を供養して慰霊する行為をはっきり分けていたのではないか」〔赤羽　二〇〇六b　四五六〕として、熊は山で送り、里で慰霊する、鮭は川原で送り川端で慰霊すると位置付ける。

さらに山形県置賜地方の草木供養塔の事例も加えて、供養塔の建てられる場所は山の神を祀る分岐点である、鮭の供養塔に八大龍王、即ち水神の裁可を求める心理と同じものとして山の神の裁可を求めていると結論づける。すなわち、供養塔の意義は「魂を認め霊を祀る古の人々が、獲物（山の植物）を私たちの手の中に寄越してくれた大きな自然を支配する山の神や水神に供養塔として標示する必要があったと考える」〔赤羽　二〇〇六b　四五八〕という仮説に集約されるのである。

しかし、筆者としてはこの赤羽の主張に疑問を禁じ得ない部分がある。それは、「鮭の霊を慰めるという心理の根底には、人のために捕られた鮭への感謝の念がある。慰霊という仏教的な観念を予感するが、鮭に対する感謝である」〔赤羽二〇〇六b　四四六〕と、「感謝の念」と「慰霊という仏教的な観念」を截然と分けようとしていることである。赤羽はこの区別を前提に「大漁感謝の事例が、後に千本供養という慰霊に位置付けられるようになった」という見解を示している。しかし、供養・慰霊の気持ちと感謝の気持ちとは、それほど明確に分けられるものなのだろうか。これが変遷についての考証と結びつけられていることから考えると、供養から仏教的な観念を取り除いてそれ以前の姿を示そうとするスタンスが見られるように思える。しかし、このようなスタンスは仏教民俗学においてそれまでの研究に欠けた点として反省を促されたのではなかったか。筆者は決してルーツを求めることの価値を認めないわけではないが、仏教以前の姿にこだわり、それに偏した研究はやはり見方が一面的に過ぎると考える。

本全体の構成から見ても、現に行われている漁法や人工ふ化について、精緻に観察し、データも示して、近年の動向を十分に把握している赤羽が、なぜこの部分だけ「古の日本人」「古の人々」に遡ろうとする考察に終始したのか、大きな疑問が残る。赤羽が供養のルーツに関する仮説を提示したことの価値は認められるが、このスタンスでの研究は、現に鮭漁に関わる人々にとっての供養の意義に迫れるものではなかろう。赤羽は「生業研究」という点では、歴史と現状とをバランスよく視野に入れながら、「信仰研究」となるや、ルーツ探しに専心してしまっている。筆者には、これも生業と信仰の研究を分けてしまう、これまでの研究の延長上に表れた欠点であると考えられるのである。

これらの先行研究を踏まえ、本論では各地域の鮭漁の歴史と現状、供養のあり方とその変遷を、漁と信仰との関わりに注意しながら考察していこうと思う。

第二節　岩手県宮古市津軽石の「鮭霊塔」と「鮭霊祭」

一　津軽石の鮭漁史

岩手県宮古市津軽石は宮古湾の最も奥に位置し、宮古湾に流れこむ津軽石川の沿岸にある。今でこそ宮古市の一部となっているが、津軽石川河口周辺の旧津軽石村と閉伊川下流部の宮古とは、昭和三〇（一九五五）年の合併まで長く別の歴史を歩んでおり、一時期は鮭の漁業権を巡る競争相手であった。津軽石を流れる津軽石川は本州有数の鮭遡上河川である。津軽石川は津軽石から数キロメートルで水が地下にもぐる伏流となる。これは川の水温の安定をもたらし、鮭の遡上には好条件となる。この自然条件から、津軽石は古くから優良な鮭漁場であった。

津軽石には、弘法大師が津軽石に滞在した際に厚遇を受け、その礼として津軽の鮭が上る川から持ってきた石を置いていき、その石を使い物にならないと川に捨ててしまったところ、一両年のうちに鮭が上り始めたという、先述の伝承がある。この伝説は鮭漁における有力者であった盛合家の文書「日記書留帳」にも記されている。岩本由輝はこの話は領主であった一戸氏が南部氏に討滅された際、新領主の南部氏に漁業権を認めさせるため、なるべく古いところに根拠を求めたものと分析している［岩本　一九七九］。この指摘からは中世・近世の津軽石において鮭漁が重要な産業であったことが窺える。

江戸期には、領主は鮭に運上金をかけて、漁業権を持つ瀬主を定めており、後に、この運上金を肩代わりすることで、漁業権を集約し、自らが漁業権を持つ漁場で人を雇用し働かせる瀬主が出現し、瀬主・網主・網子という階層ができていった。近世後期からは津軽石の外からの商業資本が鮭漁への進出をたびたび藩に申請するようになり、その影響を受けて、それまで鮭漁にかかわることのできなかった小間居達が村方騒動の末新たに漁業権を手に入れ、従来から鮭漁を行っていた層と対立するなどしたため、幕末期に津軽石川は盛岡藩の直営漁場となった。

明治維新後、江刺県は明治三（一八七〇）年に、従来からの瀬主七名に新たに七名を加えた一四名に漁業権を認めた。江刺県から岩手県へと変わって後の明治八（一八七五）年に太政官布告に基づく漁業制度改革が行われ、漁業権は五ケ年毎の入札制度となったため、以降は様々な商人達の手を転々としている。そのほとんどは村外の者である。これに対し、津軽石村と赤前村の合併を機に、津軽石から漁業権獲得のための活動が始まる。明治三五（一九〇二）年に漁業法施行を受け、津軽石漁業組合が成立している。明治三八（一九〇五）年、民営で人工ふ化場が建設され、明治四一（一九〇八）年には移転の上津軽石漁業組合の経営となり、鮭漁の新たな試みが始められた。水害を避けるため、ふ化場がさらに移転した明治四三（一九一〇）年、それまでの漁業権者との調停の末、一五〇万粒の人工ふ化を行うことを条件に岩手県から漁業権を許可され、津軽石川の漁業権が遂に津軽石に戻った。その後、ふ化場は岩手県営となり大字津軽石字久保田へ再度移転し、昭和二五（一九五〇）年には津軽石村漁業協同組合に払い下げられてその経営となる。これに先だって昭和二〇（一九四五）年には鮭繁殖保護組合が設立されて、鮭の採捕事業を始めており、昭和二五（一九五〇）年から採捕事業とふ化事業が漁業協同組合のもとで一括して行われるようになったものである。この頃には鮭を盛岡あたりへ持っていき、米と物々交換してくることで、戦後混乱期の食糧難をしのいだという。

津軽石村漁業組合は昭和三〇（一九五五）年に自治体の合併をうけて津軽石漁業協同組合と改称され、昭和四三（一九六八）年には漁協も合併されて、宮古漁業協同組合津軽石支所となった。これをうけて、ふ化場は「宮古漁業協同組合津軽石鮭鱒人工ふ化場」となる。同時に旧津軽石漁協組合員による津軽石鮭繁殖保護組合（以下、保護組合と記す）が発足した。これは、津軽石川における鮭の採捕を津軽石・赤前地区の組合員で行うために組織されたものである。この時から宮古漁協からのふ化場職員（津軽石出身とは限らない）と、津軽石の保護組合員が共同で鮭の採捕・採卵にあたるようになった。そして、ふ化場は受精させた卵を持ち帰り、鮭そのものと余分な卵は保護組合のものとなって、それによって保護組合が得た収益を津軽石の地域に還元する寄付金などの事業にあてるという仕組みになった。『宮古市史民俗編　下巻』にある、平成三（一九九一）年度の寄付状況は表2の通りである。

表2　津軽石鮭繁殖保護組合の寄付状況（一九九一年）

寄付先団体名	項目	金額
津軽石公民館	運営費	二、六八〇、〇〇〇円
消防団第二二分団	備品購入費	二、〇〇〇、〇〇〇円
上根井沢公民館	建設費	一、三〇〇、〇〇〇円
下水道促進期成同盟会	運動費	一、〇〇〇、〇〇〇円
津軽石中学校	県大会出場	五〇〇、〇〇〇円
下町公民館	修繕費	三〇〇、〇〇〇円
合　計		七、七八〇、〇〇〇円

寄付先に下水道促進期成同盟会の名があるが、下水道は調査時（二〇〇一年）にもまだ整備されておらず、「次は下水道だ」という声も聞いた。地域の生活が豊かになる財源を鮭の収益に期待しているのである。昭和四八（一九七三）年には設備拡張により、鮭に天然産卵をさせるための休漁日を廃し、全面的に人工ふ化に移行した。

二　津軽石の鮭漁と儀礼

津軽石では、河口に建網を設置して、九月から二月末まで漁が行われている。もともと津軽石川の漁期は他の河川より遅かったため、現在でもピークは一二月・一月である。採捕・採卵は朝八時頃から開始される。身網に浮かべたボートに二人が乗り込み、網を手繰って鮭を岸側に追い込む。そこに巨大なたも網を入れて鮭を大量にすくい上げる。この網の操作は、ワイヤーを上げ下げするのに一人、柄を持ってすくい上げる動作をするのに一人、網の下にある口を開閉するのに一人、都合三人が一緒になって操作する。すくい上げられた鮭はベルトコンベアーに載せられ、採卵場の中へと運ばれていく。ベルトコンベアーの上に一人が陣取ってカウンターを手に鮭の数を数え、採卵場の中ではコンベアーの終端で一人、流れてきた鮭の頭を片っ端から棒で叩いてしめていく。そしてコンベアーから落ちた鮭はオスとメスにわけられ、また型のいいメスはそのまま売り物にするため、ごく少数が特に分けられる。この選別作業に四、五人があたる。コンベアーの出口だけではすべての鮭を完全に殺すことはできないので、選別作業にあたる人は鈎と棒を持って、選別と同時に、まだ動いている鮭を叩いてしめる。三〇〇尾も捕ると、採卵場は鮭でいっぱいになる。そこで、ある程度の数を採ったところで、採卵作業に移る。外で採捕作業にあたっていた人も、場内に移り採卵にあたる。ある程度の数の卵を確保したところで、ふ化場長から声がかかり、ひとまず胚精作業を終了し、このあとに採卵された卵は保護組合のものとなる。また、作業中、精子を搾ったオス鮭（胚精作業終了後は精子を搾らないまま）

や腹を割いたあとのメス鮭（ガラ）はベルトコンベアーで採卵場の外へ運び出され、ガラとオスとで別々のトラックに積まれていく。場内に入ったすべての鮭の採卵が終わったところで、再び採捕作業を開始し、その間にトラックに積まれた鮭は漁協支所（保護組合も隣接）や、その隣の河原にある直売所へと運ばれていく。これを網に入った鮭を捕りきるまで繰り返す。作業終了後、一時間ほど吸水槽に卵を寝させておき、卵の細胞分裂が始まる頃合いをみて、吸水槽から布を敷いたケースに移し替え、車でふ化場まで運んでいく。

なお、この津軽石は鮭に関する奇祭として名高い又兵衛祭りでも知られている。先にも触れたように後藤又兵衛という侍が、飢饉の上に藩に強固な鮭留を立てられて窮乏している村民を見かね、留めを破って処刑されたが、村民は又兵衛のおかげで助かった、という又兵衛伝説に端を発する祭りである。又兵衛祭りが行われるのは、保護組合の建物に近い、直売所のある河原である。準備はすべて保護組合員によって行われる。逆さ磔にされた又兵衛をかたどったといわれる、藁製の又兵衛人形を立て、雌雄一対の鮭と塩、酒、米、野菜、果物などが供えられる。祭礼当日の午前一一時過ぎに皆が整列し祭りが開始される。シントウサン（神主）により、祝詞が述べられ、参加者全員に祓いをし、祝詞奏上をし、川から水をくんで供え、玉串奉奠へと続く。宮古漁業協同組合理事長、保護組合理事長の順に始まり、招待客の市職員や観光協会長らが続き、最後にふ化場場長、保護組合の漁従事者の代表であるダイボウサンが玉串を供える。この間、玉串奉奠をしない参加者は、自分の所属する組織・組合の代表者が玉串を供えるときに、一緒に柏手を打ち、礼をする。玉串奉奠が終わると、保護組合理事長が又兵衛人形を川留めの堰になっているタカス（竹簀）の近くに移す。シントウサンはその横について御神酒を持っていく。移した人形を固定すると、そこに御神酒をかけて、又兵衛祭りは終了し、鮭をはじめとする供え物はシントウサンが車に積んで持ち帰る。この後は、保護組合の事務所で宴会となる。又兵衛人形はこの後の漁期の間、立てられたままになるということである。

また、ふ化場構内の目立つ場所に「鮭霊塔」（写真1）がある。周辺は植え込みで仕切られており、よく手入れされ

写真１　津軽石の鮭霊塔と鮭霊祭の様子

ている。石碑の高さは台座を含め約三メートル、花をたてる燭台も付いており、このような供養塔の中でも、立派な部類に入ると言って良いだろう。碑文は碑の表側のみに彫られており、「鮭霊塔　昭和三十三年十二月　六代組合長　山根三右エ門」とある。六代組合長とは、津軽石村漁業協同組合（〜津軽石漁業協同組合）の組合長のことで、昭和三三（一九五八）年は、自治体は合併されているが、漁協は独立していた時代である。組合長山根三右エ門氏は、当時「三陸一の建網王」とまで称された人物である。三五歳のとき定置漁業経営に乗り出し、宮城県日門漁場、北海道幌泉漁場の成功を皮切りに、北海道から神奈川まで自らの定置漁場を持ち、「三陸一の建網王」「漁業王」「定置の神様」といわれるようになった。津軽石漁業協同組合長は、昭和二四（一九四九）年六月から務めている。津軽石の鮭漁においても山根氏の影響は大きかったであろう。

　鮭霊塔が建てられると同時に鮭霊祭と称する鮭の供養祭がはじまり、現在に至るまで毎年五月三〇日に行われている。この鮭霊祭は漁業組合や保護組合の理事・職員、地域からの招待客（市役所や観光協会の職員など）により、鮭霊塔のあるふ化場で行われる。会場であるふ化場は宮古漁協のものだが、主催者は保護組合である。

鮭霊祭当日、鮭霊塔のあるふ化場では朝からふ化場の職員四名と保護組合の職員一名、保護組合の婦人二名で準備にあたる。会食の会場作りをし、鮭霊塔には野菜・果物が供えられる。供え物については特に決まりはない。近隣の払川にある瑞雲寺（曹洞宗）の和尚が到着すると、皆鮭霊塔の前に整列する。香が焚たれ、読経が行われる。読経が一通り終わると、保護組合の理事長を皮切りに、参加者が順に焼香をしていく。全員の焼香が終わると、鮭霊塔の前での儀礼は終わりとなり、場所を旧繁殖センター二階の会議室に移す。会食の前に、保護組合理事長、宮古漁協理事長、宮古市観光物産部長らが挨拶をする。一通りの挨拶が済んだところで乾杯し、あとは皆思い思いに飲み食いし、語らい、好きな時間に帰っていく。

又兵衛祭りと鮭霊祭を比較してみると、この二つの行事が非常に対照的な性格を持ちながら、漁期の節目に行われていることが分かる。歴史的な経過から見れば、又兵衛祭りはいつ頃から行われたものか断定はできないものの、古いものと見なされている祭事であり、鮭霊祭は人工ふ化への転換という近代化の過程で生まれた儀礼である。漁期との関係で見ると、鮭霊祭は稚魚放流後、即ち人工ふ化まで含めた一シーズンの仕事の終わりに行われている。一方の又兵衛祭りは一見、漁の最中にその合間を縫って行われるように見えるが、これは人工ふ化による、遡上時期の早い鮭の卵の移入によって現状のようになったものであり、それ以前には漁期初めの行事であったと見なすことができる。現在でも、津軽石川が鮭遡上のピークを迎えるのは他の河川より遅い一二月、すなわち又兵衛祭りの後である。

このような対照を考えるとき、人工ふ化と供養との関連に留意すること、供養が漁期とのかかわりからどのような位置づけを与えられているか考えることは重要な要素となろう。この点は後に他の事例の分析とあわせて考えることにしよう。

第三節　庄内・由利地方の鮭供養と伝承

一　鮭建網漁の千本供養―山形県飽海郡遊佐《ゆざ》町十里塚（十里塚鮭建網組合）―

遊佐町の海岸線は、月光《がっこう》川の河口より北側を除く、大半の部分が砂丘になっている。その砂丘上に位置する戸数八〇戸の集落が十里塚である。砂丘上という地勢から、古くから水田耕作は少なかったらしい。明暦二（一六五六）年の検毛帳で十里塚は無高となっている。延享三（一七四六）年の「巡見使御用覚書」で初めて石高四六石八斗七升が記録されているが、当時の戸数は四三戸であり、一戸あたり約一石にすぎない[11]。一方同書に記録されている諸役金には「イワシ網一両三分、手くり網一両五百一文」がある。さらに、「塩釜拾枚此年貢七石五斗二升二合」とあり漁業と塩焚きが盛んだったことがわかる。ただ、この頃から塩焚きの衰退が始まったらしい。この前年には近隣の藤崎の佐藤藤蔵父子が、塩焚きによる伐採で不毛の砂山と課した砂丘に松苗の植林を始めており、燃料となる森林資源が減少していたことが知られる。宝暦の頃からは塩が移入されるようになっている[12]。

漁業に目を転じると、明治以前から六艘の地曳網があり、主力となる魚種はイワシであった。承応二（一六五三）年に十里塚をはじめ、服部興屋、青塚、白木、宮海の五ヶ村で吹浦から小湊までの鮭漁を出願しているが、小湊・酒田の鮭網の反対に遭い、鮭網は許されず従来通りイワシ網を引くように申し渡されている[13]。

江戸時代末期には出稼ぎ漁業が始まった。慶応二年（一八六六）に次のような願い出書を出している。

乍恐書付を以て願い奉り候

私儀奥州松前蝦夷地へ鯡取雇に罷越申度存じ奉り候、尤も八月上旬出立、来卯六月帰村仕るべく候間願い通り仰せ付け下し置かれ候はば有難き仕合わせに存じ奉り候　以上

慶応弐年寅八月
遊佐郷十里塚村
与吉弟　与作
親類　三治郎
長人百姓　藤十郎
肝煎　九助
大組頭　渡部多一郎
齋藤雄蔵殿(14)

このような出稼ぎは後々まで続けられ、北海道のニシン漁がその主な出稼ぎ先であった。このような状況は砂丘上に位置し漁港に恵まれなかった漁村に共通するもので、近隣の青塚からはニシン漁で大成功を収めた青山嘉左衛門(留吉、一八三六―一九一六)が出ている。嘉左衛門の邸宅はいわゆる「鯡御殿《にしん》」として小樽市祝津に青山別邸が、郷里の青塚に旧青山本邸が保存されている。この青山嘉左衛門に代表されるように、出稼ぎによる収入は非常に大きいものだった。

このような成功者も出る一方で、出稼ぎに行った人々が遭難で命を落とす悲劇も生まれた。明治四一(一九〇八)年の天売島遭難がそれである。この遭難では庄内地方からの出稼ぎ漁民に多くの被害が出たが、十里塚からも漁船七艘が沈没、三艘が行方不明、遭難者三四名の被害が出ている。(15)この遭難者を供養するため、死者の霊が寄り集まると

ころと信じられているモリの山に観音像が建てられている。この遭難の影響もあったか、明治三八（一九〇五）年に九五戸を数えた戸数は北海道、樺太への移民もあって減少し、大正一三（一九二四）年には六四戸となった。

明治四四年には地曳網六艘の拠金により、雑漁網（建網）が始められた。鮭、マス、イナダ、サバ、カツオ、カレイなどを獲った。これ以降、二百十日までの夏の漁期は北海道へ出稼ぎに行き、帰ってくると地曳網、建網に乗るのが主たる生業になった。昭和二四（一九四九）年からは建網が二ヶ統になっている。ただ、地曳網は昭和三二（一九五七）年頃になくなり、それに代わって畑作農業が盛んになっていった。主な作物はスイカ・メロンなどで、特に昭和四〇（一九六五）年に集落のすぐ近くを通る国道七号線吹浦バイパスが開通してからは、バイパスに露店を出してスイカ・メロンの直売をするのが重要な収入源となった。

地曳網がなくなってからの建網は、十里塚の地先で行われる唯一の漁業になった。かつて地曳網の盛んな頃はイワシの獲れる時期が一番賑わったというが、地曳網の衰退後は建網で鮭を獲る頃が、出稼ぎの者達も戻ってきてムラが最も活気に満ちあふれる季節になった。最盛期には女の人達も手伝って毎日三回も四回も網を起こしたという。漁業を専門にする人は出稼ぎの収入と失業保険、そして鮭建網という組み合わせが主な収入源となった。あるいは、出稼ぎは漁業ではなく、都市部へ行く人も増えていた。昭和四六（一九七一）～四七（一九七二）年に艪かい船から動力船に変え、吹浦港から出漁するようになった。この時に「十里塚鮭建網組合」が成立した。設立当初は約二〇名の株主によって運営されていたが、最盛期には五〇～六〇名まで増えた。一ヶ統につき二四～二五人が乗り組んで操業していたという。

その鮭建網も値段の下落で生計が立たなくなったことと、漁をあがる、つまりは引退する人が増え、後継者がいないことから、平成九（一九九七）年を以て廃絶した。現在では一本釣り、刺し網、底引き網などをしている人がいるが、十里塚全体では漁業よりも農業に関心が向いている。また、酒田への会社勤めなども多い。

この十里塚ではいつ頃からかわからないが、鮭の千本供養が行われていた。先述のように江戸時代には鮭網の許可が下りず、本格的な鮭漁は明治四四（一九一一）年の雑漁網設立以降であるから、少なくともそれ以降に始められたものと推測できる。鮭を一、〇〇〇本獲ればこれはダイリョウであると考えて供養を行った。組合の代表者（ナヤ）の家に集まり、ナヤの家が檀家になっている寺から和尚さんを呼んでトーバネに必要なこと（経文、年号、月日など）を書いてもらい、網を入れる場所を臨むタテバに立てた。ナヤは毎年交代するため、年によって供養の導師となる寺院(16)も異なっていたことになる。タテバではトーバネが数列に分けて立てられ、新しいものは前のものよりも海寄りに立てていた。その後はナヤの家や公民館でフルマイと称して酒宴が行われた。

昭和三〇〜四〇年頃には四、〇〇〇本、五、〇〇〇本と獲れる年が多かったが、必ず一、〇〇〇本毎に供養を行っていた。しかし、その後の漁獲量の増加で千本供養は行われなくなり、漁期終わりに供養をするように変わった。昭和五八（一九八三）年、先述のモリの山に「鮭供養之塔」が立てられた。以降はこの鮭供養之塔の前で供養が行われるようになった。ちなみにこの年の漁獲高は実に三七トンで鮭漁の全盛期といっても良い。

鮭建網の消滅と共に、行事としての鮭供養も姿を消したが、今でもモリの山に墓参りをする機会に花を供えたり、拝んでいったりする人がある。

二　鮭建網漁の千本供養―山形県飽海郡遊佐町吹浦《ふくら》―

吹浦は遊佐町の北部、月光川河口付近に位置する。遊佐町北部では最も人家が集中しているところである。月光川《がっこう》河口に港を持つ漁村であると同時に、浜街道の宿駅として、また出羽国一宮である鳥海山大物忌神社の口之宮の門前町として古くから発展してきた。布倉、横町、宿町からなるが、布倉は大物忌神社の社家、衆徒が住んでいたところで、漁師達は横町、宿町に住んでいた。延享三（一七四六）年の「巡見使御用覚書」には「この吹浦に、猟船七艘あり、その内、三艘、横町所有で、四艘宿町所有」とあり、同書に記録された吹浦の家数は一一九軒、網役はイワシ網役と手くり網役で銀一一九匁八分七厘五毛である。明治二九（一八九六）年の県漁業誌では三二〇戸中漁業戸数一〇二戸、漁業収穫二七七八円、指網、延縄、手くり網等で主要な魚種別では鮭、タイ、カキ、カナガシラの順である。この頃から方言でヨウ（魚の意）と呼ばれる鮭が漁の花形となっていたことがわかる。

戦後は吹浦で三ヶ統[17]の鮭建網があり、河口付近に設けられた鮭資源保護のための禁漁区を囲むように網を立てていた。その場所は五年に一度の入札で決められ、観光名所としても有名な十六羅漢の沖合が一番いい場所だったという。かつてはどの網も小さなものだったが、後に一ヶ統が大きい網を立てた。大きい網で乗組員が一三人、その他の網で六人ぐらいが乗り込んでいた。漁の最盛期は昭和五〇（一九七五）～昭和五五（一九八〇）年頃、一万本以上を獲ったこともあるという。当時魚卸業を営んでいた人の話では、新潟県の村上などからもたくさん買いに来ていて、水揚げのあと二～三時間ですべて売れ、一日で一四〇～一五〇万円を儲けたという。

吹浦には「鮭千本獲ると人一人の供養をしないといけない」という伝承があり、一、〇〇〇本を獲ると塔婆を立てて千本供養をしていたという。かつては一、〇〇〇本獲ればダイリョウで、三、〇〇〇本も獲ればダイダイリョウだったが、漁獲量が増えて、三ヶ統あわせて一年に二〇本の千本供養塔婆が立ったこともあるという。後に一、〇〇〇本、三、〇〇〇本、七、〇〇〇本で供養をやるようになり、立てる塔婆の大きさもだんだん大きくしていた。先述のように昭和五二（一九七七）年頃には一万本獲れたことがあり、この時は一万本供養をしたという。

供養の時に行うことはほぼ人の法事と同じであり、かつては羽織・袴という姿で供養に臨んでいた。吹浦の海禅寺（曹洞宗）の僧侶を呼んで供養を行った。塔婆を立てる場所は現在十六羅漢の駐車場が整備されている丘の上で、網を入れていた海の方を向けて立てられていた。古いものは朽ちて倒れるにまかせていた。供養は同時に大漁祝いでもあ

写真２　吹浦の千本供養塔婆

るので、オヤカタの家で酒宴が行われ、漁師達は皆これを楽しみにしていたという。漁期は一〇月～一二月一〇日頃までで、たいてい一一月中旬には千本供養が行われた。豊漁の年は一一月はじめに供養をしたという。

昭和五四（一九七九）年には二八五トンを数えた吹浦地区の鮭類の漁獲も、平成になってからは九～一四トンに落ち込み、鮭の値段の下落もあって鮭建網は吹浦から姿を消した。現在では底引き網によるすけとうだら、まだら漁などが漁の主力となっている。漁と共に鮭の供養も行われなくなり、平成一五（二〇〇三）年の調査時点では、朽ちて文字も読めなくなった塔婆が一本立っているのみであった（写真２）。大きさから考えて、おそらく七千本供養の時にたてられた塔婆であろうということである。

三　鮭建網漁の千本供養―秋田県にかほ市小砂川《こさがわ》―(18)

吹浦の月光川河口から北の海岸は、月光川以南の砂丘とはうってかわり、岩礁海岸となる。その岩礁海岸の途中にあるのが小砂川漁港で、漁港から坂を上った中磯、上浜近辺の漁師がこの漁港を使用している。それほど規模の大きな漁港ではなく、現在は六月からのカキ・海藻漁、七・八月のアワビ漁が収入の中心で、人によってはこの三ヶ月で一年分を稼ぐという。一二月にはハタハタ漁が行われる。漁港近くの番屋には漁民の信仰が篤いことで知られる山形県鶴岡市の善宝寺（曹洞宗）のお札が祀ってある。これは四月一八日に講で参拝し、大漁・海上安全の祈祷を行なってもらってきたものである。

かつてここには三ヶ統の鮭建網があった。網を入れる場所は一年ごとのローテーションで変えていた。多いときで一艘に一八人の乗組員がいたが、動力船になってからは乗組員の数は減った。良かった頃は一〇月・一一月で一艘あたり一、〇〇〇万〜一、六〇〇万円を稼ぐことができた。昭和二〇年代後半の豊漁の年には、一、〇〇〇本獲れば旅館で芸者を揚げて宴会ができたという。最盛期は昭和四〇年代後半から昭和五〇年代で、その後鮭の値段が安くなり、トリメがなくなってしまったので、平成に入り一シーズンの収入が一、〇〇〇万円をきった頃に建網をやめた。

小砂川には鮭千本を獲ると人一人殺したのと同じ罪になるという伝承があり、千本獲れると千本供養を行っていた。小砂川の雲照寺（曹洞宗）でお経を上げ、塔婆を網を入れる場所の見える丘に立てていた。ただし、その丘が岩場で塔婆を立てられないときには雲照寺に塔婆を立てていたという。戦後間もない頃に千本供養を行ったのは昭和二〇年代後半の豊漁だけだったが、昭和四二（一九六七）年頃から漁獲量が増え、多いときには一日で一、二〇〇本獲ったこともあったという。この頃から供養は一、〇〇〇本、三、〇〇〇本、七、〇〇〇本で行われていた。建網をやめるのと同時に、鮭の供養も途絶えた。

現在でも年寄りのテマとしてはよいということで、小規模ながら鮭漁が行われている。鮭は魚が大きいから一番漁が楽しいのだという。卵を売りに出す他は自家消費がほとんどである。一シーズンに二人で五〇〇〜一、〇〇〇本くらいの漁獲があるが、建網をやめ、供養をしなくなってからは数を数えなくなったので、一、〇〇〇本獲れたのかどうかはわからない。

四　鮭建網漁の千本供養―秋田県にかほ市（潟の口建網組合）(19)―

山形県境から続く岩礁海岸も、「陸の松島」として知られる九十九島の景観が広がる旧象潟《きさかた》町の中心部まで来ると、砂浜海岸になり、地形も平地になる。ここには大潤、小潤と二つの漁港があるが、秋田県南部漁協象潟支所のある大潤漁港の方が規模が大きい。この大潤漁港を拠点に荒屋、潟の口の二つの鮭建網が現在も操業している。このうち潟の口建網組合は九十九島の一つ物見山周辺の集落民の一部が設立した組合で、網を入れる場所もこの物見山の沖合である。網を入れる場所は設立当初から同じで、岩と岩に挟まれた、海底が砂地の所である。オオアミバ、あるいはカミノマタと呼ばれている。

写真３　象潟物見山の鮭供養碑

象潟町の沖合には潮目があり、多種多様な魚が獲れる。春・夏期には個人個人が漁を行い様々な魚を獲っている。潟の口建網組合としてまとまって漁を行うのは一〇月～一一月の鮭建網、一二月のハタハタ建網の二つである。この二つがこの地域で最も大規模な漁ということになる。鮭の漁が始まるのは一〇月一日で、鮭漁の前には善宝寺へ参拝し、お札を受けてくる。鮭漁は一一月いっぱいまで続けられ、一二月に入るとハタハタ漁に切り替わる。ハタハタ漁が始まる前には町内のクマノサマ（熊野神社）へ参拝し、お札を受けてくる。これらのお札は番屋の中に祀られている。ハタハタ漁が終わるとその年の組合としての漁も終わりで、ナオライと称して宴会が行われる。

現在の組合員数は一五人で、最盛期の半分弱である。五艘の船を使って操業し、網は朝夕二回起こす。いい日には一回で一、〇〇〇本あがることもあるという。収入の中心は卵の売り上げで、鮭そのものの値段は安い。また、荒屋の組合も含め、県南部漁協として海産卵の人工ふ化事業を行っていた。しかし、平成一三（二〇〇一）年度に四二〇万一千粒を採卵したのを最後に中止されている。(20)

潟の口組合がまとまる前は、自分の船でそれぞれの網場に行く小規模な漁で、一、〇〇〇本獲れることはなかった。昭和五二（一九七七）年に潟の口建網組合を設立して大型の建網を導入して初めて同じ網でたくさん獲れるようになったのだという。

ここには「鮭千本を殺すと人一人に値する」という伝承があり、一、〇〇〇本獲れると千本供養を行った。町内の蚶満寺（曹洞宗）に依頼して供養を行い、オオアミバを臨む物見山に塔婆を立てていたが、あまりにたくさん獲れて塔婆の数が増えすぎてしまい、立てる場所が観光地として名高い九十九島の一つである物見山だけに、景観が良くないということになった。また費用の問題もあるので、たまたま組合員の同級生に石屋がいたこともあって、物見山にオオアミバの方を向けて石碑を建立した（写真3）。以来石碑の前で万本供養として終漁後に供養を行うようになり、塔婆は立てなくなった。現在では蚶満寺の僧侶も呼ばず、ハタハタ漁の合間を見て自分達で花をあげ、焼香をして供養している。例年一二月五日～一〇日くらいに天候やハタハタ漁の具合を見て供養を行っている。

五　河川における鮭漁の千本供養―山形県飽海郡遊佐町箕輪（箕輪鮭漁業生産組合）―

月光川の支流、滝淵川と牛渡川の流れる水田地帯にあるのが箕輪集落である。元々は江戸時代初期に新田として開発された。庄内藩は村上・三面《みおもて》川での種川に倣い、文化三（一八〇六）年に滝淵川、牛渡川を種川に定めた。鮭室で捕獲した鮭を雌雄一対にして上流に運搬し、川の上下を簾で仕切ってそこに鮭を放し、番人をつけて天然産卵をはかった。これを行ったのが箕輪の人々で、鮭漁を許される代わりに後役金を収めていた。このことがわかる次のような文書がある。

乍恐書付を以て御訴訟申し上げ候事
箕輪新田村、卯之年より、トメ後役金弐分、上納仕り候所、近年は、魚御座無、トメ斗にては魚取かね迷惑仕り候間、自今以後右之御役金にて内川、大川屋し役共に仰付られ候はば、有難く奉るべく存じ候。右、願い奉り候通り、仰付下され候はば、自今以後、鮭、鱒、取申さざる候共年年、御役金、少しも、遅々なく上納申上ぐべく候、その為、村中連判を以て御訴訟申上候。
中ノ五月十六日(21)

御役金を収める代わりに、権利を保護されていた様子がわかる。ただ、種川の制についてはめざましい成果を出したわけではなかった。種川の制と同じ発想で、明治二六（一八九四）年五月県令第三九号では禁漁区を設けて自然繁殖を図ることが定められたが、鮭の遡上は減り続け、明治三八（一九〇五）、三九（一九〇六）年頃には壊滅的な状況となった。

明治四一（一九〇八）年、皇太子行啓を機としてふ化場の設置を出願し、許可された。箕輪集落の全戸が参加しての事業開始、ふ化場の設置は同じ月光川水系の野沢に続き山形県内では二番目であった。酒田瀬網漁場から親魚を買い入れ、ふ化・放流を行った。しかしこの負担が大きく、経済的にも家計の助けにならなかったため(22)、脱退者が増え事業維持が困難になった。大正五（一九一六）年に箕輪前の川とも言われた滝淵川の権利を桝川の菅原源吉に金七円で譲渡した。このため現在でも箕輪集落の直近に採捕場をかまえるのは桝川鮭漁業生産組合で、箕輪鮭漁業生産組合は集落からは少し離れるも、湧水に恵まれた牛渡川で採捕、ふ化・放流を行っている。[23]権利譲渡の後、組合員数が九名となったが、以降は変わることなくこの九戸により事業が続けられている。昭和二四（一九四九）年の漁業制度改革により箕輪鮭漁業生産組合を設立した。なお、調査時（二〇〇三年）には後継ぎがなく漁を休んでいる人が一名おり、組合員数は九戸ながら、八人で漁と人工ふ化にあたっていた。

人口ふ化の成果が現れ出すのは昭和に入った頃からで、月光川水系全体で昭和元（一九二六）、五（一九三〇）、六（一九三一）年に一万尾を越える漁獲をあげている。[24]その後大きく数字が変化するのは昭和四〇年代になる。昭和四四（一九六九）～四七（一九七二）年の間遊佐町で定置網、河川共に一〇〇トンを超える漁獲をあげている。[25]

しかし昭和五三（一九七八）年、アメリカ、カナダ、ソ連によって二〇〇カイリ漁業専管水域の規制が実施されると、北洋のサケ・マス漁が打撃を受けた影響で、沿岸の定置網が増え、河川に回帰する鮭が少なくなってしまった。放流する数が不足してしまうので北海道の卵を移入して放流数を確保した。その後平成六（一九九四）年以降にふ化場での捕獲数が増えているが、これは海面の定置網が減少した影響と思われる。しかし、川鮭がほとんど売れなくなり、収入の柱となっている国による稚魚買い上げが毎年減らされ続けている中で、経営は年々厳しさを増している。このため、北海道と連携することによって、事業の活性化をはかろうとする取り組みが始まっている。これは北海道で高値で取り引きされているメジカ[26]が月光川水系で放流された鮭である事がわかってきているからで、箕輪ふ化場でも平成一五（二〇〇三）年にこれを証明する遺伝子調査のため一〇〇尾の鮭を水産庁に提供している。一方、近隣の鮭漁業生産組合と協同で、鮭をハンバーグや味噌粕漬けに加工して道の駅での販売、学校給食に使用してもらったり、肥料に加工して販売するなど自助努力を行っている。

現在では九月下旬から漁が始められる。遡上開始に供えて九月中には農作業の合間を見ながら、川の藻を掃除するモガリと、鮭を獲るウライと呼ぶ金属製の仕掛けをはじめ、様々な道具の準備を済ませておく。昭和五六（一九八一）

年までは一一月から漁が行われていたので、かつてより一ヶ月以上早い。これは遡上時期の早い北海道の鮭の卵を移入することで、ワセ・早期群と呼ばれる鮭が増加したからである。このため漁のピークが年二回あり、一〇月中旬～一一月一〇日頃までがワセのピークに、一一月二〇日～一二月二〇日頃がオクテと呼ぶ、月光川水系本来の遡上時期の鮭のピークになる。漁期中、一〇日に一度は一〇〇尾の鱗を取り水産庁に送る。これは上ってきた鮭が何年前に放流したものかを鱗から調べ、漁獲動向を予測するためである。漁の許可は一月一五日までとなっており、この日にウライを撤去する。以後も稚魚の餌付けと稚魚池の掃除を放流が終わるまで毎日続ける。衛生管理には特に気を付けなければならず、大変神経を使う作業だが、四年後の鮭を確保し、自分達の生活もかかっているので真剣そのものである。二月上旬には稚魚の放流を開始し、水温の関係から四月一〇日までに放流を終える。水産庁の指導と、自分達の経験とで、たくさん放流するよりも、質のいい丈夫な稚魚を放流するのが大事だとわかっているので、一グラム以上に育ったのを目安に稚魚を放流する。放流が終わりふ化場を閉めれば、一シーズンの鮭の仕事は終わりだが、五月には稚魚池を日光で消毒したり、六月にもモガリを行うなど、必要な作業はほぼ一年間にわたる。

漁期中は朝八時に集合して漁が行われる。まずふ化場手前の川に入り、近くまで来ている鮭をすべてウライの中に追い込む。これが終わると鎖を引っ張ってウライの底の部分を上げて鮭が動けないようにし、タモ網ですくっていく。すくった鮭は一尾ずつアンラクボウと呼ぶ棒で叩いて殺し、採卵台の上に置いて、サイラントという道具で腹を割いて採卵し、オスから精子をふりかけて受精させる。採卵・受精が終わったあとの鮭は、販売用のものは発泡スチロールの容器に入れ、加工用のものはその場で三枚におろしていく。組合員だけでは手が足りないので、吹浦から手伝いに来ている人もいる。手伝いの人が同じ箕輪からではないのは、箕輪の人達はそれぞれに冬期間の副業を持っているためで、吹浦とその周辺の左官・大工など、冬の仕事のない人達が手伝いに来ているのだという。

箕輪のふ化場の場合、採捕・採卵・ふ化・鮭の直販がすべて同じ施設内で行われている。また、牛渡川は川幅が狭く、湧水が豊富で水がきれいなので、鮭の姿がよく見える。このため、毎年観光に訪れる人がいる。平成七（一九九五）年にＮＨＫの「生き物地球紀行」で牛渡川の一年と題して放送されたときには、遠く九州からも見に来た人がいたという。ただ、今観光に来る人は鮭を見ることが目的で、昔のように鮭を買っていく人は少ないという。昭和五〇年前後のことと思われる観光の様子が市川健夫の著書に出ているので、少し引用してみよう[27]。

　北海道では採卵後のサケは、ホッチャレといって価格が安くなるが、ここでは鮭漁の見学者が多く、土・日曜日には交通整理の警官が出動するほどのにぎわいになる。そこでピチピチした生きたサケはたとえブナ毛であっても人気があり、日によっては定置漁業より高い値で消費者に売られている。直販するサケの価格が比較的良いのは、採卵する際腹部を切開せずに、「搾取法」といって二回ほど腹部を手で押して卵をしぼるからだ。切開しないために見栄えがよく、しかも若干イクラ（卵）が残っていることが、商品価値を高めている。

［市川　一九七七　一六二］

写真４　箕輪鮭ふ化場の鮭霊塔

　この引用文中に見られる「搾取法」は、昭和五〇年代末期からの不漁で行われなくなった。採卵効率を上げる必要が生じたためで、現在では腹を割いて採卵する切開法に改められている。現在のふ化場での直販価格は一尾一〇〇〇円だが、買っていく人は少ない。多くが加工と自家消費にまわっているのが現状である。それでも、毎年同じ人が鮭を買いに来てくれる例もあるという。近年は総合学習との関連もあって、小学校の見学が多い。その様子は平成一四（二〇〇二）年にＮＨＫ「ひるどき日本列島」で紹介された。

かつては漁が始まる前に鶴岡の善宝寺と吹浦の鳥海山大物忌神社口之宮に参拝し、お札を受けてきていたが、先述のように北海道からの卵移入で漁期が早くなると、収穫作業と鮭漁の準備の時期が重なり、この時期の参拝が不可能になった。このため現在では一月五日に大物忌神社へ、一月七日にふ化場の裏手にある丸池の丸池サマに参拝し、そのお札をふ化場内の事務所の神棚に祀っている。

ふ化場構内に「鮭霊塔」と銘のある石碑が建てられている（写真４）。裏面には建立年と当時の組合員の氏名が記されている。この鮭霊塔が建てられたのは昭和五一（一九七六）年のことである。鮭供養の塔婆を立てたあとは朽ちて倒れるまでそのままにしている例が多いが、箕輪ではふ化場を閉めるときに撤去して、倉庫に片付けている。このためかつてはふ化場を閉めている期間に、鮭の供養をしたことを示すものが何もなかった。先述のように見学に来る人が多かったこともあり、年間を通じてあるものが欲しかった。そこで時の組合長の提案により、七〇～八〇万円をかけて構内の一角に石碑が建立された。

一月で鮭の採捕が終了し、二月に入ると供養を行う。生きているものを殺すのだから、供養をしなければならないのだという。隣の落伏集落にある永泉寺《ようせん》（曹洞宗、もとは天台宗であった）(28)に供養を依頼し日程を決める。箕輪の人達はこの永泉寺の檀家になっている。供養は事務所で行われる。組合で用意した塔婆に僧侶が経文を入れる。供物としては必ず洗い米、塩、酒を用意し、その他菓子、野菜などを神棚の下に供える。三～四年前までは丼に入る程度の大きさの、生きた魚を用意し、供養のあと川に放していたが、僧侶の提案でやめることになった。僧侶が持参した五色の幟をかけ、文を入れた塔婆を立て掛けると、読経が行われる。それが済むと塔婆を稚魚池の脇にある鮭霊塔の所に持って行き、鮭霊塔の後ろに立てる。供え物のうち、米と塩を鮭霊塔の前に移す。これが終わると鮭霊塔の前に整列し、手を合わせて「ダイリョウ満足」と唱え、供養は終了する。その後事務所内で直会となる。この供養には組合員の他、漁を手伝った人も参加する。供養の目的は鮭の成仏と、鮭を殺した人の安全にあるから、手伝いの人にも参加してもらうのだという。

六　河川における鮭漁の千本供養—秋田県由利郡象潟町川袋（川袋鮭漁業生産組合）—

鳥海山麓の丘陵がそのまま海に落ちこむ、岩礁海岸の途中にあって、川袋川が形成したY字型の谷地にあるのが川袋の集落である。国道七号線、羽越本線共に川袋川が海に出る、言うなれば集落の付け根にあたる部分を築堤で乗り越してしまうため、余程注意していないとここに鮭遡上河川があることには気がつかないだろう。実際川幅も三メートルほどしかない。しかしこの川袋川こそ、秋田県内では第一の遡上数を誇る川なのである。

先の箕輪の場合と違い、川袋の場合は昔から多くの鮭が上る川だったわけではない。人工ふ化事業に着手したのは昭和四〇（一九六五）年である。地区住民による「部落事業」として始められた。初年度の採捕数はメス五〇、オス五八の計一〇八尾でしかなかった。当然これより前には生業として鮭を獲る人はなかった。昭和四七（一九七二）年には川袋鮭漁業生産組合を設立、川袋集落四〇戸がすべて参加し、組合員数四〇名で事業に取り組んだ。(29) 以降昭和五一（一九七六）、五二（一九七七）年頃に大きく採捕数が落ちこむこともあったが、卵を北海道や山形・岩手から導入したり、昭和六〇（一九八五）年頃からは池にビニールを張ったり、夜間も電気を付けるなどの方法で、大型の稚魚を育成することに取り組み、着実に遡上数を増やしていった。昭和五五（一九八〇）年に初めて一、〇〇〇尾を採捕、平成六年（一九九四）に一万尾、平成一四年（二〇〇二）には二万尾の大台を記録した。当初は移入していた卵も平成二年（一九九〇）からは他ふ化場へ移出するようになっている。

川袋川の漁期は九月中旬からである。八月下旬からゴミはらいなどふ化場の準備を始め、九月一〇日、河口から三五〇メートル程の、国道の築堤を川袋川がくぐるトンネルの入り口にヤナと呼ぶ仕掛けを設置する。ヤナは金属製の柵（鉄骨スクリーン）で川を仕切るもので、調査時点(30)でのヤナは昭和五六（一九八一）年度に五〇〇〇万円をかけて導入した長さ七メートル、幅二メートルのものだった。この設備は調査後、平成一五（二〇〇三）年に更新したとのことである。漁のピークは一一月で、採捕は一二月まで続けられる。この間、一〇月中旬には「川袋川サケ祭り」が行われ、鮭のつかみ取りや、鮭汁の無料サービス、加工品販売、クイズやゲーム、また九十九島太鼓演奏や地元川袋の獅子舞奉納も行われる。一一月の半ば頃からは、採捕採卵に加え、ふ化した稚魚の養育が加わる。稚魚の養育は三月いっぱいまで続けられ、一〇センチメートルほどに成長した稚魚から順次放流される。放流は基本的に三月中で終わるが、一部はとっておき、四月に近くの上浜小学校に入学した小学校一年生の手で放流してもらっている。

川袋では採捕場と採卵場が離れているため、漁の最盛期には軽トラックでこの間を何度も往復しなければならない。ヤナに入った鮭をタモ網ですくい、軽トラックに積んだ水槽に入れていく。水槽がいっぱいになるとこれを採卵場に運び採卵作業を行う。これが済むと再び採捕場で水槽いっぱいの鮭を獲ってくるといった具合である。このため最盛期には朝八時から昼過ぎまで作業にかかることもある。採卵後の鮭はハンバーグやすり身への加工にまわすか、無料で人にあげている。加工施設は平成八（一九九六）年に整備した。加工したものは組合員に配布するほか、各所で売っている。ただこれもたいした収入にはならず、国による稚魚買い上げの収入が大半を占めている。

漁の開始に先立つ九月初めには、吹浦の鳥海山大物忌神社口之宮と鶴岡の善宝寺に代表者が参拝する。ダイリョウ満足の祈願と前年のダイリョウの感謝をし、お札を受けてくる。このお札は採卵場にある神棚に祀る。祭り方は中央に川袋の久志神社、向かって左に大物忌神社、右に善宝寺のお札となる。久志神社(31)のお札だけは、一一月の秋祭りの時に新しいものに替えられる。かつては一〇月中旬に全員で参拝しており、特に善宝寺へ行くときには、善宝寺近くの湯野浜温泉に一泊していたというが、漁期が早くなり収穫と重なったのでこれはできなくなった。鮭が来る前に参

写真５　川袋の鮭供養塔婆

拝したいということで、参拝の時期も早くしたのだという。それでも全員が参拝するようにしていたが、最近は経費の問題で代表者だけが参拝している。

前節で取りあげたように、近くの小砂川の漁師の間では、鮭千本を獲ると人一人殺したのと同じ罪になる、という伝承があり、一、〇〇〇本を獲ると供養が行われていた。このことは川袋でも知られていた。そして昭和五五（一九八〇）年度に初めて一、〇〇〇本の鮭が捕れたときに、小砂川に倣って鮭の供養を行った。これが川袋における鮭供養の始まりである。その後は昭和五九（一九八四）年に再び一、〇〇〇本以上の採捕を記録、二度目の供養を行った。昭和六二（一九八七）年以降は毎年一、〇〇〇本以上の採捕を記録するようになり、供養もまた毎年の恒例行事となったのである。当初は町役場や県の水産係、水産課の人や、近隣の建網の網元、県の鮭協会の人など多くの来賓を呼んだ。これは鮭に関係のある人はみんな呼ぶという考えによる。しかし、海の建網が縮小するに従って来賓の数は減った。その分、今ではムラの人の行事という色合いが強い。

例年供養は二月中に行われる。会場はふ化場に隣接する萬照寺（曹洞宗、もと天台宗）である。このため日程は寺と相談の上決められ、決まった期日があるわけではない。[32]

当日は組合で用意した塔婆に萬照寺の和尚が銘を入れておき、供物としては一二月末にあがったメスの鮭[33]、米、水、大根をさいの目に切ったもののほか、畑のものとしてほうれん草、海の物として海苔、山の物として山菜が用意される。このほか菓子や果物も供えられる。本堂の中央にこれらの供物が置かれ、「三界萬霊等」の位牌が据えられる。塔婆はその大きさから本堂に入れるのが大変なので、外に置かれたままで供養が行われることもある。参加者は通常組合員のみだが、平成一五（二〇〇三）年は平成一四（二〇〇二）年度の採捕数が初めて二万本を超えた記念に、町の助役も招待した。組合員の中には数珠を持参して供養に臨む人の姿も見られる。供養の方式は施餓鬼供養と同様である。読経の最中に焼香が行われ、組合長、町助役、元組合長が中央で焼香したあとは、参列者の間で道具がまわされ、おのおの焼香を行っていく。

読経が終了すると、塔婆を軽トラックに乗せて採捕場へ運び、正面がヤナを見下ろす形で立てる（写真5）。この塔婆は朽ちて倒れるまでそのままにしておく。これで供養は終了となり例年は集落内の構造改善センターで直会となるが、平成一五（二〇〇三）年はやはり二万本漁獲の記念という事で、道の駅象潟の座敷で祝宴が行われた。また、平成一六（二〇〇四）年に、塔婆を立てるのと同じ場所に「鮭慰霊碑」が建立された。

小　結

ここからは本章の結びとして、生業の観点から鮭供養の習俗を考える、即ち、鮭と鮭漁の特質から何が読み取れるか、そしてそれが供養習俗の形成と維持にどうかかわっているのかを検討してみたいと思う。

歴史的な経過に注目してみると、近代以降に供養が始められた例が多いことが分かる。「鮭千本は人一人」という伝承が日本海沿岸地域では鮭供養の基盤となっているが、一、〇〇〇という数に達することができる場所は、中近世にはごく限られていたと思われる。おそらく吹浦・箕輪くらいではなかったか。その限られた場所でも毎年ということはなかっただろう。一、〇〇〇という数はあくまで大漁の象徴としての数字と見ることができる。どこまでも自然に頼り、待ちに徹するしかない鮭漁で大漁という常ならざる事態、広い意味での非常事態にあったとき、その恵みに感謝すると共に、大量の鮭を殺すことの償いとして供養が必要とされたのだろう。

ただ、機会も地域も限られていたにもかかわらず、「鮭千本は人一人」の伝承は周辺に根付いていた。そして大規模な建網の導入や人工ふ化の成功といった契機で一、〇〇〇本の捕獲が可能な地域が増加すると、これらの地域も「鮭千本は人一人」の伝承に従い、鮭供養の習俗も広がっていったのである。このことを考えれば、鮭供養は歴史の残滓といった存在ではなく、近現代の漁民が必要とした習俗であるということがわかる。そして、鮭供養の広がりには鮭漁業の発達が欠かせなかったことも明らかである。津軽石での供養の歴史も、人工ふ化事業の発展と軌を一にしている。いずれ朽ちて消えてしまう塔婆を使っている地域が多く、石碑建立は昭和三〇（一九五五）年代以降に限られるため、いつから始まった習俗であるかを明らかにするのは困難だが、供養という発想の根は古いものであるにしても、一つの習俗としての結実には近代鮭漁業の発展が密接に関わっていることが明らかである。言い換えれば、漁民達が初めて安定して経済的に鮭に依存できるようになったとき、大量に鮭を捕ったら供養しなければならないという伝承と習俗がそこに存在し、漁民達がこの伝承に従ったということである。

では、漁民がこの伝承に従い、供養を始め、また継続してきたのはなぜだろうか。そこで注意しておきたいのは、海面での鮭漁では、鮭が漁獲対象のすべてではない、ということである。価格暴落の影響で、今でも組織的な鮭漁を行い、漁期終わりに供養しているのは海面では潟の口組合だけだが、この組合はハタハタ漁も手がけている。しかし供養の対象となるのは鮭だけである。かつて鮭漁を行っていた他地域でも、季節が変われば他の魚が主な漁獲対象と

写真６　鮭ふ化場での採捕の様子（箕輪）

なっていたが、他魚種の供養はほとんど行われていない。わずかに、象潟町に鰤地蔵と言われる石仏があるが、継続的な儀礼は確認できなかった。このことから、特に供養を行わなければならない理由が、鮭という魚の個性、鮭漁の特質にあると考えられる。

第一には供養をする理由がしばしば「生きているものを殺すんだから」と説明されることに注目したい。各事例で説明し、また菅の説を先に紹介したように、鮭を殺すときには棒で頭を叩く（写真６）。これは他魚種と比べて非常に特徴的である。この動作があることで、氷じめなどと比べ、殺したという感覚がより強く残ることになる。先述のように潟の口組合では、同じ組合で鮭とハタハタの二つの漁を行いながら、鮭に対してしか供養を行っていない。組合も、産卵にくる魚を待って獲るという形も同じで、しかも今や経済的にはハタハタに依存する形にもかかわらず、である。その上、秋田県全域に視野を広げれば、ハタハタ供養が行われている事例も多く見出されるのであるから、鮭とハタハタの両方を手がける潟の口組合が鮭だけを供養する理由が何か存在するはずである。その一つには魚体の大きさがあまりに違いすぎることが挙げられる。魚体の小さいハタハタでは鮭のように一尾ずつ殺すという作業はあり得ない。先行研究とあわせて考えると、例外はあるとはいえ、一般に大型魚の方が供養の対象になりやすいと考えられる。大型の魚であれば一尾ずつ殺す作業が必要になる。ここに供養を必要とする理由の一つがあると考えられる。この点については他地域における供養と比較してみるとよりはっきりする。この比較検討は、次章で行う。ここでは、殺すという行為とその結果の中に、既に供養の要因が含まれているという仮説を提示するにとどめよう。

そのほかに魚体の大きい魚の方が漁の手応えなど、感覚的な面で印象に残りやすいということもあるだろう。小砂川の建網の事例で、「年寄りのテマ」程度の漁になりながら、「魚が大きいから一番楽しい」という理由で鮭漁を継続していたことがこれを裏付けている。したがって、秋田県内の他の地域で供養の対象になっているハタハタも、鮭とハタハタの両方を手がけるという潟の口の地域性のために、鮭との比較では漁の印象が薄くなり、供養の対象となっていないのではないだろうか。

また一方では、「殺すから供養をする」という論理に、先に指摘した死と再生のイメージという鮭の特質が反映していると見ることもできる。特にそこに人工ふ化という人為の手を加え、自然に任せる以上に死と生の現場をつぶさに見る状態になっていることは、供養を存続させる要因として大きなものではないだろうか。主観的観察になってしまうが、津軽石の鮭霊祭終了後に、安堵の表情を浮かべていたのは、採捕のみを手がける繁殖保護組合員よりも、稚魚育成までを手がけてきた漁協職員であったように思う。

次に十里塚鮭建網組合でかつて乗組員だった男性の発言から考察してみる。この男性は「建網は場所が変えられないから、供養が必要」だという。この男性は北海道への出稼ぎで底引き網を経験し、かつての十里塚での地曳網や、鮭建網の廃絶後はハタハタの建網もやったが、供養をしていたのは鮭だけであった。網を入れる海や、採捕場に向けて立てる事も津軽石を除く全事例に共通する。鮭を獲るその場所に供養の意識が向いている事がわかる。このことは先に述べた鮭を呼ぶ石があるという伝承と共通する。明確に石という形ではなくても、網を入れるその場所に鮭を呼ぶ力があると考えられているのだろう。このように同じ場所で魚を待ち受ける形態の漁で、多くの漁獲に恵まれ、生活を支えられていることが感謝の念と、供養による豊漁祈願の重要性を、他の魚よりも強く意識させていたと言える。この場合供養は、鮭を獲る場所の鮭を呼ぶ力を維持する、一種の呪術のような要素を帯びることになる。

一方、各地域で鮭に与えられている位置付けに注目する必要もある。かつては一番よい値段で売れたため、漁の規模、漁獲高の両面で漁の花形というにふさわしい位置付けを持っていた。(34) 庄内地方の方言では鮭の事を、魚一般を指す「うお」から転訛した「ヨウ」という言葉で呼ぶ事が知られているが、今でも吹浦でかつて鮭漁が花形であった事を語るために、このことを強調する人がある。先にも幾度か述べたように、本州日本海側海水面の鮭漁は衰退著しく、吹浦を含む遊佐町もこの例にもれない。それにもかかわらず精神的には地域の象徴であり続けているようである。つまり、決して経済的な面のみで、他の魚と違う特別な魚であるわけではない。「ヨウ」の話をした人は、そのことと共に、今でも東京などへ出て行った家族・親戚・知人が帰省してくると、自家製の鮭の塩引きを喜んで持って帰る、という話もしてくれた。こうした人のつながりに鮭を地域の象徴、と認識する要因が潜んでいるのではないか。こうした位置付けもまた供養の背景に認めるべきだろう。

川袋でかつて組合長を務めた人は、「地区のまとまりが出るのがいい」、「鮭を通して、（川袋の内も外も含めて）他の人と話ができたのがありがたい」と、鮭漁やサケ祭りを通じて地区内外の交流を深めることができた事に、大変感謝していた。川袋で漁獲が際立って伸びてきているのはここ十数年である。つまり、かつてのような「鮭のおかげで食っていける」という時代ではなくなってから鮭の漁獲が伸びているのである。それでも鮭に感謝し、供養を行う背景には、ムラ全体で取り組む漁であるということが影響していることがこの例からわかる。同様のことは組合が成立してから供養が始められた潟の口についても言える。組合を作り、大型の網を導入したことで、初めて伝承に設定された

一、〇〇〇という数字に達したことは、確かに供養が始められた契機ではあるが、寺院の関わりがなくなって、なお供養が継続されている理由としては不十分だろう。組合という形で、一部とは言えムラの内部がまとまって漁に取り組んでいることが、「鮭のおかげで」という発想を導いていることが考えられる。十里塚では、鮭漁は古くは地曳網と並ぶものであり、地曳網廃絶後は唯一の地先漁業として、ムラに活気をもたらす漁であった。また、出稼ぎの多い十里塚村民にとって、一村総出の漁業として唯一の存在であった。決して大げさではなく、鮭の漁期中こそムラが活気にあふれる唯一の期間だったのである。十里塚がムラとしてまとまって生活していくには決して欠かせないのが鮭漁であったと言ってもよい。現在の潟の口以上に「鮭のおかげ」という気持ちが強かったことは、想像に難くない。

これらの例を見ると、地域の人的交流や活気といったものが、ムラの生活にあってほしいものと意識され、それをもたらしてくれる鮭が地域の象徴としての役割を果たし、また感謝の対象となっていることが浮かび上がってくる。日本海側の事例で言えば、今や鮭は名産とは言えない。その地位にあるのは鰤や鱈、あるいは夏期の天然岩牡蠣などである。しかし、大規模な建網やムラ総出の漁で魚体の大きな鮭を獲ることに比べれば、人の交流や獲ることによる充実感といった点でこれらの漁は鮭に及ばない。この意味で地域の象徴という地位を持った魚というのはほかにないと言えるのである。

地域の象徴としての鮭、ということでは津軽石が最たるものである。宮古市では、水揚げ金額の三五％を水揚げ数量では九％にすぎない鮭が占めている(35)。かつてより商品価値は下がったとはいえ、宮古の漁業の中で鮭漁は他を以て代え難い地位を持っている。鮭は宮古湾の北に注ぐ閉伊川にも上り、その支流にふ化場（松山鮭ますふ化場）があるが、河川での漁獲量、ふ化場の規模共に津軽石が抜きんでている。また、地形的な面から津軽石のふ化事業は、宮古において重要な位置にある。閉伊川は宮古湾の北端に注ぎ、外海まであまり距離がないが、津軽石川は最奥部にあり、重《おも》茂《え》半島によって外海から遮られている。つまり、閉伊川に上る鮭は外海からすぐ川に入ってしまうが、津軽石川に上

表3　採捕の時期と儀礼の対応

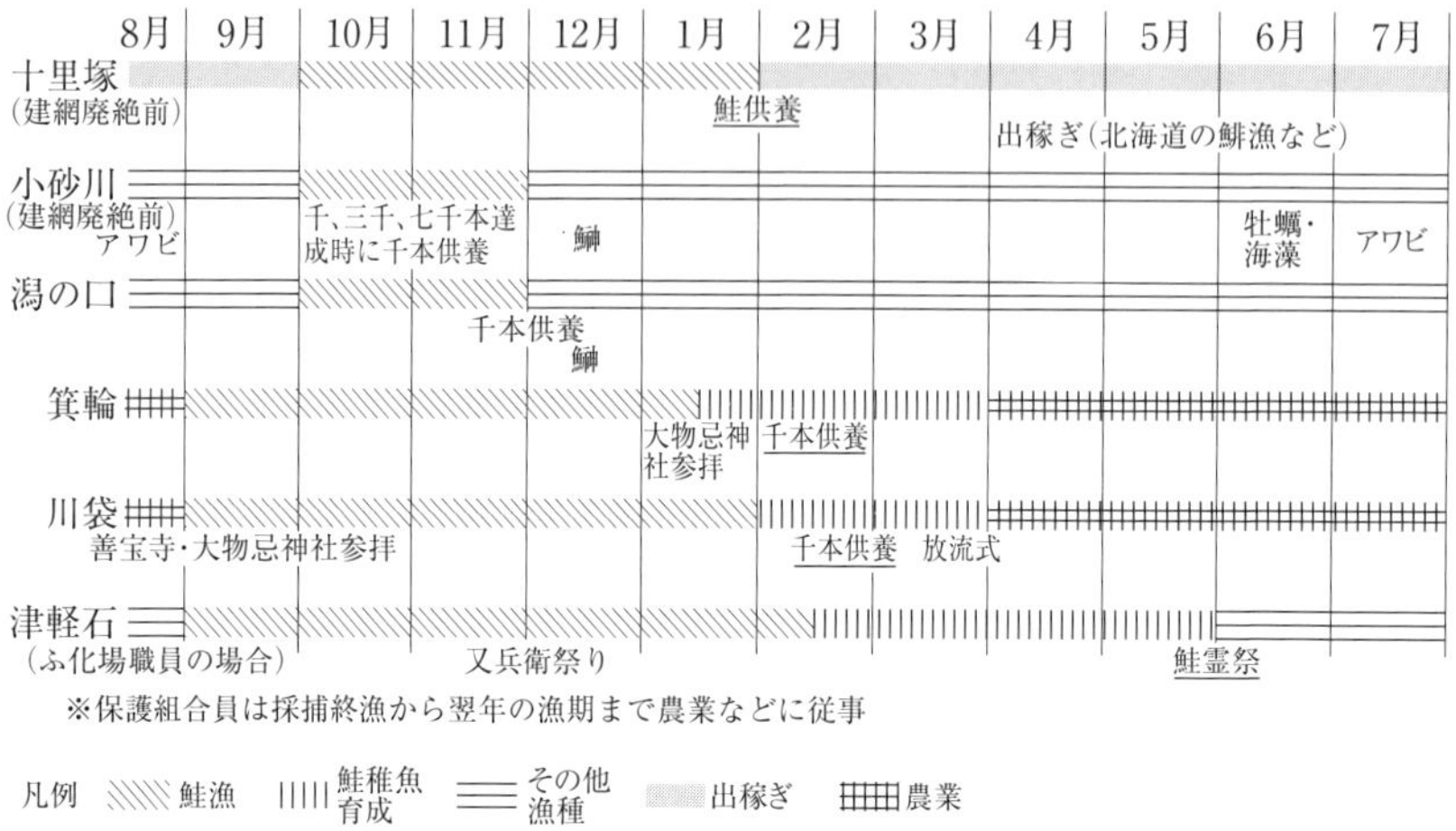

※保護組合員は採捕終漁から翌年の漁期まで農業などに従事

る鮭は宮古湾を縦断してこなければならないのである。そして、その宮古湾内には数多くの建網が設置されており、そこにかかる鮭が宮古の漁業にとって重要なのである。湾内で獲れる鮭が津軽石川に向かって上ってきた鮭であることは、津軽石川の漁獲が突出して高かった昭和五五（一九八〇）年が台風のために湾内の建網が流され、鮭が捕れなかった年であることからも明らかである。建網にかかった鮭が津軽石川の、さらに言えば津軽石のふ化場から放流された鮭であることは皆が知っている。従って鮭の漁獲が悪かった年には「ふ化場はしっかりやってるのか」と思われる重圧もある。それとともに地域の象徴である鮭漁業を支える誇りもある。そこで鮭漁の良し悪しによる葛藤があることは想像に難くない。このようなことを考え合わせれば、地域の象徴としての鮭という存在が、供養を行わせる要因にあることは明らかである。

もう一点、供養の広がりと意味の変質にも触れておきたい。漁撈儀礼としての供養の意味を考えるため、他の儀礼も含めて、漁期との関係を整理すると表3のようになる。

漁撈儀礼に関しては関敬吾が、漁を開始する前の出漁祝、最初の漁撈活動時の初漁祝、漁獲が多いときの大漁祝、漁獲が少ないときの大漁祈願、漁期の最後に行う終了祝という分類を設定し、それぞれに例を挙げているという問題点を指摘し、再整理を試みたのが菅豊である。菅は定期儀礼として前漁儀礼、初漁儀礼、終漁儀礼、不定期儀礼として豊漁儀礼、不漁儀礼という分類を設けている〔関　一九四九〕。この分類について、時間的位相の異なる儀礼を等値に並べているという問題点を指摘し、再整理を試みたのが菅豊である。菅は定期儀礼として前漁儀礼、初漁儀礼、終漁儀礼、不定期儀礼として豊漁儀礼、不漁儀礼という分類を設けている〔菅　二〇〇〇〕。鮭供養に関しては、必ずしも「祝」という面が強調されるわけではないので、ここでは菅の分類に従って事例を分析してみる。

遊佐・象潟の建網では、「鮭千本、人一人」の伝承を原則に、供養は漁期の途中で豊漁儀礼として行われ、年数度行われることもあった。一方、河川では等しく終漁儀礼として供養が行われていた。遡上量の多い箕輪・津軽石では、おそらく数はそれほどの問題ではなかったのであろう。従って、年に一度、鮭を殺した行為に区切りをつける終漁儀礼として供養が必要とされたのだといえる。他地域については、鮭漁における「千」という数の変質を考えなくてはならない。そもそも鮭千本というのは大漁の目安となる数字であったと考えられる。小砂川ではかつて、一、〇〇〇本も獲れれば旅館で芸者をあげて宴会ができたものだという。そこで大漁への感謝と、大漁という（良悪の尺度を問わない）ある種の異常事態への対処として、供養が行われたのだろう。ところが、人工ふ化による（あるいは北洋漁場の規制の影響もある）鮭増殖の成功は、一、〇〇〇という数字を当然のものに変えてしまった。それでも小砂川では一、〇〇〇本、三、〇〇〇本、七、〇〇〇本で供養を行うという形を整え、漁期途中の供養を続けたのである。同様のケースは、遊佐町の吹浦にもある。しかし十里塚ではやがて年一度、漁期終わりの形に変わり、潟の口では石碑を建てることで、同様に変化した。つまり、漁の多少（「少」といっても従来の基準で言えば大漁）にかかわらず、感謝を表し区切りをつける終漁儀礼へ供養が変質したといってもよい。川袋の場合、一、〇〇〇本に達すれば漁期終わりに供養をするが、達しなければやらないという時期があった。つまり、供養は豊漁儀礼であると同時に、終漁儀礼でもあった。なおかつ、漁の少ない年は終漁儀礼がないという状態だったことになる。しかし、その後の漁獲量増加で、一万以上の採捕は当然となり、現在では箕輪や津軽石同様、終漁儀礼の性格を強くしているといっていいだろう。

つぎに、他の儀礼を含め、一年のサイクルの中で供養が果たしている役割に注目してみたい。これには、他儀礼との関係、生業の周期（鮭の漁期も含め）との関係を見ることが必要である。どの事例でも漁期の初めに前漁儀礼、初漁儀礼に供養が充てられることはない。前漁儀礼としては寺社参拝により大漁祈願を行い、組合事務所や漁小屋に祀る札を受けることが挙げられる。津軽石の又兵衛祭りも、前述のようにもとは漁期初めに行われたと見られ、したがって前漁儀礼の意味合いをもつものと考えられる。一方で供養の性格が豊漁儀礼、あるいは終漁儀礼であることは、先に述べたとおりである。特に終漁儀礼としての供養は、供養を境として性格の違う活動に入っていくという点が注目される。十里塚の場合、年に一度のムラあげての漁が終わり、また皆が出稼ぎという形でムラを離れていく。潟の口では鮭と全くサイズの違う、ハタハタの漁に入る。ハタハタ漁も終わってしまえば、人数をかけた大がかりな漁はない。津軽石の場合、供養が節目としての意味を持つのは、ふ化場の職員にとってのみであるが、供養が終わればしばらくふ化場を離れることになり、供養が鮭の仕事の終わりを告げる役割を果たしている。箕輪・川袋では供養が終わるとしばらくは稚魚育成に専念し、放流の終わりが見えた頃には、農作業に入っていく。おおざっぱなまとめ方をしてしまえば、殺す作業は終わって、育てる作業へと入っていくわけである。従って、仕事の性格が変化する前に、供養による一区切りが必要とされるのであろう。

以上から、鮭供養の意義をまとめてみる。千本供養の「千」はもともと大漁のしるしのはずであった。人工ふ化のような形で積極的に増産に挑むことのなかった、つまり、豊漁でも不漁でも待つことしかできなかった時代に、幸運にも多くの恵みがもたらされ、またその結果としてあまりに多くの鮭を殺すことになった一種の異常事態に対処する儀礼が供養であった。従って、「供養せよ」という伝承があるにしても、供養という儀礼が行われること自体は特別なことだったと考えられる。それが人工ふ化による増産が成功したことで、千本は毎年達成できる数字に変質した。また、達成できる場所も増加した。その中で日本海側に塔婆建立による供養が広がっていったものと考えられる。そしてその意味は、年に一度鮭に対して、また鮭が集まる場所即ち網を入れる場所に対して供養を行うことで漁にけじめをつけ、次の豊漁を期待するものに変化しただろう。一方で津軽石では人工ふ化を拡大していく時期に、多くの生と死に関わることから供養が始められ、継続されてきた。これらのことを考えれば、鮭供養は鮭漁業の発達とともに意味の変質を見せながらも普及し、定着したもので、今見られる供養の姿は近現代の鮭漁の歴史が生んだ形であるとみることができる。

注

（1）札幌市豊平川さけ科学館「札幌の市場でみるサケの仲間の呼び名」（一九九八）リーフレットによる。
（2）東北歴史資料館／編『鮭　～秋味を待つ人々～』（二〇〇三）六―八頁。
（3）現在河川で行われる鮭漁は、人工ふ化事業を行うことを前提に許可されており、このために漁獲ではなく採捕という用語を使う。
（4）サケ・マス類などの遡河性の魚は、たとえ公海上であってもふ化した河川のある国に管轄権があるとする考え方。国連海洋法条約（一九八二年採択、一九九四年発効）に定められている。
（5）東日本大震災被災前の、平成二二（二〇一〇）年度の数値でみると、海面での漁獲数は北海道の三六四八万一千尾が突出して多く、岩手県五〇六万九千尾、宮城県一五六万六千尾と本州太平洋側でも多くの漁獲がみられるのに対し、秋田県一三万八千尾、山形県六万四一千尾、新潟県一〇万四千尾である。岩手、宮城両県ではサケの総来遊数に対して海面での漁獲が九〇パーセントを占めるのに対し、山形県、新潟県では約四〇パーセントと半分を割り込んでいる。（数値は水産総合研究センター北海道区水産研究所による「さけます来遊速報（平成二二年度）の最終の統計による。[http://salmon.fra.affrc.go.jp/zousyoku/H22salmon/h22salmon.htm]二〇一三年一二月一八日閲覧）
（6）須藤克三「出羽伝説二十二選」（『出羽の伝説』日本の伝説四　角川書店（一九七六））による。
（7）菅豊（二〇〇〇）『修験がつくる民俗史　―鮭をめぐる儀礼と信仰―』（吉川弘文館　二一八―二一九頁）による。
（8）前掲注（7）に同じ。

（9）このような石の呼び方は様々あるが、小野寺は仮に「コジキ石」と言う名称でまとめている。
（10）川崎晃稔「南九州のエビス神」（北見俊夫／編『恵比寿信仰』（一九八四）所収）には四〇例が報告されている。そのうち一三例が海中の石を拾って神体とする事例である。また漂着物を神体とした事例一〇例のうち八例が石を神体としている。漂着物の例では、石の性質のみでなく漂着神としての性格も考え合わせなければならない。しかし、海中の石を拾って神体とする例から、石に魚を集める力があると観念されている、という推測はできよう。
（11）土門良一他／編『十里塚のあゆみ』（十里塚部落、十里塚部落兄会（一九八〇））一八頁による。
（12）前掲注（11）に同じ。
（13）遊佐町史編さん委員会／編『遊佐郷村落誌（下）』遊佐町史資料第一一号（一九八八）による。
（14）遊佐町史編さん委員会／編『改訂遊佐の歴史』（一九七四）八八―八九頁。
（15）前掲注（11）、一二一―一二三頁。
（16）遊佐町内の寺院は真言宗智山派の寺院が丸岡、松ヶ岡、上戸に、真宗大谷派の寺院が青塚に、日蓮宗の寺院が西谷地に、法華宗の寺院が上屋敷田に各一ヶ寺ずつあるほかはすべて曹洞宗の寺院である。
（17）統計上、網の漁撈組織の数を数えるときには「統」を用いる。
（18）小砂川は旧由利郡象潟（きさかた）町。
（19）潟の口鮭建網組合は旧由利郡象潟町域の組合。
（20）水産総合研究センター北海道区水産研究所「本州サケ捕獲数、採卵数」平成二〇年度確報の数値による。（同センターホームページ［http://salmon.fra.affrc.go.jp/zousyoku/river/2008-2001cpt_k_hon.pdf］二〇一三年一二月一八日閲覧。）
（21）前掲注（14）、八七頁。
（22）河川での鮭漁は水田単作地帯の冬季・農閑期の生業として行われている。
（23）鮭卵のふ化、稚魚の成育には水温が安定していることが重要なので、豊富な湧水のある場所の方が人工ふ化事業に向く。天然産卵をする鮭も湧水のある場所を産卵床として選ぶ。
（24）『山形県史』本篇六　三四〇頁。
（25）前掲注（24）、三三九頁。

（26）平成二五（二〇一三）年に遊佐町めじか地域振興協議会が北海道の漁業関係者も加えて結成され、具体的な連携に向けた取り組みが開始された。北海道との連携を進めた中心人物は、箕輪に隣接する枡川鮭漁業生産組合の組合長と、北海道区水産研究所根室さけます事業所長の清水勝氏である。（北海道新聞どうしんウェブ［http://www.hokkaido-np.co.jp/cont/touhokukou1/151671.html］および庄内広域行政組合ホームページ『豊かな食の里　庄内　地域づくりの新レシピ』「月光川のサケ資源」より。ともに二〇一三年一二月一八日閲覧。）

（27）市川はこの節で昭和五〇年度の統計を挙げているので、鮭漁の様子もその頃のものと推測される。

（28）石に鮭が集まって、困って村上の漁師にあげたら、鮭が来なくなったという先述の伝承の舞台である。ただし、箕輪では、永泉寺の前の川に石を入れたら鮭が上るようになったという伝承になっている。鮭の漁に恵まれている現状にあわないために変化したか、鮭が上らなくなったというのは村上の伝説であったかであろう。

（29）後継者のなかった家があったために一名減り、調査時（二〇〇三年）の組合員数は三九名である。

（30）平成一四（二〇〇二）年および平成一五（二〇〇三）年。

（31）久志神社の祭神は少彦名で農業と薬の神とされているが、これは明治以降のことで、もとは薬師如来が祀られ、ヤクシサマと呼ばれていた。神仏分離の時にヤクシから久志神社となったといわれている。

（32）調査を行った平成一五（二〇〇三）年の供養は三月初めに行われた。

（33）平成一四（二〇〇二）年末は例年より鮭の遡上が終わるのが早く、供物の鮭を用意できなかったため、平成一五（二〇〇三）年の供養では代用として市販品を用いていた。

（34）潟の口の場合、もう一方の漁の対象であるハタハタも、秋田名産と認識され、以前から漁の花形であったといえるが、先述のように、漁の楽しさ、手応えといった点で鮭に及ばないため、ここでは鮭の方が特別な魚となり得ていると言える。

（35）宮古市『宮古の魚類図鑑』別冊（一九九一）による一〇年間平均の数値。

第三章　養殖漁業と供養

第一節　ハマチ養殖の変遷と魚霊供養　―尾鷲市三木浦の事例―

一　尾鷲市三木浦の地勢

志摩半島にはじまるリアス式海岸は熊野市の北部まで続く。尾鷲市三木浦もその入り組んだ海岸線の中にあり、飛行機のような形をした賀田湾の右翼部分にあたる。かつては鰤敷き網や、鰹船、遠洋の鮪船などでにぎわったところである。特に遠洋漁業は、遠洋漁業船の事務所がかつては三つ現在も二つあるほどである。この遠洋漁業船の信仰については本書第一部第五章で述べる。

三木浦を含む尾鷲市の沿岸部は紀伊半島東岸の多くの集落と同じように、海岸と山地の間のごく狭い範囲に、住宅が密集し、水田、畑地などはほとんどない。三木浦に限ったものではないが、尾鷲市全体の農業と漁業の粗生産額を比較したデータがある。昭和五三（一九七八）年の数値で、この年の農業粗生産額三億六千万円に対し、漁業粗生産額は一四八億五千万円と、実に農業の四一倍の生産額を記録している。(1)では現在ではどうなっているだろうか。『三重県統計書』には市町村別での農業・漁業それぞれの粗生産額の数値がないため、経営体数で比較してみよう。平成一七（二〇〇五）年の尾鷲市の農家数は一一三戸に過ぎず、これに対し平成一九（二〇〇七）年の海面漁業経営体数は三四一である。漁業経営体は個人だけでなく、会社や組合も含まれることも勘案すれば、傾向は変わりないと言えよう。なお、尾鷲では林業も盛んであるが、林業の統計は市町村別ではなく、地区別となっているため、尾鷲市だけの数値は比較できない。参考までに尾鷲のほか、熊野市、北牟婁郡、南牟婁郡を含む東紀州地区の平成一七年の経営体数の数値を挙げると、三九七である(2)。

三木浦では一般海面漁業、海面養殖業とも盛んであったため、水産加工場や、冷凍・冷蔵工場も多かった。これも昭和五三年の統計だが、三木浦は九つの工場で四〇〇トンの冷蔵能力を有していた。尾鷲市内では最も大きい漁港のある尾鷲の四、〇六六トンは突出した数値としても、鰤敷網の盛んな九鬼浦の七工場、四〇三トンと並んで、当時の活況を裏付ける数値である(3)。現在では遠洋漁業船の数が減り、マグロの水揚げは静岡県の清水港に重点が移ったため、往時ほどの活況はない。しかし、未だ二つの遠洋漁業船が事務所を構え、鯛類の養殖も盛んなため、今も漁業のおかげで栄えていると言えるところである。

二　三協水産と「魚魂塔」

三木浦の漁港の目の前、水産会社の建物の脇に魚供養碑、「魚魂塔」が建てられている（写真1）。この水産会社、三協水産が建立したものである。

三協水産は、もともとはこの地方の名産とされるサンマの丸干しやアジの開きを手がけていた水産加工業者で、特に三木浦にあがるカツオを原料とした、鰹節生産を主力としていた。長男の三鬼誓郎氏が尾鷲高校水産科に通っていたとき、近畿大学の原田輝雄氏と知り合った。原田氏は、ブリ（ハマチ）の小割式網いけす養殖技術を確立した人物で、原田氏から誓郎氏のもとへ、ハマチ養殖成功の便りが来たことがきっかけとなり、父親である喜三氏が水産加工を手

写真1　三協水産の魚魂塔

がける傍ら、誓郎氏がハマチの養殖を始めた。昭和三三（一九五八）年のことである。三重県水産試験場尾鷲分場が養殖試験を始めたのもこの年であるから、他に例が無いなかでの取り組みであった。一年で二キログラムに育てることに成功し、大阪から来る船に預けて売ってもらった。翌昭和三四（一九五九）年は伊勢湾台風のため、壊滅的な打撃を受けたが、その翌年からまた養殖量を増やしていき、横浜への出荷も始めた。このころ有限会社として三協水産を設立する。昭和四四（一九六〇）年には第一回全国優良はまち養殖経営者選考会で優秀賞を受賞するなど、ハマチ養殖経営は軌道に乗った。この間に三木浦はもちろん、三重県各地でハマチの養殖が盛んになっていった。しかし、ハマチの病気の増加や、瀬戸内海産などの養殖ハマチとの競合があり、この地域でのハマチ養殖は下火になっていった。その頃からタイ類養殖に切り替える業者が増え、三協水産でも現在はマダイとイシダイの養殖を手がけており、ハマチ養殖は行っていない。養殖したタイ類はトラックで築地市場に出荷している。

三協水産が魚魂塔を建立したのは、ハマチ養殖の最盛期である。当時、三木浦には約四〇のハマチ養殖業者があり、漁獲の最盛期には、朝から夕方まで多くの人が港に出ていた。近年では活けで出荷することが好まれるため、タイ類はしめずに出荷しているが、冷蔵技術が発達していなかった当時は、活けで出荷することができないため、出荷中に傷むことを避けるには、すぐにしめて血を抜いておく必要があった。ハマチは特注の出刃包丁で、エラの間から首を刺してしめる。最も多い時期は、三日に一度、四トントラックで出荷するほどの量を獲っていた。この為、一日の作業が終わって戻ってくるときには、ハマチの血で着ているものが真っ赤になっていたという。特に夏の間は合羽を着ずに作業するため、腕からシャツから赤くなっていた。

喜三氏は多くの人が全身真っ赤になって帰ってくる様子に心を痛め、誓郎氏に供養をするように言った。また、喜三氏は三木浦全体の為に、とも誓郎氏に言っていたという。このためか、最初は漁協に供養碑の建立を考えたようだが、県所有の土地であるために難しく、三協水産単独で魚魂塔を建立して供養を始めた。檀家総代を務めていたという信頼関係もあってか、相談を受けた三木浦の龍泉寺（曹洞宗）の和尚も非常に乗り気で、魚魂塔には和尚のアドバイスで般若心経の一節を刻み、碑の落成の時には寺宝の大般若経で転読を行い、餅まきもしたという。

三　三木浦の供養祭

以来、水産会社単独で供養を行っていたが、一九九五年ごろからは漁協と合同で開催するようになり、近年は盂蘭盆の時に供養を行っている。当日は集落内の放送で関係者の参加が呼びかけらる。水揚げをする市場の岸壁近くにテントとパイプイスで会場が設けられる。祭壇は海側に設けられ、参列者は海に向いて着席する形になる。先述の龍泉寺の僧侶によって読経が行われ、続いて参列者による焼香を行う。祭壇脇の岸壁に魚を入れた大型バケツが用意され、祭壇で一人ずつ焼香をした参列者は、そこから網で一匹すくって目の前の海に放す。参列者はこのとき祭壇に祀られ

た小さな旗を各々持ち帰り、漁船の船主は船内の祭壇に祀り、三協水産では魚魂塔に祀っている。(4)

この供養祭の特徴は以下の点にあると考えられる。まず第一に、養殖、沖合、遠洋と各種漁業に携わる人々が参加するため、供養を開催する日を仕事の節目に設定することができず、様々な霊を祀る機会としての盂蘭盆が選ばれていること。第二に魚の放流、即ち放生会の要素が含まれていること。放生会はもちろん各地に行われている行事ではあるが、三木浦の場合、養殖業者が多く、魚の成長を期待する心情が強いこと、また一方でこれから成長していく小さい魚を用意しやすいことも背景として認められる。第三節で取りあげる養鰻組合によるウナギ供養にウナギの放流が付随していることもあわせて考えるべきであろう。第三に、祭壇に祀られた小旗が持ち帰られること。この小旗に注目すると、魚魂塔に祀る三協水産の場合は、儀礼に用いられたものを供養塔に祀ることで、供養を行ったことを明示し、魚の鎮魂を象徴する道具となっている。一方、船に祀る船主などの場合は、大漁祈願・航海安全祈願の呪具として小旗が用いられていることになる。魚霊供養により一つの節目をつけることで、改めて大漁祈願・航海安全祈願の効験が現れることを期待しているのであろう。もし仏教語を用いて解釈するのであれば、供養の功徳を振り向けることによって、大漁・航海安全をもたらすことを期待しているということになろうか。

四　ハマチ養殖の実際

さて、魚魂塔建立のきっかけとなったハマチ養殖は、現在ではタイ類の養殖に切り替えられ三木浦から姿を消してしまっているので、ここでは一般的なハマチ養殖の姿を文献に拠ってみておくことにする。文献は南沢篤『ハマチ養殖一二ヶ月』で、昭和四三（一九六八）年の発行と少々古いが、三木浦でハマチ養殖が盛んだった頃の技術水準で書かれているので、ここで参照するには適切であろう。

ハマチ養殖はその稚魚を採捕することから始まる。稚魚は流れ藻について回遊することからモジャコと呼ばれている。採捕が始まるのは四月末で、養殖業者は養殖計画を県に提出して割り当てを受けるなど、一定の手続きを経た上で稚魚を購入する。その前にモジャコを入れる施設と、前年から養殖した越冬魚とを遠く離さなければならない。これはモジャコを寄生虫感染から守るためである。さらに、モジャコは採捕から養殖開始までにその数を減らしてしまうことが多い。これは小さいモジャコの餌付けが困難であること、大きいモジャコが小さいモジャコを食べてしまう共食いが起きることによる。そこでモジャコの選別をなるべく早く行うことが重要になる。モジャコは何段階かに網目の大きさを変えた網を通すことによって選別される。また、この選別は成長の度合いに応じて何度か行う必要がある。

五月中は準備段階と同様、越冬魚から稚魚に寄生虫が感染しないよう注意する。また稚魚の生け簀には場所によって鳥対策も必要である。六月は長雨で養魚場が淡水に覆われることがあり、弱い稚魚を中心に安全な場所へ施設を移さなければならないケースが出てくる。七月は赤潮、寄生虫に警戒を要する。また、カニやフグに網を喰いきられ、稚魚が逃げてしまうケースが最も多い時期である。八月は水温が高く、ハマチの活動が盛んで成長もよい月であるが、運動が活発であるがために酸素不足による大量斃死が起きる可能性がある。九月には台風対策、赤潮対策の両方が必要になる。一〇月はハマチ生育に最も適した季節であるが、その分摂餌量が増え、餌代が多くかかる。餌代がかかりすぎると正月を待たずに出荷せざるを得なくなる場合があり、市場の動きをよく見て処分していかなければならない。

一一月になると出荷が増えてくる。一方で、水温が低下してくるため、越冬させるハマチには冬期間の環境に耐えられるよう脂肪の多い餌を与える。ところが、このときにこのような餌ばかりを与えると春になってから内臓疾患で死ぬものが出てくるので、他のエサと混ぜるなどの工夫が必要になる。一二月は年末年始を控えた出荷の盛期である。一方で、場所によっては冬の季節風対策が必要になる。一月も同様に冬の季節風に注意する。また、少し暖かい日が続いてハマチの摂餌が活発になったときに餌をやり過ぎると、寒さが戻ってから消化不良を起こして死んでしまうので、注意する。二月は最も水温が低い時期である。場合によってはハマチが仮死状態になってしまう。仮死状態になったハマチは春に水温が戻って動き出しても病気に弱いので、早めに処分する。三月は天然鰤の漁獲が少ない時期なので、越冬させたハマチを売るのに適切な時期である。一方で病原菌の発生する時期なので注意が必要となる。(5)

これが一年間の仕事の流れである。このほか、適切な時期に網の張り替え・消毒が必要であるし、寄生虫・病原菌対策は常に必要である。(6)こうしてみてくると、季節によって異なる不安要素が、一年中つきまとっていることがよく分かるのではないだろうか。一日ごと、一期ごとの漁の成果を気にする一般的な海面漁業、内水面漁業との際だった違いがここにあるといえよう。こうして一年間を通して不安要素に向き合いながら、無事出荷を迎えたときに最後に必要になるのが、供養の要因として指摘した出刃によるシメである。そしてこのシメの作業も非常に重大な仕事である。南沢はシメについて、鮮度を保つためには「殺し方」がかんじん、とした上で、次のように述べている。

> 要は、ハマチの脳と脊髄骨の間にある延髄という運動神経の中枢にあたる部分を切断すると、筋肉の収縮やけいれんが起きず、心臓もまだしばらく働いているので、殺し方としては最良の手段である。
> 〔南沢　一九六八　一一四〕

さらに南沢は「活魚出荷のコツはできるだけ魚を苦しめないで、急いで取りあげて即殺すること」〔南沢　一九六八　一一五〕とも述べている。つまり、この点こそ、魚を殺すために業者が工夫を要する点なのである。そのために選ばれた方法が特注の出刃だった、ということである。正確に延髄を切断し、心臓がまだ動いていたとなれば、当然出血量も多かったはずであるから、三木浦の人達が夕方にはシャツを真っ赤にして帰ってきた、という話もうなずけよう。そしてそれは、できるだけ魚を苦しめずに殺し、鮮度を保つために選ばれた必然的な手段だったのである。供養の要因と考えられる「殺し方」だが、それがこのような目的のために考え出されたものでもあることは注意が必要であろう。

第二節　真珠養殖と真珠供養　―志摩半島の事例―

一　三重県の真珠養殖と真珠供養

よく知られているように、日本の真珠養殖の歴史は鳥羽出身の御木本幸吉が明治二三（一八九〇）年、志摩郡の英虞湾で事業を開始したことに始まる。御木本は明治二七年（一八九四）年に半円真珠の産出に成功、明治二九（一八九六）年には特許を取得している。御木本はさらに研究を続け、大正二（一九一三）年にはついに真円真珠の養殖に成功した。大正一五（一九二六）年の報告書『御木本養殖真珠調査報告書』によれば、このとき御木本が経営した養殖場は九ヶ所にのぼる(7)。三重県内は英虞湾のほか、五ヶ所湾、迫間湾、引本湾、賀田湾に養殖場を置いた。これが三重県南部における真珠養殖の始まりといえる。

装飾品である真珠を生産する真珠養殖は、戦時中には不急産業と見なされ、薬用真珠としての生産を細々と行うに過ぎなくなった。終戦後も、当初はＧＨＱの指令により、取引に厳しい制限が加えられた。しかし、真珠の輸出が再開されると、昭和二四（一九四九）年には一一月までに早くも一八一万九、八四三ドルの輸出を行い、復興を果たした(8)。この年、養殖業者の数は三一四名で、三重県内の業者はそのうち実に二八八名を占めた(9)。またやはり同年に真珠養殖生産者による真珠養殖協会が発足、事務所は三重県宇治山田市におかれた。翌年には水産業協同組合法の施行を受けて、真珠養殖漁業協同組合を発足させ、養殖協会はこれによって解散することとなった。生産者への融資を行うことは他の漁業協同組合と同じであるが、入札会を開催して市価の維持に務める、稚母貝の斡旋を行うなどは、真珠の組合ならではの活動といえる。昭和二九（一九五四）年に市価の暴落に見舞われると全国規模の組織が必要とされ、翌昭和三〇（一九五五）年に組合の地区に関する規定を「全国一円」と改定し、組織名称も「全国真珠養殖漁業協同組合」と変更された。さらに同年より無条件委託方式共同販売制度を実施、真珠養殖業の安定に貢献した。[10]

この間、昭和二八（一九五三）年一一月八日には三重県鳥羽市の真珠島に御木本幸吉の銅像が関係者の寄附により落成している。その発案は昭和二五（一九五〇）年、真珠養殖漁業協同組合として最初の入札会の時であった。[11]業界の戦後復興が進むなかで創始者の顕彰により業界の結束を図ったものといえよう。

二　昭和三二年の真珠祭

昭和三二（一九五七）年は、西川藤吉が真円真珠を発明してから五〇年の記念の年とされ、真珠振興会が主催して東京、伊勢、神戸、長崎（大村）の四ヶ所で真珠祭が行われた。[12]記念行事を通して生産意欲を高め、また日本の真珠をPRするという意図もあったようだが、この真珠祭において先人の顕彰と真珠供養が行われている。東京では東京体育館を会場として一〇月一日から四日まで関係者一、〇〇〇人に一般参列者一万人という大規模な催しが行われた。供養は導師として当時の曹洞宗管長高階瓏仙氏を招いて行われた。内容は「業界先覚功労者慰霊祭」と「真珠供養」に分けられていたようである。この時、輸出不適格品とされて行き場がなくなった真珠を供養している。これらの真珠は翌日、神奈川県三崎の海中に「真珠、海へ還える」の式典と称して、読経しながら沈めたということである。

伊勢では全国真珠養殖漁業協同組合が中心となり、いくつかの行事が行われた。なかには野球大会や運動会など、関係者のレクリエーションも行われたようではあるが、本章に関係のある行事としては一〇月二二日の「真円真珠発明功労者頌徳碑除幕式」と「真珠貝供養塔法要式」がある。頌徳碑は賢島の国立真珠研究所前広場に建立され、猿田彦神社の宮司が祝詞奏上、全国真珠養殖漁業共同組合長堀口初三郎氏が頌徳之詞を奏上し、参列者は玉串奉奠を行っている。一方、真珠貝供養塔は同じく賢島の丸山遊園地に建立された。こちらは仏式で執り行われ、東京の真珠祭と同じく高階瓏仙氏を導師に招いて、焼香と読経を主とした法要を行っている。この時の堀口初三郎氏の法要祭文は以下のようなものである。

われ等真珠業者は年年歳歳、われわれの事業の犠牲となって相果てた幾百億の、あこや貝に感謝の微意を表明し、ここに供養塔を建て、その霊を慰めんとするものであります。
あこや貝の霊よ以って冥福してください。(13)

神戸での式典は一〇月六日、みなと祭と提携したこともあり、表彰者の顕彰があるほかはアトラクション色の強いプログラムであった。長崎真珠祭は長崎県真珠養殖漁業協同組合組合長を委員長として、大村市玖島崎国立真珠研究所後庭と、大村駅前の大村市中央公民館で一一月五日に行われた。真珠研究所では真珠供養塔の除幕、真珠ならびに真珠貝の埋葬、真珠供養、真珠養殖事業関係物故者供養が行われている。一方、中央公民館の会場では、事業経過報告、勤続従業者表彰などが行われている。

昭和二九（一九五四）年の市価暴落より三年、決して明るい見通しばかりが見えているわけではないなか、先人の顕彰と供養の開催は、参加者の意気を高めると同時に、これまでの真珠養殖を振り返り、改めて真珠貝への感謝を形にすることで、生業の発展への祈りをこめたものとも言えるであろう。ただし、この分析はあくまで組合という組織に注目した視点によるものである。生産者一人一人は、真珠貝の供養にどのような思いを持っているのであろうか。そこで次に、個別の事例を一つ取りあげてみることにしよう。

三　南伊勢町宿浦の真珠養殖と信仰・真珠貝供養

南伊勢町宿浦も英虞湾に近く、真珠の養殖が行われている。この宿浦は農耕地にも地先漁場にも恵まれない土地であるため、沖合まで出航しての釣り・延縄によるカツオ・マグロ漁業が盛んに行われ、戦後は遠洋漁業も発展させた。明治二四（一八九一）年実施の「水産事項特別調査」の報告で、宿浦と隣の田曽浦をあわせた宿田曽村の、磯漁による一戸あたりの平均収穫高は五．一八円に過ぎないのに対し、沖漁による一戸あたりの平均収穫高は九一円となっている。(14) 沖漁に依存する経営状態が窺える。その一方、内湾で可能な漁業として各種の養殖漁業に取り組んできた。真珠養殖もその一つである。同じ南伊勢町内の五ヶ所浦は、御木本幸吉が英虞湾の次に進出した場所であり、また迫間《はさま》浦には御木本と裁判を争った北村幸一郎が創業するなど、真珠養殖への進出は早い地域であると言える。宿浦でも浅原真珠という会社が経営されていた。(15) 戦争による衰退・復興を挟み、最盛期は昭和四一（一九六六）年頃で、およそ一〇万ほどの真珠を養殖していた。その後真珠養殖業は激しい不況に見舞われて数を減らしたが、昭和四八（一九七三）年には経営が安定し、以来三万から四万の真珠が養殖されてきた。近年はまた少し数が減って、約二万から三万ほどの養殖になっているという。

養殖という漁業の性質から、他の生業との掛け持ちはなく、ほぼ一年にわたって真珠養殖に専念する。四月、暖かくなってきた頃に作業にかかり、浜揚げがピークを迎えるのが一一月頃、一二月まで浜揚げが行われて、一月は残務整理を行うというのが一年の作業の周期である。六月から七月にかけての雨の多い時期が、赤潮などもあり、一番危

写真２　宿浦の真珠貝供養塔

険で気を使う時期である。浜揚げがピークを迎えると、朝七時半から夕方四時まで作業にかかりっきりになり、分業で一グループ当り一日約一、〇〇〇個のアコヤ貝から真珠を取り出す。残った貝殻は砕いて肥料などにするが、肉は捨てる。この真珠養殖に用いられるアコヤ貝も実は養殖されたものである。卵から育てて、核入れをして真珠養殖に使うまで二年半から三年ほどかかる。

　信仰面では、真珠養殖業者も他の漁業者と同じように、大漁祈願を行っている。八柱神社の札を祀るほか、二月二六日には漁民の信仰を集めていることで有名な鳥羽市の青峯山正福寺（真言宗）に参拝している。

　そして年に一度、漁協の主催で供養が行われる。有線放送で告知され、水産市場に設置した祭壇に、読経・焼香が行われ、参加者は各種の水産関係者を中心に三〇人ほどである。この供養の行事には、もともと真珠の養殖に関わる人は参加していなかったが、昭和四一（一九六六）年、宿浦の海禅寺（臨済宗）に真珠貝供養塔（写真２）を建立したことが契機で、供養に参加するようになった。この供養碑を見ると真珠養殖を行う組合と、母貝養殖を行う組合の二つの名があることに気付く。今でこそ、真珠関係の組合はなく、三重外湾業協同組合くまの灘支所宿田曽事業所ということになっているが、当時は真珠養殖・母貝養殖それぞれの組合があった。供養碑を建立し、真珠も供養を始めようということは、真珠養殖組合からの発案であった。

この供養の発案が真珠養殖組合からであったという点に注意しておきたい。母貝養殖は貝を育て、核入れをするのに十分になったところで、真珠養殖業者に貝を売るので、殺すという動作を伴わない。一方で真珠養殖業者は、パールナイフという道具を使って、貝から肉を切り離し、真珠を取り出す、つまりは殺すという動作を伴い、再利用のできない肉という結果までも残ってしまう。ここに供養に対する動機の強さの違いがある。つまり、殺す動作を伴うことが、供養を必要とする理由として指摘できるのである。

一方、真珠養殖という仕事の難しさは、先に述べた赤潮が毎年リスクとして考慮されなければならないことである。また、三重県下の養殖業は、伊勢湾台風やチリ地震、東日本大震災の津波といった大きな災害によっても被害を受けた経験がある。このような記憶からも、予測の付かない自然を相手とし、貝と向き合っていくことは心理的な負担を大きくするであろう。その相手に対するわからなさも供養の要因になっているといえよう。

第三節　養鰻漁業と鰻供養

一　鰻の歴史と民俗

日本人とウナギとの付き合いは、古くは奈良時代まで遡ることができる。佐野賢治、木村博はともに『万葉集』にウナギが夏痩せに効くと信じられていたことを示す歌があることを指摘している［佐野　一九九一　四二］［木村

一九九一　七五］。この頃からウナギを食べることが身体にいいと思われていたらしい。一方、時代は下って、江戸時代には平賀源内の発案により、土用の丑にウナギを食すとよいという宣伝が展開され、定着したことは周知の通りである。現在ではウナギの養殖が東海三県や四国・九州に普及、台湾・中国からも盛んに養殖ウナギが輸入され身近な食べ物になっているといってよい。一方で、稚魚のふ化から手がける完全養殖は未だ実用化されていない。それどころか、平成一七（二〇〇五）年六月に東京大学海洋研究所がマリアナ諸島西方海域で孵化したばかりのプレレプトセファルスを大量に採集するまで、産卵場所さえ謎に包まれていた。ウナギは身近であるわりには、未だ分からない部分も多い魚なのである。

民俗学の立場からウナギを捉える論考には、信仰の面から佐野賢治の論考がある。佐野は鰻に関する伝説を、a 神仏の使令としての鰻、b 鰻の転生（物言う鰻）、c 片目の鰻、d 異形鰻の事跡、e 塚、地名等の由来譚と分類して分析し、次のように指摘する。すなわち、ウナギはその変形、再生の神秘から特に霊威を持つと考えられ、水神として崇められ、のち神の使令へと変化を遂げた。このためウナギを食することはなかったがやがてこの禁忌が衰え、虚空蔵信仰に関係してだけ食物禁忌が持続したとするものである。さらに佐野はウナギは洪水の減水期によく出現するという生態に着目し、ウナギが水の威力の本体と信じられたとして、水界（洪水）の本体としてのウナギ、その転生としての坊主、災害の予知、災害からの救済、宗教者の介在というプロセスから虚空蔵信仰が浮上するとしてその関連性を明らかにしている［佐野　一九九一　四四―五八］。ウナギの生態、伝承、現に行われる信仰の三つを巧みに組み合わせた論証は、卓見というべきだろう。

一方、木村博は佐野の見解に賛意を示しつつ、虚空蔵菩薩の名称には「虚空蔵菩薩能満求聞持法」や「仏説如意満願虚空蔵菩薩多羅尼経」によると思われる「～満虚空蔵」という名称が多いことに着目し、「満」と「鰻《まん》」の語呂合わせという要素があることを指摘している［木村　一九九一　七七―八二］。

本論で筆者が着目しようとするのは、養鰻組合によるウナギ供養である。上記の論考や河川におけるウナギの漁法・漁具を扱った論考では扱われてこなかった分野と言える。しかし、言うまでもなく現代のウナギ消費を支えているのは養殖ウナギであり、その変遷と現状を踏まえた上で、供養との結びつきを考えることは、ある一種の魚の生態、それに関わる生業、そこから生まれる信仰のつながりを見ていく上で格好の題材となろう。そこでまずは、養鰻業の歴史を簡単に見ておくことにしよう。

二　日本の養鰻業

日本のウナギ養殖は明治一二（一八七九）年、東京深川の千田新田に服部倉次郎が二ヘクタールの養魚池を築き、スッポン、フナなどとともに養殖したのが始まりとされている。その後、明治二〇（一八八七）年から四〇（一九〇七）年にかけて静岡県磐田郡、浜名湖周辺、愛知県豊橋市及び幡豆郡、渥美郡、三重県桑名地方に産地が形成され、発展を遂げていった。

大塚秀雄によれば、これらの地域にウナギ養殖が発展していったのは、①養鰻原料魚の産地であること、②飼料の入手が容易であること、③造池条件が良好であること、④消費市場に恵まれていること、である［大塚　一九九六　一九―二〇］。なかでも、稚魚（シラスウナギ）の確保は養鰻漁業の根幹であり、草創期においてその産地であったことは重要な要素であろう。また、初期のウナギ養殖にはその飼料として蚕のサナギが使われた。天竜川上流域の諏訪地方をはじめとする一大養蚕地帯と河川や鉄道を通して結び付いていたため、サナギの確保が容易であったこともこれらの地域に産地が形成されるのを後押ししたのである。また、貝類、イワシなど海産の飼料の入手も容易であった。

戦争による打撃を受けながらも、東海三県のウナギ養殖は復興を遂げ、昭和四〇年代中頃まで主産地の地位を守り続けた。しかし、これ以降四国・九州が新興の産地として出現し、台湾・中国からの輸入も始まって供給量が増え、競争が激化した。大塚はウナギ養殖の歴史を第一次展開過程大正元（一九一二）～昭和一七（一九四二）年、第二次展開過程導入期昭和二〇（一九四五）～昭和四四（一九六七）年、同成長期昭和四五（一九七〇）～昭和五二（一九七七）年、同競争期昭和五三（一九七八）～昭和五九（一九八四）年、同成熟期昭和六〇（一九八五）年以降と分類している［大塚　一九九六　一六—四四］。その画期については以下の通りである。戦前に東海三県に産地が形成されたのが第一次展開過程。戦時経済の強化による休止から、戦後回復していったのが第二次展開過程導入期。新興養鰻産地として、四国、九州、台湾が登場し、生産量が増える一方、東海三県のシェア低下が起こった成長期。台湾からの輸入が増加する一方、国内では愛知県・鹿児島県が生産量を伸ばした競争期。そして、総供給量が頭打ちとなった、現在に至る成熟期である。大塚の指摘のほかにも、東海三県のシェア低下の要因としてエラ腎炎という病気が大流行し、それまでの産地に打撃を与えたことも、養鰻史の忘れられぬ事件であろう。これによって露地池からハウス池への転換が進んでいくこととなった。

このほかの歴史は各事例ごとに述べていくこととして、ウナギ供養が行われている組合の例を以下に見ていきたい。

三　浜名湖養魚漁業協同組合

浜名湖の周辺といえば、養殖ウナギの産地として名が知れ渡っている。その歴史は明治三二（一八九九）年、服部中村養鼈《べつ》場の開設に始まる(16)。服部は東京深川で最初にウナギの養殖を手がけた人物であり、浜名湖畔を適地と見込んで進出したのである。ところで、ウナギの養殖を最初に手がけたとはいえ、その名が示すとおり、実は主眼は鼈、すなわちスッポンの養殖にあった。ところが、スッポンの養殖が難事業であったために、実態としてはウナギの養殖に頼りながら、試験的事業であるスッポンを続ける状態であった[17]。結局、原料のシラスウナギ、飼料の蚕の蛹の産地を近くに持ち、温暖な気候と豊富な水に恵まれるという好条件が整っていたウナギ養殖が当初の意図とは異なって主力となり、周辺地域を一大産地にしていったのである。戦争による中断を経て、戦後も順調に生産量、経営体とも増加していったが、昭和四四（一九六九）～昭和四五（一九七〇）年のエラ腎炎被害以降は、下降線をたどっている。

それでも、いまだウナギと言えば浜名湖、浜名湖といえばウナギのイメージは根強い。その浜名湖周辺の養殖業者を組合員としているのが浜名湖養魚漁業協同組合（以下、浜名湖養魚）である。前身は浜名湖養魚購買販売利用組合で、昭和二四（一九四九）年に現在の組織になった。最盛期には二〇〇以上の組合員が養殖を行っていたが、現在は三三まで減少している。

浜名湖養魚の業務は主に三つある。一つは組合員に分配するウナギの稚魚（シラスウナギ）の確保である。ウナギはこれだけ広く食されている魚でありながら、その産卵場所や産卵に関する生態はよくわかっていない。それゆえ、養殖の根本である稚魚の確保はシラスウナギ漁に依存せざるを得ず、これを確保するのは重要な業務であると同時に、シラスウナギが不漁の年には困難な業務でもある。

二つ目は組合員の養殖したウナギを集荷・選別し、取引先に出荷する仕事である。出荷するウナギの大部分は活鰻といわれる、生きたウナギである。組合員から集められたウナギは小さなビク[18]に入れられる。そのビクをタテバと言われる場所に重ねておき、流水をかけて臭みを抜く。そうしたあとに大きさによって選別され、卸売業者や飲食店へ出荷されていく。

三つ目は集荷した鰻の一部を蒲焼きや白焼きに加工し、出荷、もしくは直売することである。浜名湖養魚の加工場は平成一四（二〇〇二）年に新施設になった。ＨＡＣＣＰ認証を取得し、衛生面で徹底した管理を行っている。同時に、品質の良さと安全性をアピールするために、静岡県農水産物認証を取り、第三者の監査を受けている。

集荷・選別・加工に関しては、衛生試験や食味試験を行い、組合員と共に品質の向上を図っていくことも重要な業務となっている。新加工場稼働後、組合で共通の書式を持った飼育日誌を使用するようになり、管理を徹底している。結果として、平成二〇（二〇〇八）年に起こったウナギ産地偽装問題の悪影響を防ぐことができた。販売者からの品質証明の要求が厳しくなり、他の業者にはその要求に応えられなかったところも出たため、浜名湖養魚としては出荷量はむしろプラスになったという。

浜名湖養魚では、弁天島の一角にある魚籃観音で供養を行っている。この魚籃観音の台座裏面に次のような銘文が刻まれている。

昭和十一年十一月二十二日、東海三縣養魚組合聯合會駿遠三州魚商組合濱名水産會主催ノモトニ鰻靈供養並ビニ放生會ヲ此ノ地ニ於テ擧行ス。佛戒ニ戒遮持犯トハ雖モ、年々東海三縣ヨリ産出スル養殖鰻ハ二百万貫ニ及ビ、吾人ノ活動ノ原動力トシテ食膳ニ供サレ、營養食料品ト謳ハル、之等数數多ノ犠牲トナル鰻ノ生命ニ對シ、均シク感謝ノ念禁ズル能ハズ。鰻靈ノ冥福ト偉大ナル功徳ニ對シ、未来永劫慈悲ヲ垂レ賜ハムコトヲ祈願セムトシテ、茲ニ魚籃観世音大菩薩ノ建立ヲ見タル所以ナリ。請ヒ願ハクハ、斯業ノ圓満ナル發展ト、魚族ノ蕃殖ニ一段ト光明ノ現レンコトヲ。(19)

昭和十二年九月二十三日
建立委員長　鈴木六郎
中島松園　書
松下誠宏　刻

写真３　弁天島の魚籃観音と鰻供養

さらに、「鰻靈塔建設費寄附芳名」として寄付者の名が刻まれている。これを見ると寄付者の数は生産者組合が一三、個人が一三五名、会社・商店が五三、仲買組合もしくは有志が五である。行政からも舞阪町が寄附を行っている。個人の中には養鰻場の名を肩書きとしたものもみられ、養鰻の個人経営者が多く含まれていると思われる。会社・商店の内訳をみると、企業名や商号から判断できるものに限られるが、養鰻業者が七含まれる。このほか、販売者、食品加工会社、運送会社、製氷業者が含まれていることがやはり企業名・商号からわかる。また、寄付者の住所別では、青森県一、群馬県一、栃木県一、東京府一七、神奈川県三、長野県一、静岡県九一、愛知県二六、岐阜県三、三重県一四、滋賀県二、福井県二、京都府一五、大阪府二四、兵庫県四、山口県一となっている。これらの寄付者の内訳・住所から、生産から流通の各過程に関わる会社・個人から広く寄付を募ったものと判断できる。

毎年八月二四日に供養を行っている（写真３）。供養に参加するのは組合職員、組合員のほか、販売者、来賓として招かれた近隣の養鰻組合の代表者などである。総勢で七〇～八〇人ほどになる。当日は午前一一時から供養が開始される。供物として野菜や寒天を用意し、舞阪町の宝珠院（臨済宗）の僧侶による般若心経、観音経の読経が行われる中、参加者全員の手で焼香が行われる。このとき、魚籃観音の前にはウナギのビクも供えられている。このウナギは読経・焼香が終わったあとに、参列者の手で浜名湖に放流される。この放流には放生の意味合いがあると同時に、先述のようにウナギ資源の確保は不安定なため、その増産の願いもこめられている。なお、参列者の内、希望者には祈祷札が頒布される。この祈祷札は、例えば組合員の場合、養殖場の事務所に祀るなどしている。

四　静岡うなぎ漁業協同組合中遠加工場

平成二〇（二〇〇八）年四月、静岡県内の丸榛吉田うなぎ漁業協同組合、焼津養鰻漁業協同組合、大井川養殖漁業協同組合、中遠養鰻漁業協同組合が合併して、「静岡うなぎ漁業協同組合」が誕生した。これにあわせて合併前の各組合は加工場という扱いとなった。そのうち、旧中遠養鰻漁業協同組合（以下、中遠養鰻）は磐田市福田《ふくで》町に事務所・加工場を置いている。福田のウナギ養殖の歴史は古い。慶応二（一八六五）年、寺田彦太郎が河川跡の天然池一万五、〇〇〇坪にウナギ、ボラ、フナを飼育しているという。明治六（一八七三）年の次のような記録がある。

乍恐以書付奉願上候

彦太郎特製塩場囲内潮溜池反別壱町反歩並同所囲内川反別弐町五反歩御座候処魚介生育仕候、聊利潤可有之奉存候間右場所魚類生育飼立仕当明治六年ヨリ壱ヶ年金壱円五拾銭宛納税仕度且他ニ於テ之義差障筋無御座候間此段御許容被下置度倚之箒絵図相添乍恐奉願上候　以上[20]

彦太郎の事業は長男の彦八郎に受け継がれた。彦八郎は次のような記録を残している。

明治二二年養鰻の価値を認め種鰻養殖試験池三七〇坪を区画し鰻の養成を試験する。同三五年には面積四、七〇〇坪に拡張し、同三九年には更に一〇、五〇〇坪と為し養殖に成功したり[21]

明治三九（一九〇六）年に作成されている「寺田養魚場成績」によれば、ウナギは三一〇貫目で七五〇円、ボラは四、五六〇尾で二二八円を売り上げている。ウナギは東京で販売される一方、ボラは近傍の市街で販売された。[22]このことから鰻養殖が重要であったことが窺えよう。彦八郎の跡継ぎが夭逝したため、この事業は、分家に当たり新しい事業を探していた寺田安太郎が借り受け、有志七名からなる組合により一年間の試験的経営を経たあと、大正一〇（一九二一）年、新たに四名を加えた一一名を発起人として福田養魚株式会社を創立した。その後昭和七（一九三二）年、静岡県が行った資料調査に福田町が解答しているところによると、重要産業の種別統計に米、麦、綿織物と並んでウナギ養殖が挙げられている。福田養魚を始め、ウナギ養殖が盛んになっていった証であろう。ちなみに、この時の生産額は、米九七、一三六円、麦一五、三三五円、綿織物二三〇万六、八九九円に対し、ウナギ養殖七七、六六三円である。[23]

中遠養鰻が設立されたのは、漁業協同組合法施行により、昭和二五（一九五〇）年のことである。当初の組合員数は三六名、出資総額は八〇〇万円である。少数の飼料取り扱いから事業を開始し、昭和二七（一九五二）年、冷蔵庫設備を新設して飼料取り扱いを充実させた。そして昭和三四（一九五九）年、当時の組合長金指嘉一氏と日本冷蔵（株）の冷凍食品研究室の社員が昵懇の仲であった縁で、冷凍蒲焼きの開発に着手した。これが成功して昭和三七（一九六二）年には専門の蒲焼き工場を建設、更に日本冷蔵の販売計画に合わせ、昭和四五（一九七〇）年に新工場に移った。[24]蒲焼冷凍食品工場完成と同時に日本冷蔵（株）(25)の契約工場となった。これが中遠養鰻の特色を形作ることになる。組合としての役割は浜名湖養魚と同様、稚魚の確保、集荷、加工・販売である。ただし、ニチレイの契約工場となっていることで、他組合と比べて活鰻の割合が低く、加工品が多くなっている。現在の組合員数は個人二七名と法人六社である。昭和四二（一九六七）年、中遠養鰻漁業協同組合、福田町漁業協同組合、福田町鮮魚仲買人組合、南遠養鰻漁業協同組合、福田町河川組合の共同主催により、福田町内の円通山観音寺（曹洞宗）境内に魚籃観音が建立された。観音寺境内の観音堂は福田海岸に漂流していたものを祀ったものであると伝承されている。観音寺の案内板に次のように記されている。

（前略）円通山観音寺に奉仕されてある聖観世音菩薩の御尊像は、恵心僧都の御作として伝承されている。その縁由は、延元三（一三三六）年宗良尊澄御通過のおり遠州灘の嵐に遭い、福田、荒古の地に上陸され円通院として奉祀された。その後、永禄二年当山に御遷座されました。（以下略）

また、魚籃観音には次のような解説が付けられている。

魚籃観音

日頃、捕獲して、それにより生活を維持させていただいている、水属魚貝類の供養の為に生きた魚や鰻を川や海に放って、それらの種を滅しないようにあわせて大漁を祈るのが昔から行われている放生会の供養です。

殺生はもとより仏の禁じたところですが、生活の道としてある程度の捕獲はやむをえないので、特に許されております。その代わりに放生という尊い行事の功徳が説かれています。人間が生きる為に、やむを得ずその糧となった魚貝類を供養するために建立されたのが、魚籃観音です。

このような解説板が寺院側の手で建てられている例は、ウナギ供養はもちろん、本書でとりあげている他の事例を見ても決して多くない。観音寺には魚籃観音のほか、ペット供養のための観音像や、福田町猟友会により建立された「鳥獣蟲類供養霊塔」、福田町がアカウミガメの産卵地であることに因んだ亀塚、人形供養塔、戦死者供養塔がある。また、各地の寺院で行われている永代供養墓の設置も行われている。一つの寺院にこれだけ供養関連の施設が整備されていることは注目に値する。養鰻組合や猟友会など建立の施主の側に、建立の根本的な動機があるとしても、ここでは寺院側の活動と施主側の機運がちょうどかみ合い、相互作用的に建立やその後の供養儀礼につながったものと見ることができよう。

一方、中遠養鰻の主催で毎年供養を行っているのが可睡斎（袋井市、曹洞宗）である。可睡斎の境内に放生池があり、放生会をウナギ供養として行っている。放生会自体はいつから始められたかはっきりしないものの、中遠養鰻に大きな影響を与えた株式会社福養の社史『福養五〇年史』によれば、同社の歴代社長から引き続いて可睡斎での鰻供養を行っているとの記述があり、(26)福養ではかなり昔から行っていた可能性がある。中遠養鰻としてのウナギ供養は三〇年ほど前からではないか、とのことである。(27)可睡斎の放生池には魚籃観音が建立されているが、この施主は中遠養鰻ではない。

可睡斎でのウナギ供養(28)は毎年九月二一日に行われる。放生池に設けた祭壇で、読経と焼香を行う。(29)可睡斎もこの行事を寺院行事に位置付けているため、僧侶は導師以下一一名が参加する。鼓や鉦も用いられ、司会進行も可睡斎の僧侶が担当する。参列者は組合員、従業員、来賓などあわせて八〇名弱になる。読経の最中に参列者全員が焼香を行う。浜名湖養魚の場合と同様、供養の最中は成鰻が供えられ、これを放流する。供養が終わった後は、斎堂で可睡斎が用意する精進料理での懇親会となる。ここで来賓や可睡斎の僧侶による挨拶が行われる。また、精進料理であるので、食事の前に僧侶によって曹洞宗の食事訓の解説[30]がある。

この懇親会での挨拶が組合員の意識共有の場として機能している。調査時、挨拶において可睡斎の僧侶が「不殺生戒とは即ち、『活かさなければいけない』ということです。静岡のウナギ屋さんを見ておりますと、まさに『活かされているな』と思います」と述べていた。いささか独自の解釈に聞こえるが、場にあった解釈ではある。また一方、中遠加工場の理事からは「ウナギのおかげで生かされている」ということが述べられた。こうして仕事を通して「ウナギを活かす」「ウナギに生かされる」という供養に通じる心情が言葉として共有されることになる。

また、こうした挨拶の中では昨今の業界を取り巻く状況が話される。平成二〇（二〇〇八）年はおりしも、シラスウナギの不漁、産地偽装問題など、養鰻業界にとっては逆風が相次いだ年であり、こうした話題にも触れられた。こうした問題点を、然るべき立場の人物が話すのが供養の後というタイミングであることは注目しておいていいだろう。

五　静岡うなぎ漁業協同組合吉田加工場

静岡県榛原郡吉田町は大井川河口西岸にある。牧ノ原台地の東端でもあり、丘陵部には茶畑が目立つ一方、平地部に住宅や工場が多く見られる。この吉田町も養殖鰻の産地である。平成二〇（二〇〇八）年の静岡うなぎ漁業協同組合発足に当たっては、中心的な役割を果たし、旧丸榛吉田うなぎ漁業協同組合（以下、丸榛）の組合長が静岡うなぎ漁協の組合長に就任している。

吉田の養鰻の始まりは大正一一（一九二二）年まで遡る。吉田はもともと水田の豊富なところであったが、大井川の隆起による河水滲透のために質の悪い田であった。大正七（一九一八）年、この年に起こった大凶作により、多くの小作人が離れたところに、大正九（一九二〇）年には経済界が活況を呈し、また近海漁業の衰退の一方で遠洋漁業が発達するなどの要因が重なり、村から労働力が流出した。このため、多くの水田が使われない事態となった。そこでこれらの土地経営の方策を有志が模索した結果、吉田の土地が養魚池に向くことがわかり、専門家の指導を受けて廃田一町四反歩を養魚場とした。これが吉田の養鰻の始まりである。大正一一（一九二二）年のことである。この時に中心となったのが、旧名主の家に大正三（一九一四）年に二七歳で婿養子に入った久保田恭氏である。氏の功績を称える頌徳碑が昭和三〇（一九五五）年に久保田家の敷地に道路に面する形で建てられている。ここは一番最初に養殖池が作られた場所でもあり、現在は農協となっている敷地の駐車場内に、養鰻を支えた伏流水の湧き水があり、自由に汲んで帰って利用することができる。

久保田氏の成功により養魚場経営が年々増加し、昭和一五（一九四〇）年には池数二八〇余り、水面積一一〇余町歩、鰻生産量三七万貫、鯉生産量三万五千貫まで発展した。この間大正一五（一九二六）年二月に榛原魚田組合が結成され、共同購買、出荷を行うようになった。この組合は昭和四（一九二九）年、産業組合法施行にあわせて榛原魚田購買販売利用組合となった。戦時中は食料関連物資の統制による打撃を受け、全面休業の憂き目を見る。しかし、昭和二四年に漁業基金制度による養殖業復興資金の融資を受けるため、漁業協同組合法の施行にあわせて榛原養殖漁業協同組合が設立され、復興が進んだ[31]。昭和三二（一九五七）年に農地の養殖池への転用が許可されると、続々と養殖業者が増えていった。これら新規参入の業者は最初未組織の状態であったが、吉田町の斡旋により昭和三六（一九六一）年、吉田町養鰻同業者組合が組織された。同業者組合は任意団体だったため、水産協同組合法による組合設立を目指し、昭和四〇（一九六五）年に吉田うなぎ漁業協同組合を設立した。この段階で吉田町内に養鰻組合が二つになるため、設立認可は近い将来に榛原養殖漁業協同組合と合併することが前提とされていた。この二つが合併し丸榛となったのは昭和四七（一九七二）年のことである。この時の組合員数は四五六人、養鰻池は八〇〇枚二六〇ヘクタールにも及んだ。

しかし、これに先立つ昭和四四（一九六九）年一〇月、エラ腎炎が発生して大きな被害を与えていた。榛原を含む吉田地区の被害量は九一〇トン、被害額は二三億円にも上っていた。このエラ腎炎は吉田地区に限らず、東海地方の生産地に大打撃を与えて品不足を引き起こし、九州・四国での生産や台湾からの輸入が増加し昭和四三年にシェア二五％超を誇った吉田の鰻は、昭和五二（一九七七）年までにシェア一〇％前後まで落ち込んだ。

榛原地区は最初、用水が少ないため原料ウナギの育成を専らにしていた。しかし、昭和四五（一九七〇）年以降、ハウス養殖への転換を機に、成鰻までの一貫養殖が増加していった。昭和四三（一九六八）年、まだ合併前だった榛原養殖漁業協同組合と吉田うなぎ漁業協同組合が共同加工場を稼働させた。最初は全量白焼きからスタートしたが、レストラン向けの蒲焼需要増加に伴い、昭和四九（一九七四）～五〇（一九七五）年にかけて蒲焼きラインを増設、加工鰻の直売店も同時に開設した。また、昭和五八（一九八三）年、ある地域の生協が取引先に加わると、衛生管理の面で従前の工場では対応が難しくなったため、平成二（一九九〇）年に新工場を建設した。加工鰻は最初活鰻販売事業の補助的な事業として始められたが、活鰻価格が下落を続ける中、年々その重要性を増している。[32] 合併直前、旧丸榛吉田漁協では加工の占める割合が九割にも及んでいたという。かつて活鰻の取引があった東京の問屋の多くが廃業してしまったため、今後も加工品が主力と位置付けられる。現在、生産者は一五にまで減少しており、漁協合併の一因となった。

丸榛が供養を行う魚籃観音は他組合と違い、江戸時代より祀られてきたものをルーツとする。天和二（一六八二）年、川尻の海岸に魚籃観音が流れ着き、法昌院（現存せず）の境内に祠を建てて漁業者がこれを祀るようになった。また、大井川の洪水のため、川尻村のほとんどが流失し、土地が荒れたが、漁業が盛んであったおかげで飢饉は免れたので、漁師を中心として村中の人が祀るようになったともいわれている。

写真４　吉田の魚籃観音と鰻供養

漁業が盛んであった当時は、沿岸漁業の人達により、縁日にはたくさんの行燈があげられ、夜になるとこれに火をともし、舞台で芝居等を行い、露天商が並び、大変にぎやかであったという。しかし、その後漁業が不振となり、漁業関係者が減ったために、戦後は供養もできなくなってしまった。その頃、養鰻業が盛んになっていたことから、榛原養殖漁業協同組合に供養を引き受けてもらいたいとの議が起こり、漁業者との話し合いの結果、養殖漁協でもこれを了承したため、養殖漁協により祀られるようになった。昭和三二（一九五七）年、川尻橋のたもとに移転してからは、ウナギの供養祭として、問屋、原料屋、餌屋などを招待し供養祭を行うようになった。

昭和五三（一九七八）年九月一八日、富士フイルム南工場入口近くに魚籃観音像を新たに建立した。現在、もともとの魚籃観音は成因寺（曹洞宗）に祀られている。[33] この魚籃観音は、雨天のため成因寺や公民館など屋内で供養を行う際には、現在でも本尊として祀られている。

供養は毎年九月二〇日前後に行われている（写真４）。魚籃観音に供物を捧げて、焼香壇を設け、参列者の席はテントとパイプイスで準備されている。成因寺ほか三名の僧侶が供養を執り行い、参列者は職員、組合員、取引先、近隣の組合の代表など一〇〇名ほどである。正式名称は「魚籃観音うなぎ供養祭」としている。般若心経・各種陀羅尼・観音経の読経や焼香、施食、導師による引導などは通常の法会と変わらないが、導師が供えられたウナギに水を振りかけるなど、ウナギに合わせたアレンジも見られる。供養の後、近くの橋から魚籃観音に供えた鰻、約二〇〇キログラムを豊漁を祈念して放流している。

六　一色うなぎ漁業協同組合

現在、養殖ウナギの全国シェア二位を誇る愛知県、その愛知県内の七割にも及ぶウナギを生産するのが旧幡豆郡一色町（現西尾市一色町）である。「三河一色産」はブランド鰻としてよく知られ、市町村別シェアは一位である。旧一色町は矢作川河口の東側、知多湾に面した町で、ウナギ、えびせんべい、カーネーションの生産で日本一のシェアを誇る。

旧一色町でのウナギ養殖の歴史は明治二七（一八九四）年まで遡ることができる。もっともこれは水産試験場での取り組みであり、しかも失敗に終わっている。民間で初めて養鰻池を創設したのは明治三七（一九〇四）年、生田竹生新田に一二ヘクタールの養鰻池を設けた徳倉六兵衛、徳倉広吉である。また、シラスウナギの養成にも全国に先駆けて取り組み、養鰻の発展に伴う種苗不足にも対処した。こうして戦前から一色のウナギ養殖は発展していった。(34)

戦争による休止後、一色町の養鰻が急速に発展していくのは昭和三〇年代後半から四〇年代前半（一九六〇―一九七〇）である。大きな転換点となったのは昭和三四（一九五九）年の伊勢湾台風である。潮をかぶって使えなくなった農地が、被害対策と稲作転換事業により養殖池に転換されていった。昭和三六（一九六一）年からは養鰻池専用の水道が敷され、農業用水との共用による農薬被害の防止と、用水不足の解消が図られている。養鰻専用水道は昭和三七（一九六二）年に設立された西三河養殖漁業協同組合（現一色うなぎ漁業協同組合）が維持・管理にあたった。こうしたこともあり、昭和三七（一九六二）年から昭和四七（一九七二）年の一〇年間に、経営体数は一〇〇戸増の二七〇戸へ、生産量は約四．七倍増の一八〇〇トンへと発展を遂げている。一方、昭和四六（一九七一）年頃から加温ハウス池への転換が進んでいった。加温ハウスは藻類の繁殖、飼料の増加などにより水の交換が頻繁に必要になるため、用水を安定的に供給する養鰻専用水道が加温ハウス化による生産量増加を下支えしていった(35)。

養鰻専用水道はウナギ産地としての一色を特徴付ける存在といってよい。ただ水の安定供給に留まらず、水質の面で他のと差別化を図る要因となっているからである。他の産地では地下水を利用して養殖を行うところが多いが、一色の専用水道は矢作川の表流水を利用している。一色うなぎ漁協ではこれをより自然に近い環境での生育としてセールスポイントの一つとしているのである。

こうした歴史と、全国シェア一位を誇るまでの隆盛ぶりを反映して、組合の建物の前には顕彰を目的とした「鰻竣工碑」が建てられている。昭和四七（一九七二）年に西三河養殖漁業協同組合として建立したものである。

西三河養殖漁協が改称した現在の一色うなぎ漁業協同組合は正組合員一一三名、准組合員一〇三名を抱え、四一名の職員で業務に当たっている。飼料や重油の共同購入、組合員から鰻を集めての販売の取りまとめなどは他組合と変わらない業務であるが、前述の経緯から水道事業があるのが特徴である。加工場での白焼き、蒲焼き生産も手がけているが、出荷の九割を活鰻がしめている。これも吉田や中遠とはまったく対照的で、際だった特徴である。

一色うなぎ漁協では八月末～九月はじめくらいの時期にウナギ供養を行っている。会場は組合事務所の二階で、町内の憶念寺、普元寺、教栄寺（すべて真宗大谷派）が毎年交代で供養を執り行う。参加者は職員・パートのみで、七〇名くらいである。石碑がないため、いつ頃から行われているかははっきりしないが、三〇年ほど前からではないか、ということである。

一方、一色ではウナギの放流を供養とは別の日に行っている。日本養鰻漁業協同組合連合会主催のものが一回と、愛知養鰻漁業者会の主催が一回で、一〇月末から一一月初め頃に行われる。供養の行われる日が土用の丑の出荷ピークを越えて一段落ついた頃であるのに対し、放流の行われる時期は最もおいしいと言われる秋の鰻の出荷も終え、次年度のシラスウナギを池に入れるまでの期間になり、ちょうど一年のサイクルの間隙といえる。寺津町在住の禰宜に依頼してお祓いを行い、その後放流する。その量は一～二トンである。こちらには問屋などが作る西三河販売組合や地元の有力者なども招待し、供養とは区別されている。

七　鰻供養に見る供養の主体と背景

さて、ここまで養鰻組合の歴史、活動とウナギ供養の概要を述べてきたが、ここに見られる供養の要因とは何であろうか。それを考えるには、ウナギ供養には様々な立場の人々が参加していることを看過するわけにはいくまい。ここでは特に、主催する側でもあり、管理者でもある養鰻組合の立場、組合員である養鰻業者の立場、また加工に携わる組合の職員の立場を取りあげて分析していこう。

まず組合の管理者としての役割に注目してみよう。かつては大損害を与えたエラ腎炎にはじまり、養鰻業界は数々の困難に見舞われてきた。特に平成二〇（二〇〇八）年は、中国・台湾産の輸入ウナギが普及して以来、長年の課題である活鰻価格の下落に加え、養殖の根幹を支えるシラスウナギの不漁に見舞われ経営的に厳しい年となった。その上、産地偽装の発覚が相次ぐ大変な年であった。産地偽装の影響から、取引先の販売者からは産地証明書が信用されなくなり、自力で品質の保証をしなければならなくなった。例えば、とある大手小売店ではギフト販売用の蒲焼きに、

写真５　供養祭での鰻放流

一〇〇字程度の宣伝文の提出を求め、記述された全ての語句に対する証明書類の添付を求めてきたという[36]。また、食品生産に携わるため、非常に厳格な衛生管理が要求される。それがいかに重大であるかは、丸榛が生協との取引開始を機に新工場を建設したり、浜名湖養魚がＨＡＣＣＰ認証を取得した新工場を建設するなど、多大の投資が行われていることでも分かる通りである。一方、シラスウナギの確保は養殖を左右する問題である。稚魚の不漁が続き、稚魚の採捕を行う組合に注文を出すが、注文したうちの半分程度しか確保できない状況である。平成二五（二〇一三）年には、環境省により絶滅危惧ＩＢに指定された。このような中で必要な量を確保するために心を砕かなくてはならない。

　このように養鰻にまつわる諸問題に対応していくのが養鰻組合の仕事である。また、こうした諸問題に対応しながら、組合及び組合員の収益を伸ばしていく工夫をしていかなければならない。組合から出荷する鰻を信頼してもらえるブランドにするため、共通の書式を使って飼育日誌を付け、品質管理に取り組む、食味検査の結果などをフィードバックして改善を図ってもらうなど、組合員と連携して収益の確保に努めている。管理者としてウナギ養殖に起こる諸問題を乗り切っていくことには大きな不安がつきまとっているのである。それが端的に表れているのは供養の後に必ず行われる成鰻の放流であろう。先述のようにウナギの産卵やその稚魚に関する生態はいまだ明らかになっておらず、人工受精や完全養殖は実用化のめどが立っていない。ウナギ養殖の根幹であるシラスウナギの確保は、自然に任せるしかないのである。このため、タグを付けた成鰻を放流し、親鰻の行動を追跡するなどの試みも行っている。供養の後に鰻の放流が行われる（写真5）のは、放生会という仏教儀礼の形を採ると同時に、シラスウナギの豊漁を願う祈願でもあり、親鰻を放流する資源確保のための行為でもある。養鰻の根幹を揺さぶるような諸問題に対応していく、管理者としての仕事にはここに述べたようなことから、常に不安につきまとわれるものであることが分かる。

次に、生産者である組合員の立場に注目しよう。養鰻の仕事は一言で表せば「バクチ商売」といえる特質を持っている。これは、一年の生産暦を見たときに、シラスウナギの仕入れを現金で行うことから始まり、エサ代やハウスの維持管理費（温度管理のための光熱費など）といった支出ばかりが、成鰻になるまでの八ヶ月間続き、それから漸くまとまった収入になることを指している。ハウス養殖に必要な設備はハウス本体、コンクリート擁壁で仕切られた池、酸素補給用の水車、暖房用のボイラー等である。酸素補給用水車は一〇〇坪に四台程度設置、水車の故障や停電による酸欠を防ぐため、自家発電装置なども必要になる。ハウス養殖の暖房には温水循環型の重油ボイラーが使われる。このため、漁業で現在問題になっている重油高による燃料費の増大は、鰻養殖にも大きな影響を及ぼしている。そこに成鰻価格の下落が追い打ちをかけている。

外気温の低い冬から春にかけて、水温を二八度～三二度に暖かく保ったハウス池内は大変な湿度になる。扉を開けると、外気に触れたハウス内の空気が即座に湯気と化してしまうほどである。このような高温多湿の環境下で、早朝から一時間余り作業をする。大変な作業には違いない。このような悪条件をものともせず、仕事を続けられるだけのやり甲斐は生産者の腕により、ウナギを大きく育て、収益を上げるところにあると思われる。

ウナギは魚体が大きくなればなるほど高く売れるため、同じ八ヶ月間にどれだけ大きく育てられるかが、生産者の腕の見せ所、ということになる。腕のいい生産者には、通常出荷まで八ヶ月かかるところを、七ヶ月で出荷できるサイズに育てられる人もいるという。質のいいウナギを育てるには、緻密な観察眼が必要となる。養殖のウナギは育てた池によって違いが出る。しかも、たとえ同じ人が同じエサでウナギを育てても、池によってウナギの質やサイズは変わるというほどデリケートなものである。すなわち、いいウナギを育てるということは、第一義的には池の管理にかかっているのである。池の管理とはつまり、水温と水質の管理である。水温は機械で管理できるが、水質はそうはいかない。きれいであればいいというものでは決してなく、プランクトンの活性が適度に保たれているのがいい水であるという。もちろん、これを肉眼で確認することはできない。そこで、ウナギの様子を見て水の状態を判断することになる。また、かつてのエラ腎炎のように大規模な被害が発生することはなくなったとはいえ、病気の心配もつきまとってくる。ウナギの元気がないときなど、心配で寝られないこともあるという。

また、毎日の仕事ではないが、時に選別作業を行う必要がある。同じ池の中で他のウナギに負けて餌を食べる量が少ないウナギは小さいままになってしまう。そこで、多くのウナギを大きく育てるには選別が必要になるのである。しかし、ウナギが満腹の状態で移動させると死んでしまうため、選別を行うには二〜三日間エサを与えず、空腹にしてから行わなければならない。したがって、選別は必要な作業でありながら、そうやたらに行うわけにもいかない、難しい仕事でもあるのである。

このように、普段の管理や選別など、生産者の仕事には緻密な観察が必要とされるのである。ここから、「ウナギの顔を見てからではないと寝られない」という気持ちが生まれてくる。仕事に対する責任感とつきまとう不安、育てているウナギへの愛着などがない交ぜになった気持ちであろう。このように育てたウナギが最終的には殺され、食さ

写真６　鰻加工場の裂き室

れるということが、生産者がウナギを供養する心情の背景に認められよう。

　そして、加工に携わる組合職員の立場である。各組合とも、必ず供養に参加する人として、第一にあげられるのは裂きを担当する職員である。ウナギの命を奪うその現場でもあり、供養の場でよく言われる、ウナギの命をもらって生かされているということを最も実感しているのは彼らであろう。したがって、ウナギの命を奪う作業でもある裂きが、どのような状況で行われているかは重要な要素となる。

　浜名湖養魚の工場がＨＡＣＣＰ認証を取得しているように、食品加工に携わるため、職員には徹底した衛生管理が求められている。浜名湖養魚の加工場を例にとって、職員の働く環境について述べてみよう。まず作業スペースに入る前に、完全に髪を隠す帽子をかぶって、白い作業着を着込み、ゴム製の長靴を履く。手を洗って洗浄液を塗り込み、部屋の入口にある消毒液のプールに長靴をつける。一度消毒した手を汚さないため、ドアは赤外線センサーで開閉するようになっており、消毒後は何にも触れずに裂き室に入る。消毒作業は休憩で一度外に出た後にも必ず同じように行う。裂き室では七〜

八人程度が同時に作業をしている（写真6）。びくに入れた状態で活鰻が運び込まれ、これを次々に裂いていく。ピークには一人四〇〇キログラム、二、〇〇〇尾程度を一日で裂くことになる。裂き室はウナギが外から運びこまれる部屋であり、もっとも細菌などが多い空間なので、汚染ゾーンと呼ばれる。次の工程は焼きになるが、こちらは準汚染ゾーンと呼ばれ、汚染ゾーンである裂き室との間では、可能な限り人の行き来はしない。部屋をつなぐためのドアとは別に、裂いたウナギを焼き室に渡すための小さな二重ドアがあり、ウナギはここを通して渡される。

焼きから冷凍までは一つのラインになっており、焼き室に入ったウナギはベルトコンベアーの上に並べられる。蒸しが終わった段階で、まだ身に残っている内臓などのゴミを取り除き、焼きの工程に進んでいく。蒲焼きの場合はこの途中にタレに漬ける工程がある。ここで温度の管理をするのが焼きの職人の仕事である。焼きが終わったウナギはそのまま冷凍ラインに入っていく。その次は梱包室である。梱包室はクリーンゾーンと呼ばれる。パッキングする際の異物混入を防ぐため、消毒に加えて、エアシャワーを受け、作業着についたほこりなどを落としてからではないと、この部屋には入れない。ここで真空パックにした商品が冷凍室で保存され、注文に応じて出荷されていくことになる。なお、その一部には食味試験や残留薬品検査が行われ、品質管理を徹底している。

このように徹底的な衛生管理を行った、デリケートな職場がウナギ加工品生産の現場である。まず特徴として目につくのは外から細菌が入るのを防ぐために、完全に密室の環境であることであろう。こうした中で一日何時間も黙々と作業を続けることには緊張感がつきまとう。また、それぞれの作業ごとに熟練の技が必要である。

裂く作業の職人にとっては、ウナギをいかに手早く、きれいに裂くかが重要な要素になる。釘を打つときのウナギの持ち方一つとっても、それぞれに違う、自分にとって効率の良い方法がある。また、包丁を入れるとき、これがウナギの背骨の神経まで達してしまうと、痛がって暴れるため、その直前で止めるのがコツであるという。こうした技は、かつては先輩たちから教えてもらうことはなく、盗むものであったが、近年はそれでは若い人がやめてしまうため、先輩から教えているという。一人前になるまで二〜三年はかかる仕事である。

では次に焼きの工程の特徴を見よう。先述のように、ウナギの性質は池によって決まる。このため、加工しているウナギの池が変わると、そのことが伝えられ、焼きの職人はそのウナギの性質を見極めて、温度を決めなければならない。ここでウナギの仕上がりが決まる。ウナギを焼く難しさが「串打ち三年、裂き八年、焼き一生」と言われるのは周知のことである。これは工場で生産される蒲焼きといえど決して例外ではなく、焼く作業そのものは機械化されても、ウナギの個性に合わせて焼き具合を調整するのは職人の判断しか頼るものはない。高い品質を確保するためには、最終的には人の観察眼がものをいうのである。

裂きと焼きに共通する特徴として指摘しておきたいのは、工場労働とはいえ、これらが決して単純労働とは言い切れない面を持つことである。それは第一に、技術を習得しながらの作業であること、そして第二に池の違いにより生まれる鰻の性質の違いに対応していかなければならないことである。特に第二の点は、どれほど熟練しても、ずっとつきまとってくる課題である。このことは加工に携わる職員たちにこの仕事ならではのウナギを見る目を養うことになるだろう。そして、こうして養われたウナギを見る目が、ウナギの生命を実感させることになっているのではないか。

小　結

ここまで見てきた、ハマチ、真珠貝、ウナギの養殖は、それぞれに異なる特徴を持ちながら、これらを結ぶ「線」も持ち合わせていた。異なっていた点は、それぞれの地域の生業史の中で、当該の養殖事業が求められ、変遷してきた歴史であり、位置づけである。そして、鮮度を保って出荷するため、特注の出刃包丁で養殖業者自らの手で締めて出荷していたハマチ、養殖業者自らが生物を殺すことは同じでも、それが食用のためではなく、真珠を綺麗に取り出すという目的によって行われる真珠貝、養殖業者とは違う主体が、加工のために殺しているウナギという主体のかかわり方である。

一方、こうした違いにもかかわらず、それぞれが対象の生物の特性に応じたリスクを背負って長い期間をかけて育て、つねにそのわからなさと対峙していること、そしてそれぞれの目的に応じた殺し方が選択されていること、その結果として供養が求められることを共通する「線」として指摘できるのではないかと思う。従って、第二章の例も含め、様々な生業の中で対峙しなければならない生物や自然的、人為的状況のわからなさ、そして目的のために当然求められる殺し方と、その作業経験の蓄積が人に与える心理的影響、これらと供養を求める動機とのかかわりが養殖漁業と供養の分析を通じて浮かび上がったと言えよう。こうした動機から求められる儀礼が、仏教という裏付けを持つ動植物の供養であることは、本書の趣旨に照らして、大変に大きな意味を持つと考えている。

また、本章ではウナギの事例において、生産者、加工者、管理者という主体の複合が見られた。加工者、管理者もそれぞれの動機を持って供養に参加していたことを鑑みれば、漁業に限らず様々な生業の視点から動植物供養を見つめる必要があることは明らかであろう。これは本書第二部の課題とする。

注

（1）『歴史と統計からみた尾鷲市の水産業』東海農政局三重統計情報事務所尾鷲出張所　一九八〇年　四頁。
（2）ここまでの数値は『平成二一年刊　三重県統計書』三重県　二〇一〇年による。
（3）前掲注（1）二六頁。
（4）第一部第五章に取りあげる遠洋漁業船長久丸の船主も含む。
（5）ここまでは［南沢　一九六八　四〇—七八］を参照した。ただし、南沢は一月から順に記述していたものを、ハマチの成長段階にあわせた順に組み替えた。
（6）後年には結局、鯛類と比べてハマチの方が寄生虫・病気に弱いことが市価の下落とともにタイ類へ切り替える一つの要因となった。
（7）『三重県史資料編』近代三　産業経済　一九八八年　三重県　七七三―七七五頁。
（8）『全国真珠養殖漁業協同組合史』全国真珠養殖漁業協同組合　一九六四年　三頁。
（9）前掲注（8）四頁。
（10）無条件販売委託、平均売り、共同計算の三点を骨子とする販売制度。前掲注（8）五七頁。
（11）前掲注（8）四八―五〇頁。
（12）真珠祭の内容は前掲注（8）一七二―一八五頁による。
（13）前掲注（8）一七九頁。
（14）『南勢町誌』下巻　南勢町誌編纂委員会　二〇〇四年　九二頁。
（15）前掲注（14）一六四頁。
（16）試験段階に留まったものを含めるならば、明治二四（一八九一）年が最初となる。（舞阪町史編さん委員会編『舞阪町史』中巻　一九九六年　四八七―四八八頁）
（17）舞阪町史編さん委員会編『舞阪町史』中巻　一九九六年　一四九―一五九頁。
（18）大きなバケツの底に穴があり、水を通せるものになったようなものである。
（19）句読点は便宜のため筆者が付した。
（20）『福養五〇年史』株式会社福養、一九七一年、九頁。なお、福養は福田町で最初に養鰻を手がけた寺田養魚場の系譜を引く会社である。中遠養鰻設立時には出資総額八〇〇万円の過半を出資し、初代組合長には同社常務取締役の金指嘉一氏が就任するなど、中遠養鰻に与えた影響は非常に大きい。
（21）前掲注（20）一〇頁。
（22）前掲注（21）に同じ。
（23）「昭和七年願伺報告綴」庶甲第七二号、昭和七年五月二十一日、『福田町史』資料編Ⅴ近現代　福田町史編さん委員会

二〇〇〇年、四二九―四三二頁。ちなみに、別珍・コール天の生産が当時の福田町の主産業であり、綿織物の生産額が図抜けているのはこのためである。

(24)　この間の経緯は『福養五〇年史』四八―四九頁によったが、旧中遠養鰻漁業協同組合が平成一八（二〇〇六）年に作成した「中遠養鰻漁業協同組合経歴及び事業内容」では、昭和三一（一九五六）年に試験的に加工開始・冷凍蒲焼開発、昭和四二（一九六七）年四月蒲焼センター・蒲焼冷凍食品工場完成としている。念のため併記しておく。

(25)　現（株）ニチレイ。

(26)　前掲注（20）六一頁。

(27)　中遠養鰻漁業協同組合長（当時）杉浦君和氏のご教示による。二〇〇七年八月調査。

(28)　組合行事としての位置付けは「鰻供養」、寺院行事としての位置付けは「放生会」である。もちろん、魚類供養には放生を伴うケースも多々あり、明確に両者の区別を付けるのは難しい。ここでは便宜的にウナギ供養の呼称を用いて記述する。

(29)　ただし、二〇〇八年九月二一日の調査時には、雨天のため本堂で行われた。

(30)　箸袋に食事訓が印刷されており、参加者はこれを見ながら解説を聞く。

(31)　この間の経過は『丸はい五〇年史』（榛原養殖漁業協同組合、一九七二年、一二頁）による。

(32)　吉田地区の戦後の養鰻業の展開については養鰻八十年史編集委員会編『吉田地域養鰻八十年史』（丸榛吉田うなぎ漁業協同組合、二〇〇三年）を参照。

(33)　吉田の魚籃観音については、前掲注（32）一三一―一三三頁、及び、吉田町郷土の昔を語る会『ふるさと（民間信仰）』（一九七八年）八五頁を参照。

(34)　一色町誌編纂委員会編『一色町誌』一色町役場　一九七〇年　三二四頁。

(35)　一色町誌編纂委員会編『一色町二十五年誌』一色町役場　一九九四年　二七二―二七七頁。

(36)　例えば、「静岡産の鰻を使い、丁寧に焼き上げました」と記述した場合、この一文のために、全ての鰻が静岡産であることを証明する書類と、焼きの工程について証明する書類の二つを添付する必要がある。

第四章　供養塔の維持と記憶の継承

動植物の供養には、石碑の建立を伴うものもあれば、年一度の儀礼を中心とするものもある。石碑を建てて供養することの背景には、本書第一部第二章において、山形県遊佐町箕輪の鮭供養の事例で指摘したように、恒久的に残るものを求める心情があると想定される。しかし、同じく第一部第二章の遊佐町十里塚の事例のように、漁業そのものが衰退すれば、祭祀は個人単位となり、やがて忘れられることも考えられる。鮭建網の記憶を持つ人が減っていったとき、十里塚の供養碑はどのような目で眺められることになるだろうか。

このように、恒久的に残る石碑を建立しても、漁業を取り巻く環境の変化が影響を及ぼし、何らかの変化が起こる可能性がある。むしろ、後継者不足、水産資源の減少、さらには燃料の高騰といった、漁業を取り巻く環境の厳しい現在にあっては、変化が起こらない方が不思議というべきである。また、現代に限らず、長いタイムスパンを取ってみるならば、これも漁業に何らかの変化が起きていて当然であろう。本章では、恒久的に残すべく建立された供養碑（もしくは大漁記念碑）が、地域の漁業の変化の中で、どのように扱われてきたかを検討し、生業と信仰の関係を考察しようとするものである。

第一節　近世・近代に建立された供養塔の現状　―三重県南部を事例として―

一　志摩・東紀州地方の魚介類供養塔

三重県南部、志摩・東紀州地方の魚介類供養塔、大漁記念碑に関しては、海の博物館の調査による報告が出されている。この調査により報告されている大漁碑・魚介類供養塔は四一基ある。調査自体は三重県全域にわたっているが、桑名市のハマグリ漁、シラウオ漁に関するもの二基のほかは、すべて志摩半島以南に分布している。大漁に際して建てられた石碑がその記念か供養を含むのかは判断が難しいので、大漁にかかわるものについてはこの区別をせずにその内訳を記すと、マグロの大漁によるもの九基、捕鯨に関わるもの八基、真珠貝の供養に関するもの五基、鰤の大漁によるもの四基、ボラの大漁によるもの四基、ユムシの供養塔二基、ハマグリ、シラウオ、ムロアジ、バカガイが一基ずつ、魚種を特定しないものが五基ある［平賀／編　一九九四］。本節では先述の目的のため、大漁に関連する由来を持つ供養塔、記念碑について筆者が調査した現状を述べていく。

二　鳥羽市小浜町　済渡院の供養碑群

鳥羽市小浜は、観光地の外縁としてリゾートホテルも近くに見えるものの、実態は過疎化が進んでいる。入り江の漁港を中心に緩やかな斜面に家が立ち並び、かつては漁業を中心にしたムラであったことが窺える。地区人口は八三二人、漁業経営体数は四六である。漁船登録数は一三七隻で三トン未満が実に一二二隻を占める(1)。

小浜の一角に済渡院《さいどいん》（浄土宗）がある。本堂から山側に向かって細長く墓地が延びているが、その入口に供養塔が立っている。「南無阿弥陀仏鮭鰡鯨水族之碑」が明治二二（一八八九）年と同二六（一八九三）年建立の二基、同三〇（一八九七）年建立の「南無阿弥陀仏鰡鯨水族之碑」が一基、タイ延縄のえさに用いるというユムシの供養碑「南無阿弥陀仏螠虫供養碑」が明治三〇（一八九七）年と明治三四（一八八一）年建立の二基ある。海の博物館報告では、碑文や文書の記録と、中田四朗の報告によって、鰡は豊漁が続いたこと、ユムシは、地元民による掻き取り機の発明によって、遠隔地から調達する必要がなくなり、村民に恩恵があったことを記念したものとしている。

現在、小浜ではボラ漁は廃絶している。また、タイ延縄も主力ではなく、スズキの一本釣り、カレイ網、タコツボなどの漁を手がける人が多い。このようなこともあって、供養碑が大漁やユムシ掻き取り機発明の功労を記念したものであることは忘れられているようである。しかし、毎年盆には、漁業会が共同で供養を行っている。また、この時に組合・個人が奉納した塔婆で碑の周りをぐるりと囲んでおり、これが個人が供養の意思を表す機会となっている。ここでは供養塔は、特定の魚種を対象とした個性が捨象され、あらゆる魚の供養を行う装置として伝承されているというべきであろう。

三　志摩市（旧志摩町）片田「供養塔　鰤其ノ他魚族之位」

旧志摩町域では和具、御座、そしてここ片田の三ヶ所に定置漁業組合がある。片田の定置網の始まりについて『志摩町史』では「昭和二十七年先見の明ある奥野重蔵氏の指導の下に、麦崎沖に網を張り漁不漁をくりかえし一時は見込みなしと大洋漁業に身売りするまでに論議されたが、役員有志の熱意は堅く、いま一度と団結し投網した。結果は二千七百万円の大漁となり意気は揚り組合の基礎は確立したのである」と述べている(2)。現在でもブリを対象とした定置網漁が続けられている。実際に漁に参加しているのは一三人であるが、組合のカブヌシはもっと多くいる。近年定置漁業協同組合は株式会社化される傾向があり、片田でも現在は片田定置株式会社となっている。

その片田定置株式会社（以下、片田定置と略記）の事務所の横に供養塔が建てられている。建立されたのは昭和四三（一九六八）年四月である。建立の背景としては、片田での他の漁業の漁撈儀礼の影響が挙げられる。片田では文化財指定されている大般若経を漁業協同組合が管理しており[3]、毎年一月二八日にこれを転読する大般若会が行われている。これを行うのは金剛院（曹洞宗）である。大般若経を管理しているのは漁協であるが、大般若会は現在漁協と片田定置の共催で行われている。参拝者は漁業関係者のほか商家なども あり、海上安全、大漁満足、商売繁盛のため多くの人が訪れる[4]。また、片田では真珠養殖も盛んで、真珠養殖漁業協同組合もあり、供養碑こそないものの、真珠貝の供養が毎年行われている。そこで大敷網の関係者でも何らかの儀礼が必要と意識されたことから、供養碑の建立が行われ、毎年の供養祭が始まったのである。供養祭に参加するのは関係者のみで三〇～五〇人程度である。片田にある曹洞宗の寺院三カ寺（来迎寺、金剛院、如意庵）すべてから導師として来てもらっている。

ここで注目すべきは、供養祭の日が毎年四月二二日と決められていることである。四月二二日はかつて鰤の大漁があった日であるので、この日に決めているという。事務所内には、その豊漁の様子を記録した写真が飾られている。約一万八千本ものブリが獲れたと伝えられている。町史の記述は身売りが議論された時期、大漁のあった時期を明記していない上、組合でもその年号は意識されていないので、この大漁と一致しているのかどうか分からないが、現在片田定置で最も意識されている大漁はこの四月二二日の大漁であることは間違いない。そして、その日を供養祭の日とすることで、大漁の記憶を受け継ぎ、鰤を供養し、感謝を忘れないようにしていると見ることができる。ここでは供養塔自体は大漁と関係なく建てられているものの、祭日の設定が大漁の記憶を受け継ぐ役割を果たしているという点で特徴がある。

四　南伊勢町（旧南島町）奈屋浦「支毘大命神」

漁師たちが紀州田辺から移住してきて、納屋を建てたところから名付けられたという地名伝承を持つ奈屋浦は、今も大型のあぐり網漁船が拠点を持つ、漁業の盛んなところである。地区人口六八六人、漁業経営体数四八は、そう目立った数字ではないが、一〇〇トン級の大型船が六隻登録されているほか、一〇トン以上一〇〇トン未満の漁船も三一隻あり、小型船ばかりが目立つ港とは一線を画す。属人漁獲量四万九、七二一トンは三重県でも上位の数値である。また、他の漁港に水揚げすることが多い地域では、属人漁獲量と属地水揚量の差が大きくなるのに対して、奈屋浦の場合は属人漁獲量と属地水揚量の差が少ない[5]。港そのものの活気がそれだけあると考えられる。

しかし、近世の奈屋浦は貧しい漁村であったと伝えられている。幕末、慶応三（一八六七）年、奈屋浦は凶作と社会不安による米価高騰のため、飢餓にあえいでいた。ところが、この年三月三日、シャチに追われたマグロの大群が湾内に迷い込み、これを捕獲して六、〇〇〇両あまりの収入を得た。こうして飢餓の窮地から立ち直ったことに感謝し、供養塔として「支毘大命神《しびだいみょうじん》」と名付けた石碑を建立した（写真１）。その後、明治一三（一八八〇）年に同様のマグロの大漁があったときにも、「支毘大命神」碑が建てられた。また、同時に作成された位牌が照泉寺に残されている。志摩半島南岸では、浄土宗の寺院はこの照泉寺のほか、慥柄《たしから》浦に一堂宇あるのみで、これは移住してきた人々が浄土宗の信徒であったからだと伝えら

写真１　奈屋浦の支毘大明神碑

れている。

「支毘大命神」碑は、照泉寺横の高台に庚申、金毘羅の石祠と共に祀られている。石碑の前には漁師が拾った丸いきれいな形の石がいくつか供えられている。金毘羅に毎月参拝する習慣があるため、これと共にお参りする人が多い。また、当屋番の人が掃除などの手入れをしているため、大変きれいな状態である。現在でも「支毘の神さん」として親しまれている。

ユニークな名付けと相俟って、供養碑、大漁の伝承共に息づいている事例であるといえる。

五　大紀町（旧紀勢町）錦　「大漁記念碑」

大紀町錦は、志摩半島と紀伊半島の付け根にあたり、地区人口が二、二五〇人、漁業経営体数が八九と浦自体の規模は他と比して大きい方である。属人漁獲量も先の奈屋浦に迫る三、四五一トンある。一方で、志摩半島以南では安乗、波切と並んで、漁港漁場整備法において「その利用が全国的なもの」とされる第三種漁港に指定されている。このため登録漁船が一九八隻に対して、利用漁船数は二七四隻あり、単純計算で約七〇隻の船が他の浦からやってきて錦に水揚していることになる。

このことからも分かるように、錦は港として恵まれた立地にある。この錦には複数の大漁記念碑がある。それぞれ、大正三（一九一四）年のボラ、昭和三（一九二八）年のマグロ、昭和一〇（一九三五）年および一一年のブリの大漁を記念したものである。

時代順にその建立主体や背景について整理してみよう。金蔵寺にあるボラの大漁記念碑は「鯔紀念」と記され、忠幸丸、幸栄丸、慶正丸の名が刻まれている。この三隻の漁船は餌取網の網元が所有する漁船であったという(6)。マグロの大漁記念碑も同様に「鮪大漁紀」と記され、魚群発見者と大網の提供者の名が記されている。この記念碑は昭和二八（一九五三）年の台風で一度倒壊したため、昭和三三（一九五八）年、金蔵寺境内に「鮪大漁記念碑」を再建している。さらに、昭和六二（一九八七）年、この大漁を伝える「鮪大漁の記」が建立された。「鮪大漁の記」は現在漁業協同組合前の道路脇に再建されている「鮪大漁紀」の解説といった位置付けである。「鰤大漁記念碑」は錦神社境内に、昭和一二（一九三七）年に建立された。その主体は錦共同鰤大敷組合である。

錦の場合はいずれも供養塔とせずに「紀」あるいは「記念碑」として建立されている。また、現在これらの石碑にまつわる儀礼も行われていない。鮪のケースなどは、こうした儀礼のない代わりに、倒壊した後の再建や、解説に当たる記念碑の設置などにより記憶の継承を目指したと見ることができる。

六　紀北町（旧海山町）島勝「法華塔」

紀北町島勝（島勝浦）は地区人口五三一人、登録漁船数は九三で、すべて二〇トン以下と、漁港としての統計だけを見ると決して突出したところではない。しかし島勝は、ちょうど潮の流れに対して突きだしたような地形が幸いし、ブリ大敷網で栄えたという特徴を持っている。現在でも漁業の主力はブリ大敷である。先に述べた片田と同様に、かつての大敷漁業協同組合が株式会社化され、島勝大敷株式会社として操業している。島勝の漁港近くに「法華塔」の銘を持つ石碑が建てられている（写真2）。これが建立された経緯は『ふるさとの石造物』（尾鷲市郷土館友の会）にくわしい。天保二（一八三一）年、マグロ・カツオ・エビ・サンマの大漁に感謝し、供養のために建てられたものである。この豊漁があるまで、文政年間は不漁のために困窮していたといい、この窮状を救われたことが特に石碑を建立し供養を行うきっかけになったのであろう。

写真２　島勝浦の法華塔

しかし、この法華塔の由来は現在忘れられている。その要因と思われるのが先に挙げたブリ大敷網である。法華塔の隣には、法華塔よりもはるかに巨大な、ブリ大敷の創業者を顕彰する碑が建立されている。ブリ大敷網の操業は明治四四（一九一一）年のことである。島勝の大敷網は、ブリの回遊ルートから非常に有利な位置にあったため、豊富な漁獲に恵まれた。最盛期には五〇人ほどの漁師が大敷網で働いていたという。このために、島勝浦の漁師たちは遠洋漁業船に乗る必要がなく、外に出ずに働くことができた。このようにブリ大敷という特定の漁業が浦を栄えさせ、その創業者を顕彰する頌徳碑が法華塔の横に建てられたことと、法華塔の由来が忘れられていることとは影響し合っているのではないだろうか。

七　尾鷲市須賀利「法華塔」

島勝浦から山を一つ越え、半島の反対側にあるのが須賀利である。尾鷲市の中心部から車で行くと、一度尾鷲市を出て紀北町を通ってしか須賀利に入れないため、尾鷲市の飛び地、といった感を受けるが、実はこの道路自体昭和五七（一九八二）年に開通したものであり、かつては船による尾鷲との交通が主だったのである。現在でも尾鷲と須賀利を結ぶ船が一日数便運行されている。地区人口三二六人、漁業経営体数は六〇で、登録漁船はすべて一〇トン以下の船で九〇隻である。かつては遠洋漁業船三隻が須賀利に属していたが、今はすべてなくなり、タイ類養殖とエビ網が主であるため小型船ばかりなのである。

近世の須賀利浦は貧しい漁村であったといって差し支えない。中田は須賀利の拝借銀米の状況と、そのために村持合の山を売却して返済に充てるも、回遊魚の漁頼みで改善に至っていなかったことを明らかにしている。また、延宝五（一六七七）年から文化一四（一八一七）年までの藩に上納するべき加子米の未進累積状況をまとめている。これによると、延宝五年までに七貫五八三匁であった加子米未進累積額は元禄七（一六九四）年には五〇貫四二七匁にまでふくれあがり、さらに正徳五（一七一五）年までに八五貫八四匁と悪化の一途をたどり、記録の残る文化一四年までの未進額の総計は二九七貫七五三匁にものぼるのである［中田　一九八四］。西濱広亮はこのような状況で須賀利の漁民達が頼ったのが「旅稼ぎ」であったと見る。須賀利の漁師は捕鯨の技術を持ち、九鬼浦や太地浦で捕鯨に参加していた［西濱　二〇〇八］。

この須賀利浦に転機が訪れるのは文政五（一八二二）年である。庄屋の芝田吉之丞が建切網による鮪漁を考案、文政一二（一八二九）年と天保二（一八三一）年には大漁に恵まれて、ようやく須賀利の経済は安定した［西濱　二〇〇八］。その後、天保一一年、天保一三年にも大漁に恵まれた。(7)このことを記念して鮪の供養のため法華塔が建てられた。法華塔の前面には「法華塔」の銘が大きく刻まれ、背面には「天保十二丑孟春鮪魚得漁事奉謹大乗妙典一部書写造立宝塔伸供養者也　十世代　庄屋吉之丞　肝煎孫次郎」と刻まれている。

現在須賀利には鮪のような大型魚を獲る漁や、大規模な漁撈組織を必要とする漁はないが、この供養碑のある普済寺（曹洞宗）住職牧野明徳氏の話では、いまもこの供養塔に参拝する人があるとのことである。

八　尾鷲市行野町　「魚鱗群類含霊」碑

行野は先の須賀利とは尾鷲湾を挟んで対岸にあたる。地区人口一〇〇人、漁業経営体数一三と小さな浦である。しかし、登録漁船二五隻の中には一〇〜二〇トン級の漁船三隻が含まれ、沿岸漁業が盛んであることを窺わせる。

この行野の供養塔は明治時代の豊漁に関するものである。行野は明治二二（一八八九）年に久木村となるがその頃から不漁が続いた。ところが、明治二七（一八九四）年秋になってムロアジの大漁がありその収益金は区の財産とされたのであるという(8)。

供養塔は永林寺（曹洞宗）の境内にあり、供養塔としてのみならず、「漁の神様」とも認識されている。二月の浦祈祷の時に供養が行われている。

九　熊野市甫母「法華塔」

熊野市甫母は熊野市の北部にある。漁港の規模は小さく、甫母を通る国道三一一号線の尾鷲寄りは今も大型車が通行できない幅員のまま残るなど、地形の厳しさもあって小規模な漁業を中心とした浦になっている。地区人口一六三人に対して漁業経営体数は一六、漁船四〇隻のうち三トン未満が二五隻を占める。

甫母の海禅寺（曹洞宗）境内に「法華塔」がある。

甫母では主な祭礼として、一月一八日の妙見神社の祭りがあり、その後に法華塔に参拝して供養をしていく人が多い。もともとはマグロの大漁によって建立された法華塔ではあるが、現在では色々な魚の供養であると認識され、由来は何かの魚の大漁であった、という程度にしか意識されていない。

浦の中での主要な祭礼である妙見神社の祭りと、法華塔への参拝が行動パターンとして組み合わされることで、供養が継続されている点は甫母の特徴として留意されるべきであろう。一方、このように供養が継続されることで法華塔の存在が認識されているにもかかわらず、その由来が大漁であったこと自体は記憶を継承していても、それがマグロであったことは意識されていない背景には、近海のマグロを獲る漁が現在の甫母では考えられなくなっていることも想定できるのではないだろうか。

第二節　浦の漁業史と供養塔の現在

ここで、島勝浦の法華塔に注目してみたい。ここに取りあげた事例のなかで、島勝浦の法華塔はほぼ唯一忘れられた存在であると言っても過言ではない。その背景には、ブリ大敷網の隆盛により、かつての困窮を意識することがなくなった可能性が想定できる。そのことを象徴するように、筆者が島勝の漁港付近で何人かの人に法華塔の存在について聞いたところ、「鰤大敷網創業者紀念碑」（写真3）のことは知られているものの、すぐ隣の法華塔のことを答えられた人はいなかった。もっと多くの人に聞けば、法華塔のことを知る人に出会えた可能性もないわけではないが、創業者紀念碑と比して認識度の差が歴然としていることは確かである。

写真3　島勝浦の大敷網創業者記念碑

法華塔の隣にある「鰤大敷網創業者紀念碑」が建立されたのは明治四四（一九一一）年のことである。碑文によれば、島勝浦の戸数は大敷網の導入以降、一〇〇戸あまりから、二五〇戸にまで増えたという。ブリ大敷はまさに島勝の産業の柱であった。これは何も石碑によってのみ分かることではない。この周辺の浦々をめぐってみると、島勝の漁協が最も大きく綺麗な建物である。こんなところにも、島勝がブリによって栄えた浦で

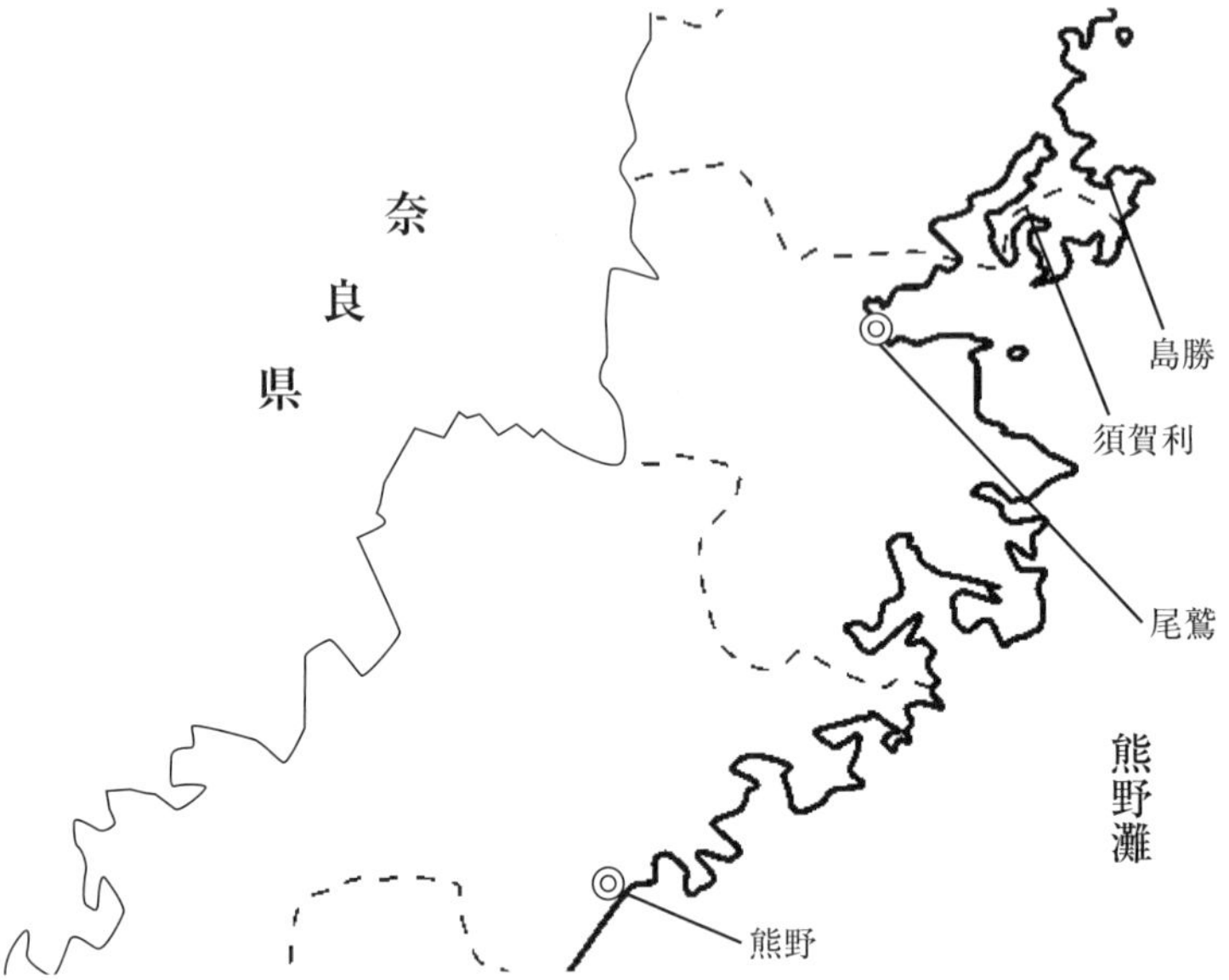

図１　島勝浦と須賀利の位置

あることを感じさせる要素が残っている。

島勝のブリ大敷の始まりは明治三一（一八九八）年のことである。これより以前、明治二六（一八九三）年に、愛媛県から池永瑞が三重県庁に転任、愛媛県で成功している夏敷網の三重県での導入をもくろんだ。そこで池永の推薦する猪野熊太郎が技術者として島勝に赴いた。このときの島勝の漁業監督加藤幸太郎は夏敷網を受け入れ、成功を収めた。これを受けて明治三一年に加藤と同じく島勝の玉井弥兵衛が宮崎県でブリの漁獲を視察、帰京後有志と鰤大敷組合を組織し、これまた成功を収めた。そして以後、碑文にも見られるようにムラの戸数を倍増させるほどの基幹産業として定着するのである。これを統計で確認すると、明治一七（一八八四）年の四、二〇〇円から明治二五年の七、九〇〇円まで増加するのに八年かかっていた島勝の漁獲高は、夏敷網を導入した翌明治二六年に一気に一二、二〇〇円まで増加、さらにブリ敷網導入の明治三一年に五一、五〇〇円まで急増している。(9)この間の変化を島勝の人々がどう捉えたか、その驚きは想像に難くないであろう。

島勝でブリ大敷が成功を収めた背景には、地形的要因も忘れることができない。島勝周辺では北から東方向へ海岸線が大きく弧を描いて湾曲している。その突端が岬となって、また南方向に海岸線は折れる。この海岸線に沿って移動すると必ず岬の突端付近を通ることになる（図1）。従って、岬の突端付近がよい漁場となるのである。これを証明するように、この岬にはかつての魚見小屋が残されている。また、この近くには小さな祠が建てられ、ブリ大敷の大漁祈願の場となっているのである。一方、浦の主要な神社である嶋勝神社には島勝大敷漁業協同組合（当時）の寄進による鳥居や石柵が建てられ、ここでも大敷の影響の強さが示されている。

こうしてブリ大敷の影響が非常に強い島勝では、特にその創業者の顕彰碑が建てられることや、大敷の繁栄ぶりを示す各種施設の存在によって、ブリ大敷網こそが浦の漁業史の認識の中心となり、近世期の窮乏とそこからの脱出、さらにそれを象徴する法華塔の存在は陰に隠れたものとなっているのである。

このような島勝の状況を地理的には隣の須賀利と比較してみると、似た経緯で建立された石碑も、その後の浦の漁業史によって、その存在意義がまったく違ってくることが分かる。須賀利は前述のように、陸路で見れば尾鷲市の飛び地のような存在であり、島勝とは山を隔てて、半島の東岸と南岸に位置する関係にある（図1参照）。沿岸では古くからエビ網、定置網があったが、島勝の鰤大敷のように浦全体を支える漁にはならなかった。そこで須賀利の漁民たちは、沖合へ、遠洋へと出て行く道を選んだのである。島勝がブリ大敷で活況を呈していたであろう明治四四（一九一一）年、須賀利では芝田浦助、山下清助が電気着火式石油発動機船を導入して沖合のカツオ漁に乗り出している。その後昭和初期にかけて南は沖縄・台湾周辺から北は三陸沖まで、カツオ漁の活動範囲を広げていった。さらに、昭和初期建造の高宮丸を嚆矢として、多くの遠洋漁業船を輩出した。[10]第五章で取りあげる那智山青岸渡寺の魚霊供養碑[11]に名を連ねた遠洋漁業船をみても、須賀利からは勇喜丸、高宮丸、進取丸の名が見えるのに対し、島勝の名はない。つまり、ブリ大敷を基幹とする島勝は沖合、遠洋漁業を盛んにする必要がなかったのである。一方須賀利では、沖合、遠洋漁業こそ基幹産業であった。まさに好対照と言える。だが、須賀利の遠洋漁業船は昭和六三（一九八八）年の勇喜丸を最後に姿を消した。それ以降はマダイを主とする養殖漁業とエビ網漁が中心となっている。特に養殖業は遠洋マグロ船の減船などにより、遠洋船を下りた人が年金との組み合わせで生計を維持する重要な手段になっている。(12)

この須賀利では年配の人を中心に、法華塔が建てられるきっかけになった大漁の前は、須賀利が困窮していたことが伝えられている。特に、子供たちが飢餓のため死んでいったといわれている。法華塔の存在が、かつての困窮を伝える機能を果たしているのである。また、近海、遠洋を問わずマグロを獲ることのなくなった現在でも参拝する人があるのは、大漁祈願のみならず、かつての大漁に感謝する心意が今も生きているためと見ることができよう。

これらのことから、島勝との違いはどこに求められるであろうか。須賀利が発展させた沖合や遠洋漁業は浦の人皆が参加をしてやる漁ではない。また他の出身地の人も当然遠洋などの大規模な船には乗り込む。そして、場合によっては須賀利に所属する船でも他の港へ水揚してしまう。したがって浦を代表する漁業、もう少し正確に換言するならば、浦の人の誰もが自分たちのものとして認識する漁業ではなかった。したがって、浦の漁業史の認識として近世期の窮乏と大漁による救済という伝承が残り続けたのであろう。また、浦の人達が漁業史の認識を新たにするような施設として、嶋勝神社の鳥居のように特定の漁撈組織のみの寄進によるものはなく、ここでは法華塔こそ人々が共通して浦の漁業史の認識を新たにする施設であったといえる。

さて、ここで須賀利と同じように今も供養塔の存在が明確に信仰の対象になっている例を加えてみよう。それは南伊勢町（旧南島町）奈屋浦の支毘大命神碑である。奈屋浦の始まりは、紀州田辺江川浦から六・七軒の家が漁稼ぎのために移住したこととされ、その後親類縁者が移住することにより、三〇軒ほどの集落になった。(13)しかし、漁業のほかに頼るもののない集落であった。中田によれば「奈屋浦は湾口の状態に制約されて、近世の回船交通の発達にもかかわらず利用されることが少なかった」［中田　一九七三　一二］(14)ために、港町として繁栄することはなかった。しかし、農地は畑地がわずか、田は皆無であった。つまり、漁の成否だけが奈屋浦の生活を左右していたのである。一方で中田は、「このような純漁村において、地下網経営は貧しい資本の結集として重要であったし、それによって一種の共同体的な意識も強く、年中行事から神社・仏事の祭礼に至るまで浦人の生活を規制していた」［中田　一九七三　一一］ともその特徴を指摘している。

その奈屋浦に二度のマグロの豊漁がもたらされたのである。当時の照泉寺の住職が残した記録によれば、「穀糧漸高貴也」「既活業・漁事亦少微也」とされている［中田　一九七三　一三］。買うしかない穀物の値段が高騰している上に頼みの漁は不漁という状態であったのである。慶応元年の豊漁はこのような行き詰まった状況でもたらされた天恵であった。そしてこのような浦人の様子を見た照泉寺の住職が供養を行い、[15]「支毘大命神」の銘をつけたのである。

漁業の近代化の過程では、あぐり網漁が発展し、沖合でのカツオ・マグロ巻き網兼用で四隻の船が建造された。これは旧南島町全体のあぐり網九統に対して半分弱、カツオ・マグロ巻き網では旧南島町のすべてが奈屋浦の船である。[16]このように漁業を発展させ、かつてのような困窮は見られなくなる中でも、浦人たちはこの記憶を受け継ぎ、支毘大命神への参拝を欠かさなかった。照泉寺への参拝、墓参のついでには必ず参拝したり、自分で決めている日に定期的に参拝するなど、人によって参拝の機会は異なっても、参拝する習慣はずっと受け継がれてきたのである。また、同じく照泉寺で管理している金毘羅宮への参拝と兼ねる人が多いということは、大漁祈願の参拝とセットにされることで、魚への感謝を受け継いできたものと考えることもできる。この点では、妙見の祭りとあわせて参拝される甫母の法華塔の例も同様と見ることができるであろう。

さらに、奈屋浦では昭和五三（一九七八）年に鮪百年記念供養祭も執り行われている。百年を浦の人々で記念することにより、さらに大漁の記憶を更新したのである。一方で、本章でたびたび引用している中田が取りあげ、中田も関わった海の博物館（鳥羽市）の展示に組み入れられたことも記憶の継承に役立ったと推測される。そして、地元の漁師加藤多喜男氏が平成八（一九九六）年に『南島町奈屋浦支毘大命神由来記』を、平成一二（二〇〇〇）年に『ふるさと奈屋浦』を発行し、浦の人々に頒布したことも、奈屋浦では支毘大命神の由来をふくめ、浦の歴史に関心が注がれていることを示している。もちろん、この本自体もさらにその関心を喚起する役目を果たしたであろうと思われる。

ところで、寺田喜朗は奈屋浦であぐり網漁を経営する清洋水産からはじめられた二つの魚供養に着目した研究を行っている。一つは照泉寺の施餓鬼供養のなかで、ムラの行事として行われる供養であり、もう一つは清洋水産が会社の行事として朝熊山金剛證寺で行う魚供養である。寺田は供養生成の要因として、施餓鬼供養での魚供養には漁協の組合長であった清洋水産の創業者の影響力、盆行事に組み込み簡便な形としたため好意的に受けとめられたこと、朝熊山での魚供養には民間霊能者の進言、供養に熱心な女性職員の存在とそれを社長が容認したことに求めつつ、支毘大命神について、魚供養を定着させた間接的なプル要因と位置づけている［寺田　二〇一一　二三八―二三五］。供養のこころと大漁の記憶の伝承が、あらたな魚供養の定着に一定の役割を果たしたと評価することもできるのではないだろうか。

同じマグロの供養をした石碑でも、例えば熊野市甫母では、参拝の対象ではあり続けていても、それが何の大漁を記念したものか忘れられているケースもあるし、島勝のようにその存在自体忘れられているケースまである。そのなかで、奈屋浦における支毘大命神の存在は際だって記憶の継承の役割を果たし続けているのである。

小　結

本章では大漁に関わる記念碑、供養塔について八つの事例を取りあげ、その各々の事情について述べることで、その地域の事情、なかんずく浦の漁業史というべき漁業の変遷によってその持つ役割や存在意義には違いがあることを示した。

そこで注目されるのが、浦の漁業史を人々に認識させるものは何かという点である。島勝の場合はそれは頌徳碑であり、嶋勝神社の鳥居などに記された「島勝大敷」の名であり、大敷の資金が貢献した漁協の建物であると考えられる。一方、須賀利の法華塔や奈屋浦の支毘大命神などはいまも近世期の窮乏と大漁による救済を人々に認識させ続けている。それが可能となった背景には、浦が発展させた漁業の性格があり、奈屋浦の金比羅、甫母の妙見のような漁業神との関連があり、行野の浦祈祷、片田の供養祭の祭日設定のような、行事との関連があった。

本章によって明らかになったことは、信仰についての横断的な研究をする際にも、個々の生業の事情に可能な限り立ち入り、その差異に留意することの必要性であろう。これは序章や第一章で指摘した、信仰と生業の研究を接合することの効果を如実に表すものと考えている。一方、本書のテーマである仏教とのかかわりでいえば、こうした差異を抱えながら、共通して仏教という基盤があることが、供養塔の建立という共通の表現形式をとらせていることが重要である。様々な差異を持つ個別の事例をつなぐ線が仏教であることを確認しておきたい。

注

（1）以下、港勢の数値（地区人口、漁業経営体数、登録漁船隻数、漁獲量など）は三重県農林水産部水産基盤整備課のウェブページから平成二一（二〇〇九）年度の数値を使用する。(http://www.pref.mie.jp/SUIKIBAN/HP/miegyoko/gyokoumenu.htm）二〇一〇年六月二〇日アクセス。

（2）『志摩町史』志摩町誌編纂委員会　一九七八年　一四七頁。

（3）昭和三九（一九六四）年三重県有形文化財に指定。片田区の所有として登録されている。また、漁協はかつての片田漁業協同組合であるが、現在は合併により三重外湾漁協志摩支所となっている。

（4）『志摩町史』改訂版　志摩町史編纂委員会　一九九四年　九七六頁。

（5）属人漁獲量は漁師が獲った魚の量であり、所属漁港以外の港に水揚げした魚も含まれる。一方で、属地水揚量はその漁港に水揚げされた魚の量であり、他の漁港からやってきた船が水揚げする魚も含まれる。すなわち、属人漁獲量が属地水揚量を上回っている場合、その漁港の登録漁船はより条件の有利な他の漁港に水揚げを行うことが多い、ということになる。
（6）最初に調査を行った中田四朗は揚繰網の網元としているが、［平賀／編　一九九四］では、大正三（一九一四）年当時には錦に揚繰網はなかったとしている。
（7）『日本の小さな漁村　須賀利』海の博物館／三重大学　二〇〇六年　一七頁。
（8）『ふるさとの石造物』尾鷲市郷土館友の会　一九八〇年　五九頁。
（9）この間の経過と数値は『海山町史』海山町　一九八四年　六二三―六二七頁による。
（10）前掲注（7）に同じ。
（11）昭和三六（一九六一）年建立。
（12）前掲注（7）一六頁。
（13）「元禄十二年口上之覚」『ふるさと奈屋浦』四―五頁。
（14）湾口で九〇〇メートル、湾内中央部は五五〇メートルほどの幅しかない。
（15）「因勤修大施餓鬼并十七夜誦経称仏而擬冥福者也」と記されている［中田　一九七三　二三］。
（16）『南島町誌』南島町　一九八五年　二一〇―二一五頁。

第五章　漁業と寺院参拝

第一節　漁民の信仰を集める寺社　―研究史の整理―

漁民が信仰に篤いことは、よく知られている。むしろ、それを前提として個別の漁民の信仰が研究されてきたとも言えよう。そして船霊、稲荷、竜宮、えびすなど様々な神仏が取りあげられてきた。これらの神仏には広範囲から信仰を集める大きな寺社も、各漁村で祀られている神仏も含まれているはずである。しかし、これまで民俗学が研究の対象としてきた漁民の信仰・儀礼のなかでは、大きな寺社への参拝はあまり言及されることがなく、一つの漁村のなかで完結するような信仰が前提とされていることが多かった。例えば亀山慶一の論考で志摩地方の稲荷信仰について次のように述べていることがその典型である。

　稲荷信仰について述べると鳥羽市に属する島嶼においては豊川系統のそれらしい。答志和具においては豊川稲荷を勧請し、漁民は初午や漁の出はじめにはかならず詣るという。鳥羽市小浜においては以前は竜泉寺の傍らに稲荷の祠をもち、漁民の信仰を集め豊川講を組織していた。（中略）安乗では漁師で伏見稲荷に詣る人もかなり多いというから、ここは伏見系の稲荷だろうか。

［亀山　一九八六　一二三］（傍点筆者）

志摩半島から遠く伏見稲荷へ参拝することが述べられているにもかかわらず、前半と傍点を付した部分を比べると分かるように、主な関心はそこにある稲荷の祠が豊川系か伏見系か、というところにあり、参拝の行為そのものには目が向けられていない。

さらに、多くの漁民の信仰を集める青峯山正福寺については、元禄七（一七六四）年の史料で青峯山の法印が祈祷などに巡回したことを示して「青峯山信仰の普及には法印の活躍を忘れることができない」とする一方、多くの漁民も参拝するはずの例大祭については「ちなみにこの寺の縁日は正月一八日であるが、この日には三〜四万人の参詣者が集まるという」という程度の扱いである［亀山　一九八六　一二四—一二五］。従って、漁民が寺社に参拝する行為に気付いていないというよりは、ムラの中や近隣に勧請された神仏にしか関心が向いていないのであろう。そして、ムラの外の寺社からは法印がやってくると、「ムラの信仰」に組み込まれ、関心の対象になるのである。亀山は善宝寺の信仰についても述べているが、やはり主眼は、善宝寺の信仰はいつ、誰が佐渡に導入したか、であり、善宝寺信仰そのものの特質に関心が向いているとは言えない［亀山　一九八六　二八七—二九〇］。

このような傾向は一人亀山だけの問題ではあるまい。民俗学がムラを基盤として研究を進めてきたことには、もちろん重大な意義が認められるべきであるが、こと大漁祈願の対象となる寺社の研究に関してはムラの外からの視点を欠いていた傾向のあったことを、問題点として認めねばなるまい。したがって、大漁祈願・航海安全祈願の寺社については今後研究を積み重ねて、信仰の体系の中に位置付けていく必要のある分野であるといえる。これらの寺社信仰に取り組んだ先学の業績をここでまとめてみよう。

代表的なものとしてはまず香川県の金刀比羅宮が挙げられよう。武田明は金刀比羅宮の信仰史を次のように分析する。金刀比羅宮の鎮座する象頭山は古くは付近の住民にとって死霊のゆく山であり、時代がたつにつれて修験の山となり、また農民にとって降雨を祈る山であった。それがやがて龍神の信仰を生み、のちには金毘羅大権現の信仰とつながるようになってきた。そして江戸期以降流行神の性格を強めるとともに、地元の農民のみならず遠隔の地方にまでその信仰は及び、海難救助の神としての信仰を集めるようになったのである。海難救助の神としての信仰を支えたのは各地の船乗りたちである。瀬戸内海の島々に金毘羅さんの祠は少ないが、船持ちや船頭の家の座敷に金比羅大権現は別に棚を設けて祀ってある。漁民よりは船乗りの間で信仰が盛んだったと見ることができる。武田に特徴的な主張としては、奉納されている海難救助の絵馬の図柄や、金毘羅の霊験譚から、山から吹き下ろす風に対する信仰を金毘羅信仰の原初形態と見ていることがある［武田　一九八七］。

一方、岩井宏實は住吉大社の信仰と金毘羅信仰について述べ、共に山アテの山としての重要性を指摘している。山に棲む祖霊の火が心意的な航海の目安として古くから意識されたとし、住吉、金毘羅にともに存在する高燈籠を火と山アテの現実化した所産とする［岩井　一九八七］。

岩井は白山に対する海神信仰についても論じている。開山とされる泰澄やその侍者たちの出自が海民と思われることから、海民集団の中から航海安全のため、あるいは海難克服のために呪術を使うものが現れたものと考えられるとしている。また、この白山もまた山アテの山であった［岩井　一九八八］。

関東地方に目を転じると、茨城県桜川市の大杉神社、通称「アンバサマ」が挙げられる。この大杉神社の信仰に長年取り組んでいる大島建彦はその信仰圏を、現代の代参記録に基づく第一の信仰圏、大正時代の寄付金受取帳に示されるような寄進者の居住地を中心とした第二の信仰圏、神社の分布から考えられる第三の信仰圏に分類している。このうち、第二の信仰圏が江戸時代の水運業の発達と共に、水上安全の守護神としての信仰がさかんであったと思われる地帯で、水運業の衰微に伴い、信仰の実質を失っていったものが少なくない。第三の信仰圏では、漁の祈願のために随時祀られる。ただ、この第二、第三の信仰圏では現在では本社との関係は失われている［大島　一九九八］。

東北地方の太平洋岸では金華山がある。近世には金華山大金寺と称する真言寺院で、修験・密教僧によって弁財天の福徳が説かれ、信仰が広められたと考えられるが、神仏分離により大金寺は黄金山神社、山頂の龍蔵権現は大海祇神社とされ、現在に至っている。小野寺正人によれば、この金華山が海上安全・大漁祈願の篤い信仰を集めるのは、弁財天の持つ河神としての神格からで、金華山沖を航行する船が灯明をつけ洗米を撒いて拝み、航海の安全を祈ったり、出漁する漁船が祈祷を受けてから出航する風もあるという［小野寺　一九九一］。

一方東北地方の日本海岸では山形県鶴岡市の善宝寺が広範囲から信仰を集めている。境内の五重塔は明治一六（一八八三）年に魚鱗一切の供養として発願されたものであり、この頃から漁民の信仰が篤かったことが知られる。善宝寺の信仰の核は龍神に対するものである。境内の貝喰の池には男女一組の龍神が身を潜めているとされている。佐藤憲昭によれば、戦前までは「大漁祈願」や「海上安全」など、主に海関係の祈祷依頼が中心であったのに対し、戦後はあらゆる依頼に応えるようになったという。善宝寺は漁業・海に関係する信仰の他、シャーマンを核とした講組織に支えられている面もあり、佐藤の論考もシャーマンと講について分析したものである［佐藤　一九八八］。

また、善宝寺に関しては阿部友紀が祈祷札や霊験譚に注目した研究を展開している。なかでも、不漁時に祈祷札を海に流すことを明らかにした点と、善宝寺への参拝を漁業協同組合や漁業関係企業をはじめとした組織による公的な参拝と、個人または数人のグループによる私的な参拝に分け、公的参拝より私的参拝の方が「効く」と認識する漁師がいることを指摘して、小規模経営が多いという地域性との関連を推測した点が注意を喚起する［阿部　二〇〇八］。漁業の実態と寺院信仰との関係性を視野に入れた貴重な成果といえるであろう。

青峯山正福寺もまた、山アテの山であることなど、大漁・航海安全祈願の信仰を集める条件を備えていることは既に指摘されている。亀山慶一は「青峯山は志摩地方で最も高い山であり、漁撈の上ではきわめて大事な目標になっているという」と述べている［亀山　一九八六　一二五］。また石原義剛は「海の東海道のうち、紀伊半島の潮岬と伊豆半島の石廊崎を直線で結ぶ三百キロは陸地を弓形に見て弦である。航海する者はまっすぐ行きたい。しかし、そこには海の魔が住み、危険が多い。そこでいつでも逃げ込める湊の目印となる山々を微かにでも望みながらの航海となる。勝浦湊を教える那智の滝・山、鳥羽・的矢湊を教える青峯山は彼らの命の拠り所であった。」と船乗りたちの信仰を集めた事情を述べている。また、漁師たちの大漁祈願の信仰の根底に、漁場を知る山アテを見ることは。亀山と共通している［石原　二〇〇二　一五―一六］。

これらの研究の傾向として、各寺社の信仰上の根拠は求められているものの、信仰史の解明と現状の把握は大島による大杉神社の研究、阿部の善宝寺研究が顕著なものとして認められる程度である。また、武田、石原が「船乗り」、岩井が「海民」という語を使用したように、航海安全祈願の側面をとらえるには、海運に代表されるような漁業以外の海の生業も視野に入れる必要があり、本章では漁民も含めて海を生業の舞台とする人々を「海民」と捉えて論及の対象とし、漁業に携わる人に限定できる場合にのみ「漁民」の語を使うことを付言しておく。

第二節　青峯山正福寺の信仰

一　青峯山正福寺の歴史と概要

本節では青峯山正福寺（高野山真言宗）(1)の信仰の、歴史と現状を整理することにより、寺院信仰史の一面と、漁民信仰の一部としての寺社参拝行動を明らかにすることを試みる。漁民の信仰を集める寺社については先述のように信仰史の解明と現状の把握が課題となっているが、青峯山に関しては野村史隆により信仰史の考察が行われている。その成果について随時論及しながら本節では信仰史の解明のみならず、現状の把握も課題として考察を進める。

青峯山は志摩半島の東寄りにある標高三三六・三メートルの山である（図1）。標高は決して高くないが、志摩半島

図１　青峯山正福寺の位置

の突端部では最も高い山であるため、その姿は伊勢湾対岸の地域からも見ることができる。その山頂よりやや下ったところに青峯山正福寺（高野山真言宗）がある。大きな山門や石燈籠、また豊富に駐車場が用意されているのが目に付く。普段は閑散としているが、これらの設備が正福寺への信仰の篤さを示している。山門や石燈籠は、近世期に廻船問屋を中心に多くの信仰を集めた証、また広い駐車場は例大祭に多くの参拝客がやってくるための設備である。

正福寺のパンフレットを見ると、「聖武天皇勅願所」「海上守護第一霊峰」と謳われているのが目に付く。正福寺の縁起では寺の開創について次のように述べている。

　聖武天皇、南都東大寺建立の際不祥事度々あり、無事建立を祈られ伊勢神宮に行幸、朝熊岳にこもられたとき『これより巽の方角に天朗峯（あおのみね）という霊験あらたかな観世音菩薩遊化の山あり、この地に一伽藍を建立し尊像を安置すればすみやかに諸願成就すべし』との夢のおつげあり、天皇ただちに行基をつかわし伽藍を建立正福寺となづけたところ、東大寺伽藍御建立成就せりと云う。その後大同二年平城天皇の綸旨を受け、弘法大師が真言宗に開宗されました。

また、本尊十一面観音について次のように述べる。

本尊十一面観世音は人力の彫刻によるものでなく、南海より鯨魚に乗り出現したふだらくせんの真應であります。御丈一寸八分、後に勝宝元年菩提法師山に登って尊像を三重に造り籠め秘仏とされました。この尊像もまた漁夫の腰みのをまとったお姿で霊験まことにいちゞるしく、殊に波浪不能没の誓願は暗夜荒天の中、船人海中に溺れんとする時、忽然と青蓮の眸を開かせ給い、白毫より光明を発して海中を照らし救難を救わせ給う。

本尊が腰みのをまとっているとされるなど、やはり海との関連を強く感じさせ、観音経の一節になぞらえて、海難救助の効験を説いている。ただ、古くから広い範囲の信仰を集めていたとは考えられない。野村によれば、中世にはかなり荒廃した時期があったのであるという［野村　一九八六］。しかし、江戸時代初期に中興一世とされる辨意が出てその様相が変わっていく。亀山と野村がそれぞれ志摩半島の漁村に正福寺の法印が廻っていた記録を示している［亀山　一九八六　一二四―一二五］［野村　一九九二　四七五―四七六］。これは志摩の漁民を通じて正福寺の経営基盤を安定させた方向を示している。しかし、信仰圏を太平洋岸一帯へ広げたことは、この法印の活動記録によっては明らかにならない。その鍵を握るのは江戸時代に発達した海運であろう。現在正福寺には江戸時代に廻船問屋から奉納されたものが多くある。代表的なものが大門前の大燈籠である。これは天保八（一八三七）年、大坂西宮樽廻船問屋中により建立・寄進されたものである。江戸時代にはこの大燈籠に火を入れれば、実際に海から見て目標とすることが可能であったのであろう。港の位置を示す山としての重要性は、先に石原の指摘を挙げたとおりである。そして「鳥羽藩に過ぎたるもの」といわれた華麗な彫刻に荘厳された大門の建立が大燈籠の翌年天保九（一八三八）年である。正福寺が現在の姿を整えていくにあたって、廻船問屋の間に信仰が広まったことが大きな役割を果したことが知られよう。

廻船問屋の信仰を示すもう一つの手がかりが、金堂並びに聖天堂に置かれた永代護摩供札である。これに見られる施主の在所は、江戸（東京）、伊豆、三河、尾張、美濃、伊勢、志摩、紀伊、大阪、淡路、摂津、阿波、土佐である。やはり、海上安全・渡海安全の願目が目に付く。そして、正福寺が太平洋岸一帯へと信仰圏を広げたのはこの廻船問屋、江戸時代の船乗り達を通じてであったのではないかと推測される。

境内で目に付く奉納品にはさらに絵馬がある。金堂内部と、金堂と聖天堂を結ぶ絵馬堂に数多く奉納されている。特徴的なのは海難・遭難記録の絵馬で、波浪に翻弄される船と、その船に光明を照らす観音の姿や剣・御幣等が描かれている図柄が多い。この図柄は武田が金刀比羅宮への奉納品として取りあげた絵馬と共通するものである。海難にあったときに何らかの神威が出現し、救ってくださるというモチーフが共有されていることがわかる。中には「念彼観音力　波浪不能没」と観音経の一節を記したものもある。ただ、劣化の激しいものが多く、野村により調査結果がまとめられているのが貴重な記録である［野村　一九八六］。野村の調査によればこのような海難・遭難記録の絵馬は明治一四（一八八一）年のものが最初で、大正一二（一九二三）年のものまで確認されている。ただ、劣化して読めなくなった絵馬の存在も考えれば、もう少し時期をさかのぼる可能性も否定しきれない。絵馬の中には伊豆や御前崎など静岡県から奉納されたものもあり、この頃には漁民の信仰圏も広がっていたことを窺わせる。

戦後のものでは写真などの奉納が目に付くようになる。進水に際して海上安全を祈って奉納されたものが多いようだ。タンカーやヨットなどの写真も見られ、海上安全祈願がされる領域が広がっていることが感じられる。このほか客殿には真珠養殖関連の奉納品なども見られ、真珠養殖業の人々からも信仰を集めている様子が窺える。

これら奉納品からは、江戸期に廻船問屋・船乗りを通じて信仰圏を広げ海上守護の祈祷寺の位置を確かなものにし、近代に入って漁民の間でも信仰圏を広げ、現在の姿になっていったことが推測される。ただ、信仰の現状については奉納品からの分析には限界があるため、以下に参拝者の分析から現在の信仰の様子を見ていこうと思う。

二　正福寺参拝者の分析

ここではまず、正福寺の『御祈祷受付簿』から参拝者の様相を分析していこうと思う。受付簿には参拝日と住所、願主名及び船名、願目が記録されている。住所の欄を見ると、県名・市町村名を記さずに、字もしくは〇〇浦とのみ記しているものが目立つ。これらのほとんどは志摩半島の漁村で、毎年必ず参拝しているために、字もしくは浦名しか記さないのであろう。篠島、日間賀島、佐久島といった、行政区画上は愛知県南知多町に属する伊勢湾口の島も、島名を記すのみである。答志島、菅島など、鳥羽市の島も含め、島からの参拝は、同じ日に非常に多くの参拝を受け付けている例が目立つ。交通が不便なために、個人個人で随時参拝することが難しいからだろうか。その傾向が最も顕著な日間賀島を例に挙げると、平成二（一九九〇）年は三月二〇日に一九件、同三〇日に三八件、四月一〇日に四三件、同一六日に二〇件、五月一一日に五〇件と、まとまった件数の祈祷受付が見られる。念のため平成一四（二〇〇二）年の受付簿によって、この前後の日付の参拝を確認してみると、四月八日に三九件、同一一日に四五件、五月七日に二〇件と、やはりまとまった件数の祈祷受付が見られた。このほか、三河湾内の一色町や、知多半島の南知多町豊浜からも二〇件以上のまとまった件数の祈願受付が見られた。志摩半島の各漁村の場合、ここまでまとまった件数の参拝は見られないが、記録されている回数は多く、個人やあるいは小グループで都合のいいときに参拝している様子が見て取れる。また、相差《おうさつ》や石鏡《いじか》といった鳥羽市内の漁村からは、大漁満足、航海安全祈願の他、除厄祈願も目立ち、「地元」といえる地域では、この面での信仰も浸透している様子が窺える。なお、志摩地域の四つの猟友会組織が毎年鳥獣供養に訪れている。海だけでなく、山の視点から見ても青峯山と正福寺が重要な存在であることを示していると言えよう。これらの地域が青峯山正福寺を支える第一の信仰基盤であるといってよいのではないだろうか。

では、正福寺の海上守護の祈祷寺の地位をより強くさせていると言える、全国的な信仰の広がりはどのような様相を示しているだろうか。野村は既に奉納品と聞き取りの資料により、信者分布地図を作成しているが、奉納品の記録を主として作成されたために、現状の把握としては問題があるとせざるを得ない。現代の参拝記録を参照することで、青峯山の信仰史と信仰圏をより明らかにすることができよう。受付簿を見ると、三重県内沿岸部からの参拝は毎年必ず見られるので、ここでは昭和三二（一九五七）年の『芳名帳』、平成二（一九九〇）年の『御祈祷受付簿』、平成一五（二〇〇三）年の『御祈祷受付簿』から県外からの参拝のデータをまとめ、信仰の広がりを明らかにしてみようと思う。

参拝が記録されている地域を見ると、北海道伊達市から鹿児島県枕崎市まで、太平洋岸を主として各地に広がっている。その内容を見ていくと、この三年のうち、すべてに記録がある地域は毎年継続して参拝が行われ、習俗として定着しているものと見ることができる。また、昭和三二年と平成一五年に参拝記録がある場合も、継続的に参拝する意志があるものとみなせる（以下これをⅠ型とする）。昭和三二年と平成二年に記録があれば、定期的な習俗としての参拝は途切れてしまったものと推測される（同様にⅡ型）。平成二年と平成一五年に記録がある地域は、比較的最近に参拝が始められ、定着しているものと思われる（Ⅲ型）。どれか一年のみ参拝の記録がある地域は、参拝が習俗として定着しているとは言えないが、祈祷内容が大漁満足・海上安全であれば、祈祷寺としての正福寺の評判が何らかの形で伝わっている可能性のある地域と言える（Ⅳ型）。また、昭和三二年のみの地域が近隣にまとまっている場合は、当時その地域に参拝習俗が存在していた可能性を考えなければならないだろう（Ⅴ型）。Ⅱ型、Ⅲ型についてはもちろんそれが偶然であって、正福寺参拝が習俗となっていない可能性も排除できない。また、行政区画を単位とすることもいささか精緻さを欠くが、あくまで広がりを知るための目安としてこの分類を使用してみようと思う。この分類に従い、現在定期的参拝が見られるⅠ型とⅢ型の地域と、かつて定期的に参拝する習俗があったと思われるⅡ型とⅤ型の地域を地図で示すと図2、3のようになる。

では、以下に地域ごとの様相を分析していってみよう。北海道は伊達市から平成二年に家内安全祈願での参拝が記録されているのみであり、かなりまれなケースで、定期的な参拝はないと言うべきであろう。東北地方では、昭和三二年のみ記録がある地域が青森県から福島県まで、太平洋岸各地に見られる。主要漁港が多いことからⅤ型としてよいだろう。しかし、Ⅱ型は唐桑町のみとなり、平成一五年に参拝が記録されるⅠ型とⅢ型の地域はない。昭和三二年と平成二年の両方に記録がある唐桑町が遠洋漁業の盛んな町であったことを考え合わせれば、漁業事情の変化から参拝が途絶えたものと推測できる。

関東に目を移すと、鴨川市、南房総市（旧千倉町、白浜町）、館山市、銚子市、鋸南町からの参拝記録は昭和三二年のみにあり、Ⅴ型にあたると考えられる一方、勝浦市はⅢ型で、こちらは新たに始まり、継続されているものと思われる。東京都区部は同じ区からの参拝ではないので、Ⅰ型に分類することはできないが、千代田区、世田谷区から海上安全祈願、墨田区から大漁祈願の祈祷が記録されており、Ⅳ型に分類できる。どこかで正福寺の信仰を知って参拝してみたものだろう。島嶼部からは、新島村が平成二年に、三宅村、小笠原村が平成一五年に一度ずつ記録され、Ⅳ型である。信仰が浸透しているとは言えないが、評判は伝わっているのだろう。神奈川県では真鶴町からどの年にも参拝の記録がある。Ⅰ型に分類できる最も東の地域であり、正福寺への参拝が習俗として定着している地域としては、現在はここが最東端であるといえよう。一方、遠洋マグロ漁業で知られる三浦市はⅡ型で、参拝が途絶えている。

伊豆半島では、平成二年のみに参拝があったⅣ型の地域が多い。一時の流行であったのだろうか。下田市はⅡ型と見られる。静岡市より西で、Ⅰ型の地域が増える。静岡市清水区（旧清水市）、焼津市、牧ノ原市（旧相良町）、御前崎市、

図２　かつて青峯山に参拝していた地域

図３　現在青峯山に参拝している地域

磐田市（旧福田町）、浜松市（旧舞阪町）、湖西市がⅠ型である。Ⅳ型の地域も多く、清水以西は正福寺の評判が定着していると言える。

そして、正福寺の信仰圏を最も特徴づけるとも言えるのが愛知県内各地域、とりわけ、青峯山から伊勢湾を挟んで対岸にあたる、渥美半島、知多半島と周辺の地域である。渥美半島の田原市は、旧田原市、旧渥美町がⅠ型、旧赤羽根町がⅡ型、三河湾岸では蒲郡市、幡豆町、吉良町、一色町、碧南市、安城市がⅠ型、豊橋市、西尾市、高浜市、安城市、大府市がⅢ型である。知多半島に入ると、東浦町、半田市、南知多町、知多市がⅠ型、武豊町、美浜町、常滑市がⅢ型である。このほか、Ⅳ型の地域も幸田町、刈谷市、知立市、阿久比町とある。いかにこの地域からの参拝が活発であるか窺い知ることができる。伊勢湾の奥に入る愛知県北部では昭和三二年に参拝記録のない地域で、平成二年と一五年の参拝が目立つ。人口の多い名古屋市を別格とすれば、昭和三二年と平成一五年に記録のある弥富町がⅠ型になるのみで、この地域での参拝習俗は新しいものと言える。南部からは、漁民であれば自分の船で行くこともでき、渥美半島の伊良湖と知多半島の師崎からフェリーの便もあったことを考えれば(2)、愛知県北部からの参拝が盛んになるのは、交通事情の改善を受けてのことと思われる。このあたりの事情は岐阜県内も同じであろう。羽島市、海津市、養老町から平成一五年に大漁祈願の参拝があるが、羽島市と海津市がⅢ型、養老町はⅣ型である。岐阜県内からの参拝が定着するのも比較的新しいことと言える。

滋賀県では平成二年に甲賀市（旧甲賀町）から大漁祈願受付の記録がある。詳細はわからないが、内水面での漁業だろうか。あまり多くないケースである。和歌山県では新宮市、那智勝浦町、串本町がⅠ型に該当する。やはり漁民の信仰を集めることで有名な熊野那智大社、青岸渡寺のお膝元である那智勝浦町からも毎年の参拝があるのが興味深い。ほかにすさみ町、日置川町、御坊市、海南市から昭和三二年に参拝があり、和歌山県内にもある程度正福寺に参拝する習俗があったと想定できるが、いずれも平成二年、一五年には参拝の記録がない。奈良市からの参拝は平成二年が営業隆盛祈願、平成一五年が海上安全祈願なのでⅣ型に分類できる。大阪府からは、泉大津市から海上安全祈願、泉南市と岸和田市から大漁祈願の記録があるが、いずれもⅣ型である。兵庫県では、神戸市からの参拝は平成二年が営業隆盛、平成一五年は無事故必勝祈願とあり、Ⅳ型と考えられる。淡路市からの参拝は昭和三二年の記録があるのみである。山陽地方からの参拝はいずれも昭和三二年のみである。広島県福山市（旧沼隈町）、尾道市、山口県防府市から参拝の記録がある。

四国では高知県からの参拝が目立つ。室戸市、高知市、土佐市、土佐清水市、大月町がⅠ型に該当する。そのほか東洋町、中土佐町、黒潮町（大方町、佐賀町）、宿毛市から昭和三二年に参拝の記録があり、高知県内で正福寺参拝が習俗となっていたところは今より広かったものと思われる。四国でほかに継続的に参拝が続けられていたと思われるところに、徳島県阿南市（旧富岡町）、愛媛県今治市（旧伯方町）、伊方町（旧三崎町）、西予市（旧三瓶町）がある。また、比較的新しく参拝が始まったと思われるⅢ型には徳島県鳴門市が該当する。九州では、昭和三二年には一二カ所の参拝記録があり、ある程度参拝習俗が広まっていたものと思われるが、平成二年まで参拝が続けられたのは鹿児島県枕崎市のみ、その枕崎でも平成一五年の参拝はない。関東、東北地方と共に、参拝が行われなくなった地域が目立つ。いちき串木野市（旧串木野市）がⅢ型に該当し、現在の正福寺参拝習俗の最西端となっている。なお、本州日本海側からの参拝はほぼ見られないといえるが、唯一福井県福井市越廼（旧越廼村）のみがⅢ型に該当し、参拝が継続されている。

以上、受付簿をもとに地域ごとの様相を記してきたが、受付簿から読み取れるその他の特徴についてもここで指摘しておこう。写真奉納に見られたような海運、あるいはヨットへの海上安全祈願の広がりが、受付簿からも確認できる。海運関係や、海上での建設業からの祈祷依頼の多くは、受付簿に会社名・船名が記され、営業隆盛祈願を共にしていくケースも多い。また、ヨットやレジャーボートであればカタカナの船名で、海上安全祈願を行っているので、すぐに判別できる。ヨット、レジャー関係は漁業関係とは違った信仰圏の広がり方を示している。例えば、平成二年の奈良県奈良市からの参拝記録は、内陸部だけに海上安全の祈祷を受けているのが不思議に思われるが、船名を見ればやはりカタカナなので、ヨットかレジャーボートであろうと推測される。また、平成一五年の兵庫県神戸市からの参拝一件は「無事故必勝祈願」でありおそらく競技用のヨットであろうと思われる。平成六（一九九四）年にはサイパンから参拝する人があったが、これもマリンレジャー関係者であった。このほか、海上保安部の巡視船や火力発電所関係者の参拝記録があり、また、後述する御船祭りの装飾に使われる大漁旗の中にはヤンマー関連の鉄工所から奉納されたものがあるなど、海上での作業を必要とする様々な分野に青峯山の信仰が浸透していることが感じられる。

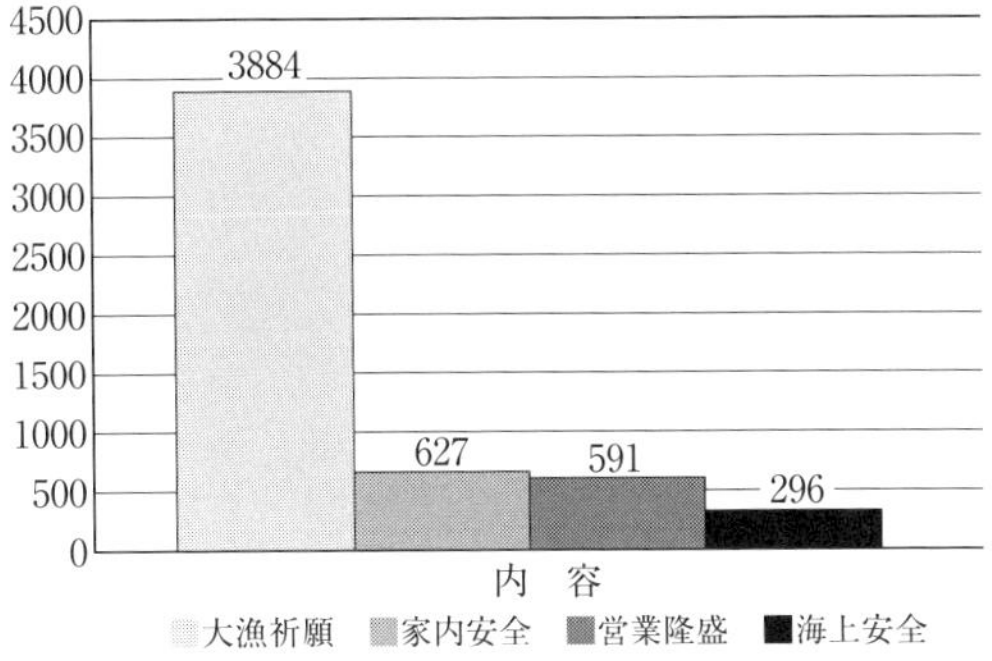

表1 祈願内容 平成2年

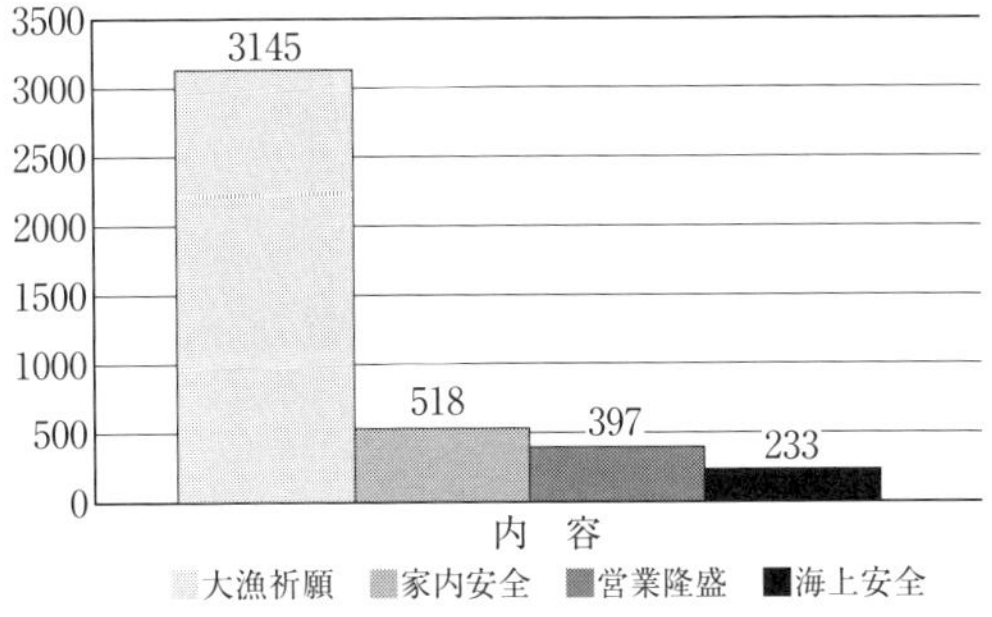

表2 祈願内容 平成15年

また、平成二年と平成一五年の祈願内容は、表1、2の通りである。祈願は一回に一人で複数の願目を立てることも多いので、延べ数である。祈願内容の割合はさして変化していないことが読み取れる。また、前述のように海上安全祈祷の寺院としての評判が伝わる分野が広がっているように思える一方、祈願内容としては大漁祈願が群を抜いており、青峯山正福寺信仰の核はやはり漁民にあると言えよう。なお、表からは除外したが、交通安全、除厄、安産祈願、各種供養なども図に挙げた各願目ほどではないにせよ存在している。参考までに数字を挙げると、平成二年の主要な四願目をのぞいたその他の願目をすべて合計して三三二件になる。

三　御船祭り（例大祭）参拝者の分析

普段は祈願に訪れる人や、近畿自然歩道を歩く人があるのみで、至って静かな正福寺であるが、初詣客で賑わう正月と並び、多くの人が訪れることで有名なのが、毎年旧正月一八日に行われる例大祭、御船祭りである。この日ばかりは駐車場から大門を挟んで医王門の少し手前まで露店が立ち並び、境内は漁船などから奉納された多くの大漁旗で装飾され、大変なにぎわいを見せる。普段は交通量が少なく、狭い道で十分な車道も、この日は警察が交通規制を行い、鳥羽市松尾側から志摩市沓掛側への一方通行となる。自動車が普及していなかった頃は多くの人が客殿でお籠りをして例大祭に参拝したと言うが、今では自動車での参拝が主流であるため、鳥羽市内の神島などから毎年同じ人がお籠もりをするほかはなくなったという。参拝客の多くは庫裏で受付を済ますと、金堂にあがって祈祷を受け、聖天堂や大師堂、如意輪堂にもお参りをして帰っていく。

この御船祭りには非常に多くの人が参拝するため、『御祈祷受付簿』にもこの日の記録は記載していない。そこで、平成一八（二〇〇六）年二月一五日の御船祭りでアンケート調査を実施し、御船祭り参拝者の分析を試みることにした。結果、午前中に一〇八件、午後に八一件、合計一八九件の回答を得た。以下にその分析結果を述べる。

まず参拝者の居住地に注目すると、県外から参拝があったのは午前中に愛知県が一件、午後に愛知県、奈良県が各一件となり、そのうち午後の二件は初めて参拝したと言うことで、毎年参拝しているのはほぼ三重県内に限られることがわかり、『御祈祷受付簿』に多くの県外からの参拝が記録されているのとは、対照的な結果となった。また一八九件のうち、鳥羽市内が六八件、志摩市内が一〇一件、合計一六九件と志摩半島東部で大多数を占めた。

次に職種別で見ると、沿岸漁業が四九件あって多数を占め、養殖漁業も三五件と多い。対して遠洋漁業は三件、沖合漁業は九件である。これは志摩半島の漁業の現況を映し出しているものと見てよかろう。農業と回答があったのは、全て志摩市磯部地区と、鳥羽市松尾・加茂地区といった青峯山の麓からの参拝客であった。自営業やその他の職種は八五件を占めるが、その内容は二つに分けて考える必要がある。すなわち、観光業や海運、釣船経営などで海に関わる職種に就いている人が海上安全もしくは大漁祈願をしていくケースが、午前中のその他職種二四件のうち一四件、午後のその他職種四八件中六件ある。また、中には趣味で釣りをするため、海上安全の祈願に来た、という回答もあった。この層の参拝動機は漁民に近く、また毎年参拝を欠かさない人が多い。午後の方がこうした人達の割合が低いのは、観光目的の参拝客が午後の方が多いのに加え、近畿自然歩道を歩いて登ってくるウォーキング、ハイキング目的の人達が昼過ぎ頃から正福寺に到着し始めるからである。

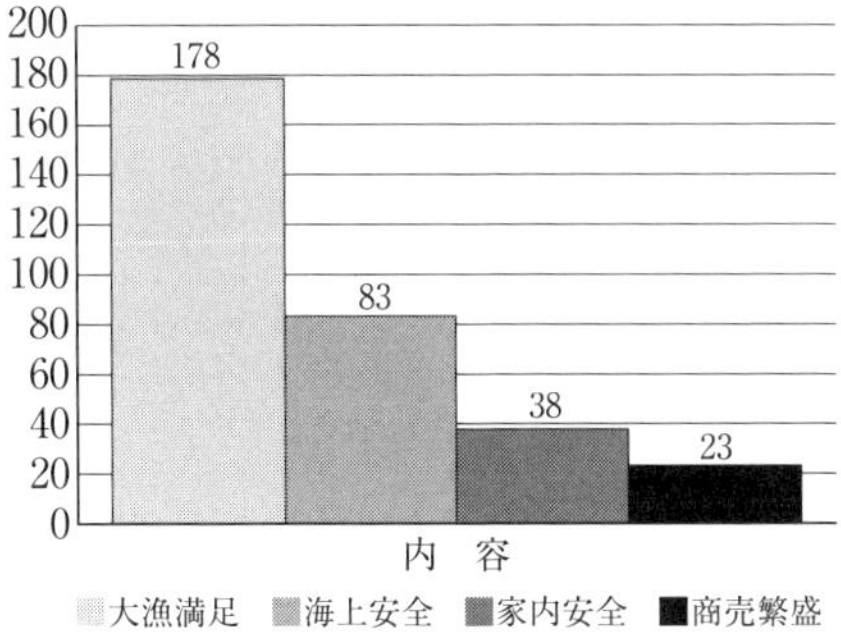

表3　御船祭りにおける祈願内容

参拝目的は表3に示す。大漁祈願が一七八件、海上安全祈願が八三件、家内安全祈願が三八件、商売繁盛が二三件だった。受付簿からの集計より、海上安全祈願が多いのが目立つ。また、前年を無事過ごせたことへのお礼参りという人もいる。ウォーキング・ハイキングを主目的とした人は午後を中心に一一件あった。御船祭りに毎年参拝している人は午前中九一件、午後五八件の一四九件とやはり多数を占めた。午前中は約八五％の人が毎年参拝しているのに対し、午後は毎年参拝している人が約七〇％で、回答件数が午前中の方が多いことも含め、毎年参拝する人は早い時間に参拝をすませる傾向があることがわかる。

また、毎年参拝している人のうち、御船祭り以外の機会には参拝しない人が八四件、約半数いた。毎年必ず青峯山に参拝する、という習慣は広く認められるので、その日に御船祭りを当てている、という感覚なのであろう。御船祭り以外の機会にも必ず毎年参拝しているという回答は四七件あった。ほかは、漁業であれば漁がないときなど、何かきっかけがあれば参拝するという不定期な参拝をするという回答である。カキ養殖の場所抽選の前に、という回答も複数あった。

青峯山の他に必ず参拝する主要な寺社があるか、という質問には、毎年伊勢神宮へ参拝するという答えが最も多く、四一件あった。他に近隣の朝熊山金剛證寺、伊雑宮、金刀比羅宮鳥羽分社、伊勢市二見町の太江寺等があがった。三重県外の寺社で漁業関係者から複数の回答があったのは、奈良・大阪県境の信貴山朝護孫子寺が一〇件、豊川稲荷が四件、伏見稲荷が二件である。稲荷が漁民の間で信仰を集めていることは既に知られているが、信貴山については「勝負の神様だから」と理由を挙げる人が多かった。

四　志摩・南紀の漁村から見た青峯山正福寺信仰

御船祭りの調査からは、鳥羽・志摩市内の漁村からは多くの人が御船祭りの日に毎年一回の参拝をすませるか、あるいは御船祭りを含め毎年複数回の参拝を欠かさない様子が浮かび上がってきた。漁業以外の分野から海上安全の信仰を集めていることも非常に興味深いが、ここでは筆者が漁民の信仰に関心を持って進めた調査の結果を活用して青峯山正福寺の信仰を見ていくため、焦点を一度漁民に絞ってみたいと思う。

御船祭りのアンケート調査において、青峯山の他に参拝している主要寺社を尋ねたのは、漁民の信仰の重層性を見るためであった。すなわち、漁民は大漁祈願や航海安全祈願のために、複数の寺社に参拝していることが少なくない。船や組合の事務所に祀られた札を見ればそれがよくわかる。漁民の視点から見る場合、青峯山正福寺の信仰もまた、この重層性の中で捉えられるべきであろう。そこで、筆者の調査から志摩・南紀地方の漁村の寺社参拝について述べてみようと思う。なお、それぞれのムラの氏神や漁の神、寺院への参拝はもちろん全ての地域で欠かさないのだが、ここでは主要寺社への参拝に絞って記述することとする。

鳥羽市、志摩市ではやはり毎年青峯山への参拝を欠かさないところが多い。御船祭りの調査からわかったように、信貴山へ参拝する人もいる。志摩市和具では信貴山へ魚供養に行く人があるほか、海女の中には信貴山の札を持つ人もあるという。参拝は組合ではなく、個人で行っている。志摩半島南西部になると、少し様子が変わってくる。漁港に停泊する船に、「青」と染め抜いた青峯山の旗（写真１・２）に混じって、赤い布に「大漁」と書かれた、熊野那智

（上）写真１　（下）写真２
青峯山の旗の使用例

大社の旗が見られるようになる。南伊勢町奈屋浦ではやはりどちらの旗も見られる。青峯山へ年一回暇を見て参拝している人がある一方、那智大社の方は年頭に禰宜が廻ってきて祈祷していくのだという、ただ、那智への参拝も欠かさない人は多い。現在は合併して、三重外湾漁協になっている漁協が、まだ奈屋の組合だったときは、組合で年一回香川の金刀比羅宮へお参りしていたという。同じく古和浦では、かつては青峯山、那智の両方に参拝していたが、今は青峯だけになっているという。

紀北町海山区白浦では、やはり青峯山・那智大社共に参拝している。引本では青峯山、那智大社の他、金刀比羅宮の旗を掲げる船もあったが、これはたまたま四国に出かけたのでもらってきたとのことで、継続していくかは疑問である。ただ、一般に大漁・航海安全祈願の寺社として知られているところに旅行などで行ける機会があれば、必ず立ち寄って祈祷を受けてこようとする心意があることは認められよう。青峯山と那智大社については、日は決まっていないため、年一回とは限らないものの参拝している。同じく島勝浦は鰤大敷網が群を抜いた主力漁業になっているところだが、その大敷組合の事務所の神棚には、信貴山、伏見稲荷、熊野那智大社の札がおかれている。しかし、青峯山には参拝していない。島勝から山を越えて半島の反対側に回った尾鷲市須賀利では、遠洋漁業の盛んな頃は青峯山によく参拝していたが、養殖が主力となってから少なくなったとのことだから、島勝の例とも考え合わせれば、漁業の種類も遠くの寺社に参拝するかどうかに関わってくるものと思われる。島勝、須賀利ともに那智の禰宜が廻ってくるとのことである。尾鷲市九鬼では大敷組合の船が青峯山と豊川稲荷の旗を掲げる一方、那智大社の旗を掲げる船も確認できた。同じく行野では毎年二月に青峯山へ参拝する。熊野市遊木では青峯山、那智山へ参拝する人が多いほか、不漁の時には熊野本宮へ参拝することがあるという。熊野本宮には何か違った役割が期待されているのであろう。同じく甫母では青峯山や那智に参拝する人もあるが、「小さい船は行かない」のだという。

こうして見てくると特に志摩半島南西部から南紀にかけては、青峯山正福寺と熊野那智大社を中心に、活発に寺社参拝が行われていることがわかってくる。しかし、一方では操業規模や形態に参拝の有無が規定されてくる部分も垣間見えた。その意味で、決して避けて通ることができないのは、遠洋漁業船による参拝である。これについては第四節で整理してみたいと思う。ここでは、遠洋漁業の船主・企業による寺社参拝は大変に活発であり、近代に青峯山正福寺が広い信仰圏を保った背景には、こうした遠洋漁業の存在が措定できることを指摘しておく。

五　遠州灘〜駿河湾沿岸の青峯山信仰

また、ここで他地域の青峯山信仰がどのように行われているか見るため、遠州灘〜駿河湾沿岸で確認できる事例を見よう。

遠州灘と駿河湾を分ける漁業上の拠点にある御前崎では、伊勢神宮と共に青峯山への参拝を行っている。その担い手は特に遠洋漁業船である。かつての様子は以下のようであったという。

それぞれの漁船は特に集団をつくらずに正月十一日以後の適当な日を選んで個々に伊勢に出発したが、コースはどの船も同じだった。晩に御前崎を出発して、翌朝八時ころ鳥羽に到着した。その日は鉄道で鳥羽から山田に行き、まず外宮、次に内宮に参宮していったん船に戻って泊まった。翌日は鉄道で松尾という所に行って青峰様に参拝し、場合によっては二見ヶ浦なども見物してその日の夜中過ぎに鳥羽を出航した。翌日の早朝名古屋に入港して市電で熱田神宮に参詣してその日の夕方名古屋を出航し翌日の早朝に御前崎に帰ってきた。そして、その日の午後から船主の家でゾージという宴会をした(3)。

文中にみられる名古屋市電の熱田線は昭和四九（一九七四）年に廃止されているので、少なくともそれ以前の様子である。ここからは、青峯山にとって、各地から鳥羽港への航路が重要な参拝路であったことが窺える。また、青峯山と伊勢神宮に共に参拝するため、伊勢と志摩を結び、青峯山のふもと、松尾に駅を構える近畿日本鉄道線もこのように漁師たちに多く利用されたであろう。松尾駅からは、細い車道もあるが、現在は東海自然歩道となっている道を登って徒歩で参詣することもできる。また、青峯山は大漁満足よりも航海安全に御利益があるといわれ、錨を降ろしてもどうにもならないほどの時化に遭うと、船を青峯様に上げる、即ち船を青峯様のものにすることで難を避けるアゲフネということが行われ、無事帰港すると、船を返してもらうためにできるだけ早くお礼参りに行ったものであるという。(4)

一方、同じく漁業の拠点として知られる焼津には、青峯山への参詣が代参によって行われると共に、港近くで勧請された青峯山を祀っている。代参は現在では伊勢神宮と青峯山のみになっているが、かつては西方面、東方面、富士山・大山阿夫利神社に分かれ、行き先は鰹漁が始まる四月の初卯の日に行われる浦祭りでくじによって決められた。参拝する寺社は、伊勢神宮、青峯山、奥山半僧坊、秋葉神社、豊川閣、加太神社、熊野那智大社、伏見稲荷、金比羅宮、出雲大社、富士山、大山阿夫利神社、成田山、金華山神社、塩釜神社、志波彦神社と多岐にわたっていた。(5)カツオ漁業の衰退とともにこれらの参拝先が削られていく中でも、伊勢・青峯への参拝は言ってみれば「生き残った」のである。伊勢神宮と青峯山はそれだけ重要な存在なのであろう。

また、勧請された青峯山は「南漁方」と呼ばれる鰯ヶ島地区で祀られている。焼津は浜当目地区、北浜通地区、鰯ヶ島地区に分かれ、それぞれが「東益津漁方」「北漁方」「南漁方」と呼ばれる。このうち、浜当目地区は漁協合併前には東益津漁業協同組合となっていた。旧焼津漁業協同組合はしたがって北、南の二つの漁方から成り立っていた。この二つの漁方はともに焼津神社の氏子であると同時に、それぞれに漁業神を祀っていた。それが北漁方は弁天、南漁方が青峯山であった。北漁方の弁天は寛政三（一七九一）年、常照山光心寺漸誉春海和尚が境内に波除魚漁守護として祀ったのが最初であるという。現在の堂宇は昭和三三（一九五八）年に新築されたものである。一〇月三日、弁天の縁日に毎年盛大な例大祭を行っている。

一方、青峯山は明治四〇（一九〇七）年頃、南漁方が中心となって正福寺から十一面観世音菩薩一体の分霊を受けたものである。現在の堂宇は昭和二六（一九五一）年に新築されたものである。正月、五月、九月の各一八日を大祭日とし、特に五月一八日を例大祭としている。(6) なお、この弁天と青峯山の例大祭は、各地区の例大祭にのみお参りするのではなく、祭事はそれぞれの地区で司るものの、参拝に関してはお互いに役員は招待するなど、どちらの地区の祭礼にも行くものである。

ところで、青峯山の勧請に関しては、平七丸という船が祠を海で拾い、これを祀ってその後もこの船で青峯山の世話をしていたという話も伝えられている。(7)

現在では漁業自体が盛んではなくなったため、盛大に祀られることはなくなっているが、榛原郡吉田町にも青峯山を分祀して祀ったお堂がある。いつ頃のことかはわからないが、吾平さんの惣吉さんという信心深い人が、青峯山を信仰し、浜の松林へ大きな棒杭を立て、有志の協力を得て海難者の供養、海上安全、大領満足を祈ったのが最初であるらしい。鰹漁の船元の協力もあってお堂を建て、青峯山の観世音菩薩を祀ることになったという。最初は住職を迎えて祀り、この住職も熱心に祈祷などの活動を行っていたようだが、明治の終わり頃、住職の帰郷に伴い無住となった。しかし、その後も縁日の祭礼は盛大に行われていたという。漁業の衰退と共に、青峯山の盛大な縁日も姿を消した。

吉田町には次のような歌が伝えられていたという。

青峰の　山や夕日の　かげさして　仏と共に　うつる住吉(8)
櫓や梶の　折れて命の　危うきと　もらせで救う　ちかいなるかな
これやこれ　じゅかいの海を　渡るには　青の一字を　忘るるなゆめ(9)

「青の一字を」の一節など、海上で危ないときには「アオイ、アオイゾ」と唱える、といった習俗を想起させ、漁民の青峯山信仰の捉え方をよく表した歌であるといえよう。

六　青峯山正福寺の信仰史

では、これまで分析してきた結果を踏まえ推定される青峯山正福寺の信仰史をまとめてみよう。野村は青峯山周辺の水系図を示して、ここがもともとは麓の磯部、加茂の農村地区において水の神であったこと、境内の龍宮池が龍神信仰の対象ではなかったかということを指摘している〔野村　一九八六　五八〕。また、高桑守史の指摘にあるように、つり・あま・つき漁民の間には龍宮信仰があるから〔高桑　一九九四　四四七〕、境内の龍宮池が同時に志摩半島の漁民の信仰も集めていたのではないか。沖合に繰り出すつり漁民にとっては山アテの重要な山でもある。こうした性格の山を取り込んで山岳仏教・修験の道場として成立したのが正福寺であろう。農民、漁民にとっての龍宮の山、山アテの山としての性格は変わらないものであるから、中世の荒廃期にも限られた地域での寺僧を介さない信仰は続いていたのではないか。

辨意による中興以降、正福寺はその信仰基盤を志摩半島の村々で確かなものとすること、海運の発達を背景として廻船問屋を中心に船乗りたちに信仰が広まることの二つの柱を以て寺勢を拡大したものと思われる。このことにより正福寺の信仰圏は初めて江戸から四国までに広がった。近代になると、広い信仰圏を支える主役は海運から漁業に移り変わる。「小さい船は参拝に行かない」という聞き取りから考えれば、大きな役割を果たしたのは、ある程度以上の経営規模を持つ漁船であると考えられるから、その背景には漁業の活動範囲の広がり、経営基盤の拡大があるものと見られる。特に遠洋漁業は月一回の参拝を欠かさない業者が見られるように、青峯山に活気をもたらしたであろう。また、信仰圏も太平洋岸一体に広がっていった。

この時期にはすでに遭難したときに青峯山の観音様が現れて救ってくださるという、絵馬に見られたモチーフは成立していたものと思われる。御船祭りの調査の際、遭難絵馬を奉納した船の乗組員だった方に出会うことができた。必ず毎年お礼参りに訪れているというこの人は、今にも沈むかと思われたその時に、眼前に観音様が見えた、と熱をこめて語ってくれた。このモチーフが心の拠り所となっていたことを強く感じた。奉納された絵馬はやはり船が遭難しかけているところに青峯山の観音を象徴する剣が現れる図像だが、仲間のうちで絵がうまい人が描いて奉納したのであるという。このことは絵馬が奉納された昭和二二（一九四七）年時点でこのモチーフが深く浸透していたことを物語っている。一方、海上守護としての寺の名声の高まりは、レジャーボートなどの観光産業や、ヨットにまで信仰の範囲を拡大する結果をもたらした。正福寺の話によれば、参拝客の八割ほどは毎年参拝にやってくる人々で、あと二割が新たに参拝する人だが、新たに参拝する人は口コミで聞いてくることが多いということである。江戸時代の廻船の間での信仰の広がり、近代での漁船を中心とした信仰圏の拡大の背景にはこのような海を生業の舞台とする人のネットワークにおける情報伝達が大きな役割を果たしたとも考えられる。

現在は遠洋漁業の衰退に代表されるような漁業事情の変化から、全盛期よりは信仰圏を狭めたと思われる。また、漁村の調査では「若い人は行かなくなった」という話を聞くことも多く、参拝客は年々目減りしているという正福寺の話を裏付けているが、一方では口コミからと思われる新たな参拝客も獲得しており、今後も漁民を中心に、様々な海を舞台とする生業、あるいは競技・趣味に携わる人々から信仰を集めていくであろう。

第三節　勝浦港と那智山

一　那智山の概要

熊野那智大社および那智山青岸渡寺（天台宗）は、言わずと知れた熊野三山の一角であり、そうして現在後者は西国三三観音霊場の第一番札所である（以下、那智大社と青岸渡寺双方を意味するときは那智山と表記する）。世界遺産熊野古道巡りの観光客や、西国巡礼の参拝客で常ににぎわいを見せている。これらの観光・巡礼の客が非常に多いため、漁民信仰の面が目立たないのであるが、那智へ参拝することを年中行事としている漁民は南紀を中心にかなり多い。ここで那智山の歴史についてまとめておこう。ここでは一般に知られている歴史について確認するため、まず青岸渡寺と熊野那智大社が一般向けに説明している由緒を紹介する。青岸渡寺では、その起源を仁徳天皇（三一三―三九九）の頃、インドから漂着した裸形上人が、那智大滝で観世音を体得し、庵を作ったことに求めている。その後、推古天皇（五九三―六二八）の時代に、大和から来た生仏という聖が本尊如意輪観世音を刻み、勅願所として正式に建立されたとする。[10]　一方、熊野那智大社では、熊野灘から上陸した神武天皇が那智大滝を神として祀ったことを起源とし、仁徳天皇五（三一七）年に現社地に移ったとする。[11]　これがそれぞれの由緒とされている。その後那智山は、那智の滝を核に持った修験の道場として発展していった。延喜七（九〇七）年の宇田法皇を嚆矢とする九七回に及ぶ皇族の御幸をはじめとして、庶民からも信仰を集め、「蟻の熊野詣で」と称されるまでに参詣客が押しよせた。中世以来の檀那・先達・御師の師檀関係組織がこれに貢献していたことは言うまでもない。また、西国三三観音の第一番札所となったことで、西国巡礼の隆盛が那智山にさらなる繁栄をもたらした。明治維新では神仏分離令、廃仏毀釈の影響を受けて、明治四（一八七一）年に熊野那智大社が、明治七（一八七四）年には青岸渡寺が発足し、両者が並び立って現在に至っている。

このように歴史をまとめてみると、本章の主題である漁業に関わる信仰の影が薄いことに気付く。筆者が三重県南部の漁港で行った調査からは、年一回は必ず参拝する地域が多く、漁民たちの篤い信仰を集めていることがわかっている。それには熊野三山として、また西国巡礼の札所としての認識とは異なる、漁民ならではの那智山に対する見方が反映しているように思われる。この点を鑑みれば、皇族の御幸、西国巡礼の隆盛といった歴史の影となって、漁民信仰の面からの信仰の解明は十分なされてこなかったと言える。そこで本節では、漁業の視点から那智山の信仰を考えてみたい。

二　勝浦港の特質と那智山参拝

第二節に取りあげた青峯山正福寺は、奉納品の記録から近世期に廻船問屋の信仰を集めたことがわかっており、御祈祷受付簿の調査から近代には漁民のネットワークを通じて口コミでその評判が伝わり、信仰圏が広まったものと想定できた。那智山についても、海上安全・大漁祈願の信仰については同様の展開が想定できるものの、青峯山と違い、この信仰が突出しているわけではないため、近世の廻船業者や近代の漁民が残した奉納品は決して多くない。また、参拝の記録についても、参拝客が非常に多いことから、特に祈願の願目を記すようなこともしていない。このため、青峯山の場合のように、信仰の分析に奉納品、参拝記録を用いることはできない。ほぼ唯一の手がかりと言える魚霊供養碑については後に考察することとして、ここでは、少し異なるアプローチでその信仰圏と特質を明らかにしてみようと思う。

こうした信仰を解明するには、寺社側の活動や記録からこれを読み解くことと共に、漁民側の視点から寺社への参拝を見た場合、それが複数の寺社にわたる場合が多く見られることも考慮し、各地域において参拝している寺社について聞き取り調査を行うことも必要である。那智山の場合は、寺社側の活動・記録として第一に熊野那智大社の禰宜による巡回活動があげられる。熊野那智大社では正月と七月一四日の例大祭「火祭り」にあわせて巡回を行い、正月と例大祭の祈祷の申し込みを受け付けると共に、漁協や個人の依頼により現地での祈祷を行っている。その範囲は現在では三重県尾鷲市から和歌山県和歌山市であるという。一昔前までは鳥羽市、現志摩市域まで行っていたそうだが、現在ではこれらの地域は郵送ですませている。担当があるわけではなく、禰宜が五年程度ごとの交替でこれにあたっている。いつ頃から行っていることか定かではないが、現在の形に定まってきたのは昭和五〇（一九七五）年過ぎではないか、ということである[12]。これに筆者が志摩半島南部から紀伊半島東岸で行った調査結果を照合してみると、南伊勢町以西（以南）で漁船が掲げている旗に赤地に白で「大漁」と染め抜いた那智大社の旗がよく見られるようになり、また聞き取りでも那智山への定期参拝を確認できた。南は和歌山県串本町まで定期的な参拝があることを確認している。串本町以西にはまだ調査が及んでいないが、聞き取り、または旗で確認できた東端が那智大社の禰宜が活動している範囲内に収まっていることから考えれば、和歌山市までは海上安全・大漁祈願のための那智参拝があることを想定できよう。

一方、聞き取り調査からは、漁船の大きさや経営規模によって、参拝活動の活発さに差異があることも確認している。小さな船の個人経営では地元の神社で済ませることが多く、あまり遠くまで参拝しない。それに対して定置網経営の場合は、役員が漁期に合わせ、もしくは正月などに必ず参拝を行うところがある。遠洋漁業の場合は、船主は漁に出ず、陸上にいるため活発な参拝を行うことができる。このため、いずれかの寺社へ月参りをしているケースも多

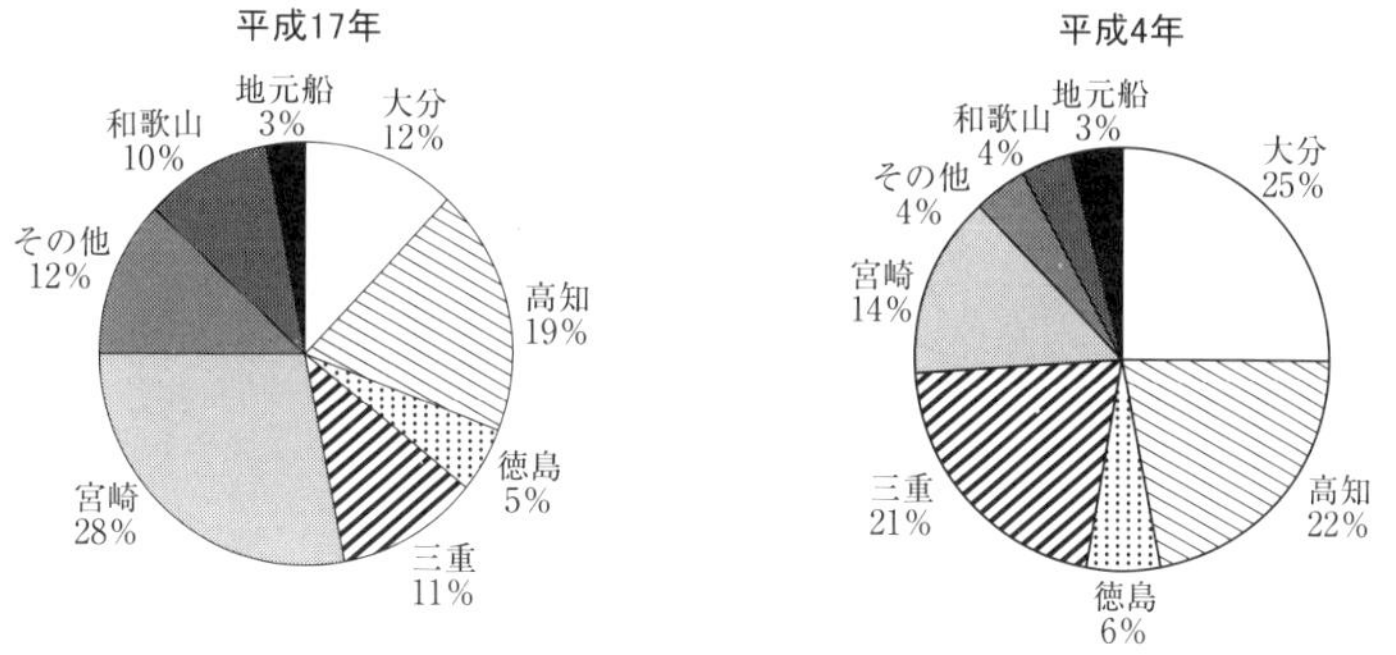

表４　勝浦港の県別入港隻数

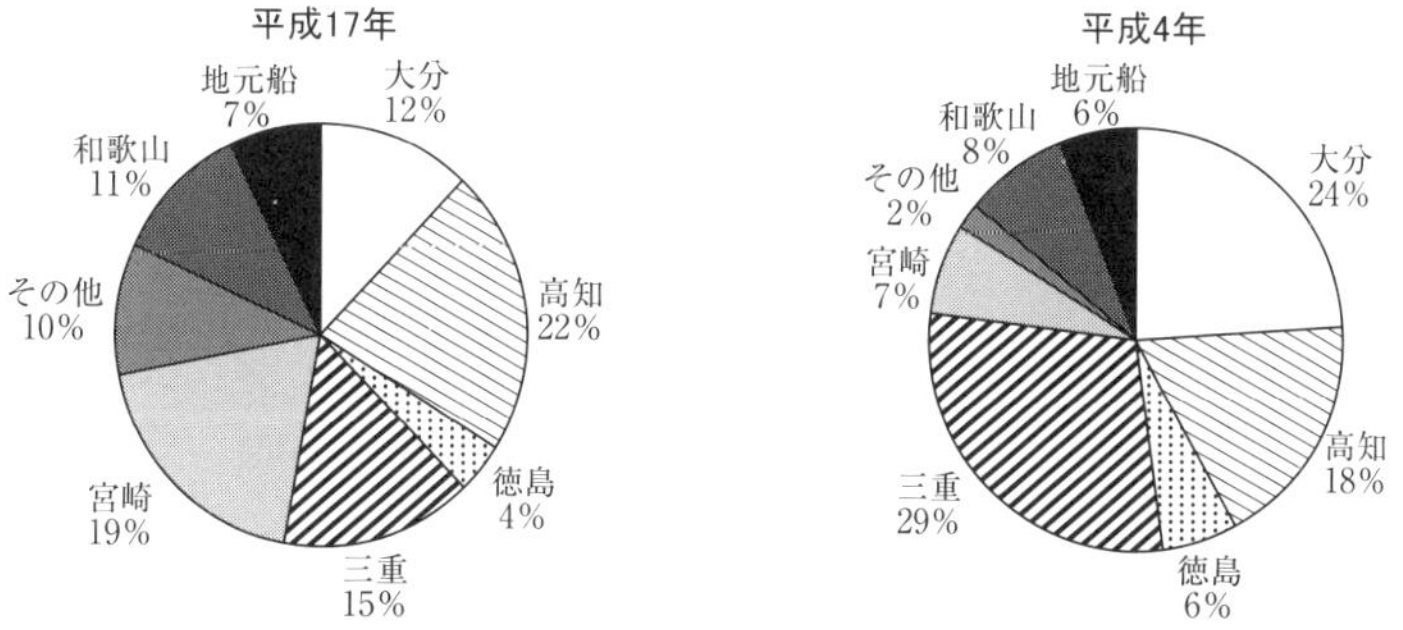

表５　勝浦港の県別入港延べ隻数

く見られる。また、船頭など船の責任者も出港前などの機会を見て参拝していることもある。近世の廻船業者によって信仰圏を広げた青峯山が、近代においても広い信仰圏を保った背景には、こうした遠洋漁業の存在が考えられることを筆者は第二節で指摘した。那智山においても、漁民信仰の面で広範囲から信仰を集めている理由はここに求められよう。青岸渡寺、那智大社ともに勝浦の港に入った船がよく参拝に来る、ということであるから、那智山の場合はお膝元である勝浦の港との関係から、その信仰圏の広がりが求められる。

　那智勝浦を地形的に見ると、外海との間を細長い半島が遮っており、遠路を旅する船にとって勝浦港は絶好の避難港であり、天然の良港として栄えてきた。漁港漁場整備法において「その利用範囲が全国的なもの」とされる第三種漁港に昭和二六（一九五一）年に指定されている。(13) 近海マグロの水揚げでは日本一を誇る。こうしたことから全国各地の船が勝浦港にやってきており、これがそのまま那智山の信仰圏になっていると考えられる。勝浦漁業協同組合の統計を元に作成したのが表4・5である。

勝浦港に入港した船の隻数における地元勝浦の漁船の割合は平成四（一九九二）年度で四%、平成一七（二〇〇五）年度で三%である。各地域の船が入港した回数を示す延べ隻数の数字では、同じく六%と七%である。なお、勝浦所属の漁船の平成四年度における隻数は一四隻、延べ隻数は一〇八隻である。平成一七年度における延べ隻数は一一三隻であるものの、隻数では八隻と減少している。平成一七年度の隻数の合計が二九六隻、延べ隻数の合計が一、六七三隻であるから、勝浦港が外来船の活発な活動によって支えられていることがよくわかる。では、その船がどの地域から来ているかと言えば、隣県の三重はもとより、大分、宮崎、高知などの船が目立つ。平成一七（二〇〇五）年度における隻数を示すと、三重県三二、大分県三六、高知県五七、宮崎県八一となる。かつては隻数で大分、延べ隻数で三重の船が多かったが、この両県は近年入港数が大幅に減り、数字をほぼ維持している高知県、平成一〇年以降唯一伸びを示している宮崎県が割合としては目立つようになってきている。「その他」に含まれる都県名を挙げると、北海道、岩手、宮城、福島、茨城、千葉、東京、静岡、愛知、熊本、沖縄である。これらの地域の船が勝浦港へ入港した際、那智大社、青岸渡寺へ参拝を行っていることが多くあると考えられる。

以上のように、那智山に対する漁民信仰の信仰圏は第一に那智大社の禰宜の活動範囲である（もしくはかつてそうであった）志摩半島以南から和歌山市にかけてであり、第二に勝浦港に入港する船の所属から主に太平洋岸の漁業基地、特に九州四国地方と考えることができる。これを受け入れる寺社側では、海上安全・大漁祈願の祈祷や、魚霊供養を行っている。ともにお札と旗を用意して、祈祷を行ったときに授けている。那智大社の旗は先述のように赤地の布で、白文字で「大漁　熊野那智大権現」と染めてある。青岸渡寺の旗は上部七割ほどが赤、下部三割ほどが青の布で、やはり白文字で「祈　大漁　那智山観音」と記されている。また青岸渡寺では魚霊供養も受け付けている。供養をした上で紙牌と薄い塔婆を授け、紙牌は仏壇か神棚に祀り、塔婆は海に流すようになっている。

写真３　青岸渡寺境内の魚霊供養塔

三　魚霊供養碑と遠洋漁業

青岸渡寺の境内、重要文化財に指定されている本堂の前にはいくつかの石碑、石仏が並んでいる。そのうちの一つが魚霊供養碑（写真３）である。この供養碑は昭和三六（一九六一）年に建立されたものである。表には「魚霊供養」と刻まれ、裏には施主芳名としてその所在地、船名もしくは組合名、個人名が記されている。これをまとめたのが表６である。なお、この表は石碑の記載順ではなく、所在地で北から南の順に列記している。

船名が記されているのはすべて遠洋漁業船で、和歌山県内よりは三重県側が多い。和歌山県になると漁業協同組合の名がある。向かって右側の側面には世話人が記してある。和歌山県勝浦漁業協同組合長浦川恭太郎、和歌山県勝浦港大吉丸大井章一郎、和歌山県勝浦港魚問屋木下清之、三重県鰹鮪漁業協同組合長清瀧千代夫、三重県田曽浦港盛秋丸山本正平、三重県三木浦港慶福丸三鬼岩夫、三重県三木浦港長久丸大門長一の各氏であ

表6　青岸渡寺　魚霊供養碑（昭和三六年建立）施主

所在地	船名
伊勢市	海王丸
志摩市波切	清辰丸
志摩市和具	笹山丸
	源吉丸
志摩市浜島	幸喜丸
	成平丸
南伊勢町（南勢）田曽浦	**盛秋丸**
	福丸
	事代丸
	誠勝丸
	長勝丸
南伊勢町（南勢）宿浦	千秋丸
	共和丸
	親和丸
	盛勇丸
紀北町（海山）白浦	大益丸
	大勇丸
紀北町（海山）引本	大幸丸
	福寿丸
紀北町（海山）相賀	とよはた丸
尾鷲市須賀利	勇喜丸
	高宮丸
	進取丸
尾鷲市中井	山城丸
尾鷲市南浦	新宝丸
	徳栄丸
尾鷲市三木浦	**長久丸**
	慶福丸
	共和丸
尾鷲市古江	大紀丸
	金栄丸
	万栄丸
	勘栄丸
那智勝浦町宇久井	漁協
那智勝浦町勝浦	**漁協**
	大吉丸
	勝浦丸
	錦載丸
	魚問屋
那智勝浦町浦神	漁協
太地町	漁協
	水産協同組合
古座町	漁協
	漁栄丸
串本町串本	八千代丸
串本町大島	漁協
串本町須江	漁協
串本町樫野	漁協
	弁天前大敷連合委員会

網かけ：世話人

る。勝浦漁協組合長だった浦川氏の名は勝浦丸の船主として裏面にも記されており、遠洋漁業の船主が中心となって建立されたことがわかる。和歌山県内の組合などは浦川氏、もしくは魚問屋の木下氏の縁でここに名を連ねたのであろう。

これらの方々の中で、青岸渡寺と特に縁が深く、碑の建立に際して中心的な役割を担ったと思われるのが大吉丸の大井章一郎氏と長久丸の大門長一氏（ともに故人）である。勝浦丸は既に廃業しており、残念ながら当時の話を聞くことはできないが、大井氏は夫婦で青岸渡寺への月参りを欠かさず行っており、当時青岸渡寺の信徒総代を務めていた。また、大門氏も大正一二（一九二三）年以来の青岸渡寺への月参りを欠かさず、それが六〇〇回を超えたことを記念した頌徳碑がやはり本堂の前にある。長久丸は水揚げの多くが静岡県清水港に移った今も三木浦に事務所を構え、月参りは三代目まで引き継がれている。魚霊供養碑を青岸渡寺の本堂の前に立てることになった背景には、この二人の影響があるものと思われる。また、大井氏が和歌山県内の組合や魚問屋に、大門氏が三重県鰹鮪漁業協同組合に働きかけて、これだけの施主を集めることができたのであろう。勝浦の和歌山県鰹鮪漁業協同組合では平成一〇（一九九八）年頃まで毎月の総会の前に魚霊供養を行っていた。一方、勝浦漁協では浦川組合長の退任後は、組合長の交代時に例外的に供養を行ったことを除けば、平成一七（二〇〇五）年まで供養儀礼が途絶えていた。遠洋を中心とした鰹船、鮪船が魚霊供養の中心であったことがよく分かる。一方、勝浦漁協が魚霊供養を再開したのは、地元船が減少傾向にある中で、勝浦の漁業をもっと元気にしていこうという機運に乗ったものである。遠洋船の衰退とともに、鰹鮪漁協の供養が途切れ、地元漁協の供養が復活したわけで、時代状況が信仰に反映されることがよく分かる事例である。

さて、建立時においてこれだけの遠洋漁業船主が集まった背景には、大井氏、大門氏に限らず、いずれかの寺社に月参りを欠かさない船主が多くいるなど、遠洋漁業船主に共通する信仰熱心さが認められる。しかし、近代漁業の象徴ともいうべき遠洋漁業における信仰の在り方は、これまで十分に研究されていない。そこで、次節において遠洋漁業船主の信仰について寺社参拝習俗を手がかりとして見ることにしよう。

第四節　遠洋船主の寺社参拝習俗

一　遠洋漁業史の概略

前節に指摘したように、遠洋船主には顕著な信仰があると考えられるが、一方でそれに関する研究はほとんど見られない。むしろ、漁民信仰について記した論考は、沿岸、沖合、養殖、遠洋などの区別を考えてこなかったというべきであろう。信仰面に特化したものではないが、高桑守史があみ、つり、あま、つきという分類により漁民の類型化を試みたのが漁業の差異による特質を視野に入れた数少ない論考ではないだろうか［高桑　一九九四］。筆者はこれまで第二章、第三章において、生業の特質が供養を要請する背景にあることを指摘してきた。これらの例と同様に、青岸渡寺の魚霊供養碑に結実した遠洋漁業船主の信仰もやはり遠洋漁業の生業形態に規定されている、と考える。第二節の青峯山の場合、第三節の那智山の場合においても遠洋漁業による信仰が顕著であることが明らかになった。また、第六章に取りあげる奥山半僧坊は、一時期より漁業関係の参拝は減少していると見られるが、いまも熱心に参拝を行っているのは遠洋船主である。したがって、遠洋漁業の信仰史ともいうべきものを少し考えてみる必要があるだろう。その前提として、まずは遠洋漁業がいつ頃から発展し、どういう推移をたどったのか整理しておく必要があろう。

遠洋漁業の出現は、近代に入ってからである。明治政府は、日本列島沿岸の漁場は荒廃しており、まだ手のつけられていない海域に進出するべきだとの考えを持っていた。このことを二野瓶徳夫は、農商務省水産課の役人であり巡回教師として各地で漁業を指導する立場にあった河原田盛美の『水産改良説』から指摘している［二野瓶　一九八一　七九―八〇］。しかし、実際に遠洋に進出していくためには、漁船・漁具の改良が不可欠であった。そこで、明治政府は明治三一（一八九八）年四月に遠洋漁業奨励法を施行した。大型船を建造し、遠洋での操業を行おうとするものに奨励金を出して、遠洋漁業の振興を図ろうとしたのである。ところが、大型船の導入を企図して奨励金を受けられる船舶のトン数を大きくしすぎたため、施行当初は十分に利用されなかった。そこで明治三八（一九〇五）年、早くも全文改正を実施、対象漁船の大きさの条件を緩和し、奨励金交付の制限を引き上げた結果、交付件数の増加をみた。明治四二（一九〇九）年の改正では小型船に対する特別漁船奨励金が新設される。二野瓶はこれを「五〇ｔ未満の小型船の動力化推進が一つの中心であったことを示す」と捉えている［二野瓶　一九八一　一五六］。すなわち、漁船の動力化が政府の補助を得て進んでいったのである。さらに大正三（一九一四）年に特別漁業奨励金の設置、大正七（一九一八）年に普通漁業奨励金を廃して特別漁業奨励金に一本化するなど改正が続けられた。二野瓶がまとめた統計によると、奨励金の支出金額がピークを迎えるのは大正元（一九一二）年前後と大正七（一九一八）年前後である［二野瓶　一九八一　一五九］。このころが、漁民が漁船を近代化し、沖合へ、遠洋へと展開していく傾向が最も強かった時期と捉えることができる。

このころ、遠洋漁業として盛んになっていったものには、汽船トロール漁業、帆船タラ漁業、母船式カニ漁業、機船底曳網漁業などがある。また、現在でも遠洋漁業の主力であるカツオ一本釣り、マグロ延縄が沖合から遠洋に展開していくのも、大正末期から昭和初期である。特に、大正九（一九二〇）年以降、それまでの石油発動機に代わり、ディーゼル機関が搭載されるようになったことが、遠洋漁業の発展をますます促した。しかし、戦時体制下での漁船の軍転用、燃料・労働力不足などからその生産量は半減する。さらに終戦後はＧＨＱが船舶の行動範囲を制限したため、操業する海域には自ずから限りがあった。そして講和条約締結後、急速に発展を遂げたのがマグロ延縄漁業であった[14]。

こうして、一九五〇年代から六〇年代に隆盛を迎えた遠洋漁業であるが、以後は国際的な海洋資源保護の流れの中で、次々と逆風に見舞われることになる。昭和五一（一九七六）年にアメリカとソビエト連邦が相次いで二〇〇海里漁業専管水域を設定。これを機に北洋漁場の漁獲量は激減、昭和六三（一九八八）年には母船式サケマス漁業は消滅した。また、商業捕鯨モラトリアムの発動を受け、やはり昭和六三年に商業捕鯨を停止した。マグロ延縄漁業でも、資源保護の動きに合わせ、政策的に減船を実施してきたが、大西洋、地中海では沿岸国によるマグロ畜養のための巻き網船が、稚魚を群れごと捕獲する方法を採っているため、資源の減少に歯止めがかからず、平成二二（二〇一〇）年、ついにマグロの禁輸が提起されるに至った。まずは否決されたとはいえ、予断を許さない状況におかれている。

このように、遠洋漁業はまさに近代の歴史の流れと密接に関わってきた漁業である。それゆえに伝統的な漁撈慣行や信仰を見ようとする研究の射程には入らないことになる。あるいはそれがこれまで民俗学からの漁業研究に遠洋漁業の影が薄かった理由であるかもしれない。しかし、先にも述べたように、遠洋漁業船の船主による寺社参拝行動は、その頻度と参拝する寺社の数において見るべき特徴がある。そこに目を向けることは民俗学の漁業研究として必要なことであろう。

二　遠洋船主と寺社参拝　―事例の整理―

そこで、事例として青岸渡寺境内の魚霊供養碑に名を連ねた船について調査した結果を以下に記そう。伊勢市の海王丸は青峯山正福寺へ毎月旧一八日の参拝を行っている。かつては不漁の時に「山（青峯山）に登ってくれ」と連絡が入って参拝したこともあるというから、こうした臨時の参拝も青峯山には行っていたのであろう。船が帰ってきたときは伊勢神宮への垣内参拝（公式参拝）を船頭を伴って行う。那智大社は、現在ではお札などを郵送してもらって済ませている。志摩市和具の源吉丸ではやはり青峯山への月参りを欠かさず、船員の家族も連れて、一〇人ほどで行っている。那智山へは一年に一度参拝し、金刀比羅宮や静岡県浜松市北区（旧引佐町）奥山半僧坊にも参拝することがある。南伊勢（旧南勢）町の千秋丸も青峯山へは毎月旧一八日に参拝し、同町内五ヶ所浦の八大龍王、志摩市浜島町の楠宮にも月参りをしている。尾鷲市三木浦の慶福丸では那智山へは正月と七月の例大祭に参拝し、青峯山、伊勢内宮にも毎年必ず参拝している。なお、慶福丸は三木浦の龍泉寺境内に遭難者供養碑と魚霊供養碑を建立している。同じく三木浦の長久丸では、青岸渡寺への月参を行い、伊勢神宮、青峯山、奥山半僧坊などへの参拝を定期的に行っている。また、龍泉寺の境内にはやはり遭難者供養碑を建立している。

このように遠洋漁船の船主は各地の寺社への参拝を活発に行っている。もちろん遠洋船ではなくても地元の寺社だけでなくこうした有名な寺社に参拝する人は多くあるのだが、それが月参りという形になり、しかも多くの船主によってそれが行われていることが、遠洋漁業の信仰上の特徴であると言えよう。また、宿浦や三木浦では地元の漁協（現在では漁協支部）によって供養祭が行われており、遠洋漁業の船主もこれに参加している。志摩市和具や尾鷲市須賀利では石に般若心経を記して海に沈める行事が行われているなど、各地域とも仏教が漁撈儀礼に関わる場面も多く、こうした基盤があって魚霊供養碑建立に多くの賛同が集まったという面も指摘できる。

三　遠洋漁業船長久丸の信仰史

では、次に遠洋船主の信仰がどのように形成されてきたのかを見るため、最も顕著な事例として尾鷲市三木浦の長久丸の事例を取りあげよう。長久丸の創業者は大門長一氏（故人）である。長一氏は那智山への信仰が篤く、八〇歳

写真4　大門長一翁頌徳碑

を過ぎてなお、那智山への月参りを欠かさなかったという。また、先述のように魚霊供養碑建立に際しては世話人を務めている。青岸渡寺の本堂前には頌徳碑（写真4）が建てられている。その碑文は以下のようなものである。

翁は明治二十九年八月、三重県南牟婁郡三木浦に生れ、長するに漁業を営み長久丸と名く《ママ》、一念発起那智観音に帰依し大正十二年より月詣を誓願し、宿泊をなしつ、回を累すること六百有餘回になりこゝに八十歳を迎えらるるも今に継続せらる、その信念の篤きこと実に敬服いたしこの徳を称えるものである

昭和五十一年六月那智山主大僧正　亮孝誌

長一氏はなぜこのように篤い信仰を保ったのだろうか、またそれはどのように引き継がれてきたのか。長久丸では二代目長衛氏により『長久丸六〇年史』が刊行されており、これによってその歴史を知ることができる。六〇年史と現会長大門長衛氏、現社長大門長正氏からの聞き取りをもとに、長久丸の歴史と信仰史をまとめてみよう。

長一氏は明治二九（一八九六）年に三木浦の漁師の子に生まれた。尋常高等小学校を卒業すると、夏場は三木浦を拠点に沿岸漁業に従事し、秋・冬には九鬼の大敷網に出稼ぎをしていた父を手伝うようになった。大正一三（一九二四）年、長一氏、弟の国市氏、母の甥、妹婿の四人で出資し、一七トン船を建造、同年一〇月に進水、国市氏を船頭とし、

兄弟親戚一〇人ほどが乗り組み、長一氏が陸で指揮にあたった。年内はサンマ漁に従事し、翌大正一四（一九二五）年より勝浦港を基地として念願の鮪漁を熊野灘で開始した。夏場には三陸沖にかけてカツオ一本釣りに出漁した。

青岸渡寺境内の頌徳碑の碑文によれば、長一氏が月参りを発願したのが大正一二（一九二三）年のことであり、長久丸創業の一年前ということになる。もちろん、尾鷲市周辺で調査した寺社参拝の慣行から、時機を見ての参拝はそれ以前から行っていたと考えられる。いずれにせよ、青岸渡寺への月参りは創業当初から行われてきたことになる。『長久丸六〇年史』に当時の青岸渡寺住職高木亮孝氏（故人）が寄せた一文に、その経緯が記されている。

広い海で木の葉の如く、小さな船で漁をしておれば何を頼ればよいか、それは信仰であると決心したと聞いています。

それからというものは那智山の観音様に、毎月一日に月参りを誓願され、道のない三木浦から風雨激しいときでも、船で勝浦港に入港され、そこから歩いて参拝されたのであります。

自身の海での体験が信仰に反映されたこと、那智山参拝に勝浦港が重要な役割を果たしたことが読み取れよう。那智のほかの寺社にも目を移してみよう。熊野本宮へは船玉祭に参拝していた。現在では日帰りでの参拝であるが、当時は泊りがけでの参拝であり、皆で騒いでいたそうである。三重県内でよく参拝が見られる青峯山、伊勢神宮参拝も古いものと思われる。また、豊川稲荷への参拝も、創業後早い時期から始められていたようである。清水港に水揚げするようになると、清水から出港する際に必ず豊川稲荷参拝を行うようになった。長久丸は二隻経営への移行を機に、昭和二五（一九五〇）年、長久漁業有限会社を設立、カツオ船で使う餌用のイワシ網に端を発する定置網や、現在は三木浦近海の主力である養殖漁業にも事業を拡大している。昭和四四（一九六九）年には冷蔵経営に乗り出し、尾鷲港の一角に冷蔵施設を構えている。昭和四五（一九七〇）年、これらの事業は長衛氏に引き継がれた。現在では株式会社長久丸となり、マグロ船、カツオ船あわせて七隻の船を所有している。

長衛氏は長一氏から事業を引き継ぎ、拡大するとともに、信仰面でも長一氏の行っていたことを継承し、参拝する寺社を増やしていった。静岡県浜松市北区（旧引佐町）の奥山半僧坊は、年に一度南紀地方の船主のもとへ祈祷をしに廻って来ていたので、一度参拝してみようという話になり、以来年一度参拝するようになった。また、尾鷲の易者で人を集めてバスでの寺社参拝を企画していた人がおり、この人の勧めで椿大社（三重県鈴鹿市）、今宮戎神社（大阪府大阪市）、伏見稲荷（京都府京都市）に参拝するようになった。いずれも最初に参拝したのは四〇年ほど前である。また、新宮市の東仙寺は易者として評判だった人がいたため、紀宝町（旧鵜殿村）の白瀧不動はシャーマン的な宗教者がいたため、最初は鑑定してもらうことを目的として行った。その後、この二ヶ所へは那智への通り道であることから、月参りの帰りに参拝するようになっている。一度参拝すると、船が心配で辞められなくなるという心情から、参拝する場所は増える一方の結果となった。

現在の状況をまとめてみると、青岸渡寺、東仙寺、白瀧不動に月一回、毎月一日に参拝。船の出港前には那智山、青峯山、伊勢神宮、豊川稲荷、奥山半僧坊に必ず参拝している。これも含めて、青峯山、伊勢神宮、椿大社、今宮戎、伏見稲荷、豊川稲荷、奥山半僧坊へは年一回以上参拝している。このうち、出港前の参拝には船頭も必ず参加する。このほか船頭もしくはその夫人が毎月一五日に那智参拝を行っている。船主と船頭の家では、毎月参拝した日と、葬式にいったとき、出港するときにはヒガエと称して自宅の神棚の御札、お神酒、榊を全て交換する。船員は出港前の那智参拝へ家族とともに必ず同行する。このほか、紀北町海山区相賀の水天宮のお守り（木札）は水難よけの効験があるといわれているので、これを船員に持たせている。

また、長衛氏は昭和四六（一九七一）年、三木浦の龍泉寺（曹洞宗）に遭難者供養の為に観音立像を建立した。昭和四八（一九七三）年以降は春分の日に青岸渡寺で、旧正月明けに龍泉寺で海難者及び魚霊供養を行うようになった。昭和六一（一九八六）年からは春分の日に龍泉寺で、秋分の日に青岸渡寺で行うように変わっている。

四　遠洋船主の信仰とその深層

先に列記した事例や長久丸の例からわかるように、遠洋漁業においても他の漁業と同様、船主や船頭を中心に、熱心な信仰活動が行われてきた。その頻度を見れば、むしろ他の漁業よりも顕著に信仰が見られるといってもよい。では、遠洋漁業の信仰を特徴付ける、生業上の特質はどのようなものだろうか。一つには経営規模が大きいことである。その影響は頻繁に寺社参拝をする経済的余力を生み出したという面もあるが、それだけではない。船主、船頭の立場から見れば、大型船であること、その大型船を何隻も抱えることは、それだけ多くの人命を預かっているということである。長期にわたる航海となれば、荒天に遭遇することも必然的に多くなる。そうした状況下で無事に航海を乗り切るには、船頭、乗組員の手腕によるところが大きい。したがって、乗組員の中でも責任ある船頭などの立場の人は信仰に熱心になるのである。そして、船主の立場ではどうか。多くの人命を預かっているという点では、船頭とも共通するが、それが何隻分ともなれば不安も大きくなる。また、船頭と違って船主には陸で待つことしかできない。できることと言えば、神仏にすがることしかない。そこで寺社参拝を欠かさないことが、船主の責任とも考えられているのである。

大型船で行う遠洋漁業ということを考えた場合、船が転覆するということは皆無ではないが現在では稀な事例である。その反面、船から転落して遭難するケースが最も多い。また、船主にとって怖いのは航海中に病人が出ることである。とくに、通信手段が発達していなかった時代には、手遅れになる危険が大きかった。現在ではアメリカ、カナダ沿岸などではヘリコプターで救助に来てくれることもあるが、こうした体制が整っていない国も多く、病死の危険は未だ大きい。『長久丸六〇年史』にある海難者名簿を見ると、海難者一三人のうち、転落による死者が八人、船内での発病による死者が二人である。長衛氏によれば、最近の遭難は多くが天災ではなく、人災であるという。船主としては、安全管理と体調管理を自分でしっかりするよう乗組員に注意するしかない。それだけに、防止策をとるにも限界がある。大きな責任を負う一方で、自分ができることには限界があるという矛盾が船主の信仰をより熱心にさせているのである。

先に指摘した様に、遠洋漁業船の多くの船主たちが活発に寺社参拝を行っている。このことには長久丸の場合と同様の背景を想定できる。魚霊供養碑に名を連ねていた伊勢市の海王丸船主だった中村八十八氏（故人）は「オカにおるもんは神参りしかできない」を口癖にしていたというが、これは多くの船主に共通する心情であるのだろう。全員が無事で帰ることを切に願う船主の心情が、ここまで述べてきたような、寺社参拝、魚霊供養、遭難者供養といった信仰に現れていると見ることができる。そして、このことが那智山、青峯山をはじめ、全国各地の海上安全・大漁祈願の寺社に与えた影響は大きかったはずである。

小結

ここまで見てきた青峯山と那智山の事例からは、以下のようなことが言えるのではないか。

寺院の立地する山の中には、漁場を示す、あるいは風待ちの港を示す山アテの山が含まれている。それをルーツとして、漁民の信仰の対象となり、寺院側も海上安全の祈祷を通して漁民と結びついていった例がある。

一方で、その「漁民」とは、必ずしもその地域のすべての漁民が含まれるのではなく、漁の規模・形態によって漁民の寺社参拝行動には違いがある。経営規模が大きく、活動範囲の広い漁業では、より強い効験を求めて多くの寺社に参拝する傾向が見られる。この点で顕著な事例と考えられたのは遠洋漁業船の船主であった。従来の研究では対象とされることがほとんどなかった存在といえるが、遠洋漁業船の船主も、彼らの抱える仕事から来る葛藤のために、信仰の対象を求めている。つまり、本論文の掲げる生業の信仰と仏教の結びつきを考えるには重要な研究対象となるのである。

この点、従来の研究はローカルな信仰にこだわったために、広域的に活動し、また信仰の対象も広域にわたる遠洋漁業船船主の信仰を見落としてきた可能性はないであろうか。生業からの視点は、このような従来取りあげられることの少なかった信仰も視野に入れうることは指摘しておきたい。

注

（1）山号は「青峯山」、地名表記は「青峰山」であるが、本書では「青峯山」の表記で統一する。

（2）鳥羽師崎間航路は、中部国際空港の開業に伴い、鳥羽常滑間に付け替えられたが利用が減り、平成一七（二〇〇五）年二月に廃止。さらに、鳥羽伊良湖間航路も燃料費の高騰や高速道の延伸による利用者減で経営が厳しくなっていたところへ、平成二一（二〇〇九）年三月より実施された高速道路の休日ＥＴＣ割引の影響で利用者が激減し、平成二二（二〇一〇）年九月限りの廃止を発表した。元の親会社が撤退した上で、三重・愛知の両県と鳥羽・田原の両市の二県二市から支援をうけ存続したが、今後も予断を許さない状況といえる。もし将来的に航路が消滅した場合、愛知県側から青峯山への参拝が、高速道路利用に移るだけで推移するのか、フェリーの廃止で迂回ルートを通らなければならなくなることにより、減少をはじめるのか、注視することが必要である。

（3）静岡県教育委員会編『下岬の民俗　―榛原郡御前崎町―』静岡県史民俗調査報告書第一三集　静岡県　一九九〇年　一八四頁。

（4）前掲注（3）に同じ。

（5）『焼津漁業史』焼津漁業協同組合　一九六四年　七八九頁。
（6）弁天と青峯山の祭祀については前掲注（5）七八九―七九一頁を参照。
（7）筆者聞き取りによる。二〇〇八年三月。
（8）住吉は青峯山が祀られている場所の地名であると同時に、地内には住吉神社も祀られている。
（9）『ふるさと（民間信仰）』吉田町郷土の昔を語る会、一九七八年、六〇頁。
（10）パンフレット『那智山青岸渡寺』による。
（11）熊野那智大社ホームページ（http//www. kumanonachitaisha. or. jp/）の「御由緒」による。
（12）熊野那智大社新名俊二氏のご教示による。
（13）熊野灘に面した紀伊半島東岸における第三種漁港は、和歌山県内では串本、勝浦の二ヶ所である。これ以北は三重県大紀町錦までない。三重県内では他に志摩半島南岸の波切、安乗が第三種になっている。
（14）この間の経緯は［斎藤　一九六〇］によった。

第六章　方廣寺と鎮守の信仰

第一節　方廣寺と鎮守

一　鎮守信仰の意義

前章に記した寺院の中で、これまでの漁民信仰に関する研究において取りあげられていないのは、奥山半僧坊である。遠洋船主を除く聞き取り調査では挙げられなかった名前である。しかし、奥山半僧坊には尾鷲市の徳栄丸、長久丸が定期的に参拝を行っており、しかも長久丸の大門長衛氏によれば、半僧坊の僧侶による巡回活動が行われていた、とのことであるから、遠洋船主に限らず、一定の信者を三重県下に抱えていたことが想定できるのである。いったいなぜ、奥山半僧坊は三重県下に一定の信仰を獲得し、また現在では遠洋船主を除いては顕著な信仰ではなくなってしまったのであろうか。また、この信仰は、「本体」というべき方廣寺との関連でどのように捉えることができるだろうか。本章ではこの奥山半僧坊の信仰史を解明し、寺院の信仰史と鎮守の役割、生業と宗教との動向の関連を考えてみたい。

奥山半僧坊は静岡県浜松市北区奥山に位置する、臨済宗方廣寺派総本山深奥山方廣寺の鎮守である。方廣寺の鎮守には奥山半僧坊のほか、椎河大龍王、七尊菩薩がある。七尊菩薩はもともとこの地に祀られていた多くの神仏を合祀したものと見られる。富士浅間大菩薩、春日大明神、伊勢大神宮、稲荷大明神、八幡大菩薩、梅宮大明神、北野天満大自在天神の七神をあわせて七尊天としている。奥山半僧坊、椎河大龍王、七尊天をあわせて奥山三社と呼ぶ。

ここで、鎮守とはどういうものであるかを一度確認しておこう。『国史大事典』によれば、「ある一定の土地や建物を鎮安守護する神」であり、国家、一国一郡、荘園、村落、城、館、邸宅などの鎮守神がある。なかでも、「仏法擁護の神として寺院に鎮守神を勧請した例が早い」とされ、東大寺の手向山八幡、延暦寺の日吉社、金剛峯寺の丹生社、興福寺の春日社などが挙げられている[1]。

このように、「仏法擁護の神」というのが寺院にとっての鎮守の位置付けであり、鎮守を祀る意味である。栖川隆道は、只管打坐を標榜した修行道場である永平寺でさえ様々な鎮守神、土地神が祀られていることを指摘し、日本各地で祀られているあらゆる神が寺鎮守として分祀されているとした上で、「どの神を祀るかは、宗派の違いによる理由より、むしろ地域的な事情、住職、開基者等の個人的意向によって決められている」、さらにそうした地理的条件や個人的意向を超越して普遍的に鎮守として祀られるのが稲荷（吒枳尼《だきに》天、宇賀之魂神）であると指摘している［栖川　一九八五　五四七］。ここで重要なのは、なかには寺院そのものよりも鎮守の方が信仰を集め、名を知られているケースがあることである。稲荷に焦点を絞って分析している栖川も「寺鎮守、つまり寺を守護する為の稲荷であるはずなのに、その寺の檀信徒を含む一般庶民の信仰を集めてきた」［栖川　一九八五　五五五］とこのことを述べている。その一例として豊川稲荷が挙げられる。豊川稲荷は愛知県豊川市に位置し、「日本三大稲荷」の一つに挙げられることもある[2]。稲荷信仰の拠点の一つであると言って差し支えない。しかし、この豊川稲荷は法律上は「宗教法人　豊川閣妙厳寺」とされる。じつは、曹洞宗寺院である妙厳寺の鎮守であるからである。『日本名刹大事典』によれば、江戸末期頃より豊川稲荷信仰が盛んになり、寺門繁栄の基となったとされる[3]。

栖川は豊川稲荷の信仰が盛んになった契機として、東海道本線と豊川鉄道（現ＪＲ飯田線の一部）の開通による交通網の整備と、既に江戸市中で信仰を集めていた旧大岡忠相邸内の吒枳尼天が豊川に奉還されたことを挙げている。栖川は、妙厳寺自体は吒枳尼天が稲荷と同一視されることを避けようとしており、稲荷として繁栄したのは庶民の信仰に押された結果という立場をとっている［栖川　一九八五　六二五―六三二］。しかし、妙厳寺のみならず、各地の寺院の鎮守が庶民信仰を集めているのならば、鎮守の信仰自体がある一定の機能を持たされていたと見ることも可能であり、この点で栖川の妙厳寺を受動的立場に置く見解に筆者は疑義を呈したい。一方で、仏教学、宗学の分野では等閑視される鎮守の信仰を、「寺と庶民を結びつけてきたものは、高邁な教理や、難解な禅ではなく、境内の片隅に忘れられたように鎮座する稲荷神や道了尊、放生池のほとりの弁天さんや龍神さん達であった」［栖川　一九八五　六三七］として、寺鎮守としての稲荷の信仰に取り組んだ栖川の姿勢は評価できるものである。ここでいう道了尊とは神奈川県の大雄山最乗寺（曹洞宗）の鎮守であり、庶民の信仰篤い道了大薩埵のことである。また、龍神としては山形県鶴岡市に位置する龍澤山善宝寺（曹洞宗）の鎮守である龍神が厚く信仰され、日本海北部沿岸の漁民信仰の拠点として知られる例が挙げられる。

ともあれ、寒厳派十三門主の一つとして、曹洞宗の主要な道場である妙厳寺が、鎮守の豊川稲荷の信仰によって繁栄し、むしろ「豊川稲荷」の名を以て知られている様に、臨済宗方廣寺派の本山として、重要な拠点である方廣寺も、鎮守の奥山半僧坊の信仰によって栄え、鎮守の名を以て知られている。いわば、敷居の高い禅の道場の、庶民向けの顔が鎮守といった体である。このような例が散見されるならば、寺院にとって鎮守がどういう意味を持ったのか、その教義的役割は『国史大事典』に見たように明らかであるが、実際の信仰上の役割についてはなおいくつかの事例研究が必要であろう。方廣寺と奥山半僧坊は格好の題材となるように思われる。

方廣寺の鎮守は先に述べたように三社あるが、奥山半僧坊と椎河大龍王はそれぞれ開山大師無文元撰にまつわる縁起を持っている。奥山半僧坊の信仰を捉えるには、椎河大龍王の信仰も踏まえ、方廣寺と鎮守の全体像を見ておく必要があるだろう。

二　椎河大龍王の信仰

そこで、半僧坊と共に庶民の信仰を集める存在である椎河大龍王について検討してみよう。まずは椎河大龍王の縁起を見てみよう。

寺傳に曰く　當山守護椎河龍王は、桓武帝の御宇田村將軍俊仁勅命を奉じて関東へ下向の時、遠江国袖ヶ浦磐田の海の大蛇、美女と化し俊仁公と契を結び、一子田村俊光を産み磐田郡鹿島の里椎河淵に身を潜め、里人椎河大龍王と言ひて尊崇す、其の後五百有餘年、開山大師鹿島御渡河の際、偶々暴雨後とて河水漲溢せしを以て、龍神架橋と化し、大師を通過せしめ奉り、當山に御入山後再び女身を現じて蛇身悪業を脱せしめられん事を乞ひ奉る、大師法華經を以て撫せらるゝや忽ち苦果の依身を脱し、誓つて曰く、「向後永久斯の山の水を守護せん」、卽ち一珠を山に留むと、今當山東北に珠の窪と言ふ所あり、岩間より清水滾々と湧き出で、一山所用の水悉く是による、又た流れて門庭の溪流となり、村落に小澤、鰆田、胴滿淵等の呼稱今日現にあり、是等は龍神靈驗に因める地名で古來からから旱天に際し請雨法を修すれば必ず降雨あり、當山に於て鎭守半僧坊大權現並に七尊天を加へて奥山三社と言つて居る。(4)

この縁起の前半と同じように、田村麻呂（もしくは伝説上よく混同される田村俊仁）の蝦夷征伐に関連し、氾濫した天竜川を渡る筋立ての縁起が、椎河大龍王が身を潜めていたという椎河淵近くにある椎ヶ脇神社にも伝えられている。

桓武天皇延暦二十年征夷大将軍坂上田村麿陸奥蝦夷の反賊征伐のため下向の際、天竜川洪水氾濫、磐田の海に続き、渺々たる大湖となれり。土人等筏を作り将軍を渡し奉れり、将軍これを喜び人民のために減水を祈り、この地に闇淤加美神を祀り給へる。

時に、海水涸れて洲を見るに至りし地を今洲と名ずく、この洲より鹿始《ママ》めて渡りたるを以て鹿原と云い（今鹿島と云えり）又その川を鹿川と云えり。今なお社傍の深潭を椎ヶ渕と云えり。即ち鹿ヶ渕の謂なり。

是より神名を猪家神社と云い、のち俗に椎ヶ明神、又は椎ヶ脇明神と云えり。椎ヶ脇は、鹿ヶ脇の転なり。古来天竜川の水利を守り、舟楫の安全を保ち、堤塘の破潰を免れしめ給うを以て、天竜川流域の大氏神と称し、川の難所又は水害多き村落には悉く御分霊を奉祀せり。

（中略）又、旱魃に雨を祷れば、霊験極めて顕著なり。遠近の農民深くこれを信ず。（後略）[5]

この伝承をベースとして、方廣寺開山無文元撰にまつわる伝承を後半に付け加えたものが椎河大龍王の伝承と考えることも、決して的外れではあるまい。また、椎ヶ脇神社の縁起についても、祭神を闇淤加美神とすることが古いことであった確証はない。むしろ、水神・龍神を祀る神社ではなかったか。椎ヶ淵には昔、龍が住んでいたという伝承も存在しているようである[6]。

さらに、この二つを混同しているかのような例が天竜川下流域に見られる。磐田市掛塚は天竜川水運の終点であった。水運の盛んであった頃は隆盛を極め、貴船神社の掛塚祭りは華美な山車の巡幸を以て知られる。掛塚祭りの盛んな様子は「小江戸」とも称される。現在でも九台の屋台が町内を巡回し、祭りの時は賑わいを見せる。江戸時代、明治時代に天竜川・遠州灘の水運の拠点として栄えた財力を背景に、非常に華やかな装飾が施されている。そのうち、明治三九（一九〇六）年に再建された砂町（寿組）の屋台には、上（正面）鬼板に坂上田村麻呂、同じく上懸魚に蛇化美女の彫刻が用いられている。蛇化美女の図案は、氾濫する水を思わせる波の中に女性がおり、その横の波間に龍の顔が見えるというものである。この二つについては製作年代、作者とも不明とのことである。

現在、懸魚のモチーフは椎ヶ脇神社の縁起であるとされている。実際、坂上田村麻呂とおそらく女性に化けた龍神と思われる彫刻の組み合わせは、椎河大龍王、椎ヶ脇神社の縁起との関連を想起させる。しかし、椎ヶ脇神社の縁起では、龍神ではなく「土人」が田村麻呂を渡したことになっている。一方、椎河大龍王の縁起では、田村俊仁と契りを結んだ龍神が無文元撰を渡すことになっている。

では、この彫刻の組み合わせは一体何を意味するのだろうか。椎ヶ脇神社の初代宮司は椎ヶ脇の東岸、神社から見れば対岸にあたる二俣の筏問屋田代家の主であった(7)。このことから、椎ヶ脇神社が水運と深い関わりのあったことは疑いない。水運のつながりから、河口の港、掛塚にも伝承が伝わっていたのではないだろうか。また、椎ヶ脇神社に合祀された田村神社は、椎ヶ脇神社をこの地に勧請した田村利仁を祀るとされ、現在も境内に将軍碑がのこっている。この将軍碑は二基あり、うち一基には梵字が刻まれている。『天竜市の民俗』によれば、その梵字の意味は「遠離」、「生死不性」、「辺際」、「寂静」であるという。また、毎年七月六日丑満の刻に龍宮山岩水寺より卒塔婆を奉納し供養することが古くから行われていた(8)。このように神仏分離以前にはかなり色濃く仏教の影響が椎ヶ脇神社にあったことは間違いない。これらのことから、椎ヶ脇神社の縁起も、神仏分離の体裁を採り、祭神を闇淤加美神であるとする前は、田村麻呂を女性の姿に化けた龍神が海を渡す筋立てであった可能性があると考えることもできる。掛塚屋台の彫刻が表しているのはこのことではなかっただろうか。

卒塔婆を奉納する習俗のあった岩水寺も龍神との関わりが深い。縁起では創建を行基の時代とする岩水寺は旧浜北市内（現浜松市浜北区）で最も古い創建とされている。その山号のみならず、境内には田村俊仁を生んだという赤蛇が祀られ、安産祈願の寺となっている。この本尊を「お比丘尼さま」と呼ぶ。岩水寺の奥には鍾乳洞があり、この鍾乳洞は諏訪湖まで通じているとされる。その鍾乳洞を通って、「お比丘尼さま」が諏訪湖の主の大龍の元へ通うのだ、という伝説がある(9)。

さらに、岩水寺にほど近い太白山龍泉寺には椎ヶ脇の大蛇が登場する伝説がある。この寺はもと洞龍山雲岩寺と称していた。明徳四（一三九三）年、この寺の裏山で洞厳玄鑑和尚が修行していたところ、美しい若い女人が現れ、「私は椎ヶ脇に住むものですが、まだ成仏できません。どうか仏の道を教えてください」と言った。和尚はこの女人を大蛇と喝破し、座禅を勧めた。このとき黒雲が湧き出て和尚を包んだが、和尚は動ずることなく法華経を誦していた。終わったときは雲も女も消えていた。その夜、今度は夢に女が現れ、やはり仏の道を教えて欲しいというので、座禅を勧めると、黒雲が起こり、その中に龍の姿が見えた。翌朝起きてみると、池ができており、清水が湧き出ていた(10)。

『浜北市史』では、椎河大龍王の縁起について、この縁起を記した『奥山無文大師行状』が末寺の僧侶の手によって出版された寛文一二（一六七二）年頃の状況と重ねつつ「その（筆者注　天竜川の）氾濫に苦悩する百姓を救済する形而上学的側面を支えるものとして、意味深い」「天竜川の化身ともいうべき『椎河主』を無文元選が折伏摂受した事を説くことは、方廣寺派教線拡大には大いに利した」との見解が示されている(11)。

椎ヶ脇神社と椎河大龍王の関係は以上に述べたようにまだ検討すべき点が残っていると思われるが、推論は尽きないので椎河大龍王の信仰に戻ろう。椎河大龍王の縁起に見られる、龍王が蛇身の苦果を脱するときに使われた法華経は、「撫鱗《ぶりん》の聖経《しょうぎょう》」、もしくは「鱗《りん》の聖経」と呼ばれ、方廣寺に伝えられてきた。この法華経は請雨祈願の時に使うため、近隣のムラが借りていく習慣があったという。その背景には、これも縁起の伝承のなかに伝えられるように、奥山は決して水が涸れることがなく、水源として聖地の性格を帯びていることが想定できる。また、この地域の局地的な天候の特性で、奥山は非常に雨の多い土地であり、ほんの二〜三キロメートル先で雨が降っていない場合でも、奥山では雨が降っていることがあるという。従って、奥山はもともと雨が多い土地である上に湧水に恵まれた水源の地であり、それ故聖地としての性格を持っていたと考えられる。だからこそ奥山の領主奥山朝藤は、この地を禅の道場にふさわしい地として、開山大師無文元撰に寄進したのであろう。ならば、禅の道場としての方廣寺は、そもそもの成立過程から、水源の聖地としての性格を表現し、請雨祈願に応える必要を抱えていたのだと言うことができよう。こうした土地の性格にふさわしい鎮守として、天竜川の龍神を奥山にも祀り、方廣寺の鎮守としたのではないだろうか。こうして水を守護する鎮守として成立したのが椎河大龍王であったと考えられよう。

三　奥山半僧坊の縁起と伝説

奥山半僧坊に関しては、次のような伝説がある。

後醍醐天皇の第十一皇子、無文禅師がこの地に逃れてくると、領主奥山朝藤はこれを喜び、奥山城の奥に一寺を建立し、開基として禅師を迎えた。これを聞いたその裏山に住む山神が、自分の住居に寺を構えるとはけしからん、と禅師に問答を挑んだ。しかし、この問答は禅師の勝利に終わり、山神は禅師の弟子になることを望んだ。このため剃髪を試みたが、長年髪に櫛を入れることのなかった山神は剃る痛さに耐えられず、途中でやめてしまった。禅師が「それでは半僧だよ」というと、「半僧でよろしい。おれは半僧でこの土地を守護しよう」といって、方廣寺の傍らに一堂を立て、方廣寺の守護神となった。(12)

この伝説を見ると、半僧坊はもともと奥山の山の神であり、方廣寺の守護神としてここに祀られたことが分かる。前節の椎河大龍王のケースとあわせて考えれば、方廣寺創建に際し、天竜川の龍神と、奥山の山の神という二つを、土地を守護するための神格として取り込んだ、という鎮守の性格がはっきりするのではないだろうか。

一方、方廣寺のパンフレットにも記載されている、つまり寺院としての正式の半僧坊の縁起は次のようなものである。

観應元年　開山大師明州を船出し給ふや一日黒風俄に起り、天地晦《ママ》瞑怒濤扁舟を翻弄し、舟者《しゅうしゃ》乗客共に生ける思無し、時に船首に眼光烱々《けいけい》たる一偉人出現し、禪師に誓って曰く、「我れ此の船を守り禪師を護り奉って故國に送り、正法流傳の大志を遂げしめ奉らん」と、即ち船師を指揮し勵《はげま》して博多に着けしむ。
後年　禪師此の地に入り給ふ時先の偉人再び姿を現じ禪師の道化を被り永く法を護らんことを誓ひ大法擧揚の聖業を資《たす》け奉り正法興隆山門護持の願を發して當山の鎭守となり給ふ、是れ即ち半僧坊大權現であつて誓願に違はず正信の有情に利益を與へらるゝこと無量にして凡そ祈誓を凝《こら》す者驗《むくい》を得ずと言ふことなし。されば厄難消滅、海上安全、火災消除、諸願滿足の權現として信心の誠を致す者頗る多く其の靈驗を得る者枚擧に遑《いとま》あらず全國に亘り實に十餘万の信徒を有して居るのである。(13)

先の伝説とは違い、無文元撰と半僧坊は海上で既に出会い、半僧坊が無文元撰を助けたことになっている。

この縁起に見られるように、奥山半僧坊に水上安全守護の性格があるのはなぜだろうか。他の海上安全守護の事例や先行研究から想定できる要素から考えてみよう。まず、決して涸れない池、即ち龍宮や龍神の信仰に関する要素が考えられる。しかし、それならば奥山半僧坊ではなく、椎河大龍王の名が参拝の対象として挙げられるはずであろう。しかし、かつては聖地としての性格からこれが一体のものとして信仰されていた可能性があると想定することはできる。しかし、現在海上安全守護の信仰の対象として考えられているのは、椎河大龍王や、半僧坊も椎河大龍王も含めた方廣寺ではなく、あくまで「奥山半僧坊」としてである。これを考えると、涸れない水、龍宮の要素だけで説明することはできないようである。

ならば、山アテの地としての性格はどうだろうか。太平洋上から見れば奥山周辺の山はそれほど目立つ存在ではない。しかし、かつては現在より盛んであった浜名湖の水運や漁業の存在を想定するならば、気賀の港が奥山と結びついた存在として想定できる。気賀にはかつて魚鳥市場があり、浜名湖漁業の拠点の一つであった。ならば、漁船から見て奥山周辺の山が運航の目印になっていた可能性がある。また、道路交通が発達する前には、東海道線の駅が設けられた鷲津と気賀を結ぶ航路が奥山参詣のメインルートの一つであった。このことから浜名湖湖上の水運との結びつきも考えられる。こうした性格から奥山半僧坊は水上交通守護の性格を持ったのではないだろうか。

こうしてみると、同じ水を司る聖地としての性格から、請雨祈願を椎河大龍王に、水上安全祈願を奥山半僧坊に担わせ、二つの鎮守を庶民信仰の両輪として、方廣寺が取り込んでいたということを想像できないだろうか。しかし、現在椎河大龍王は参道の脇、川沿いの斜面にひっそりとたたずむのに対して、奥山半僧坊は立派な社殿を持ち、多くの奉納品が見られる。また、一般に名称が浸透しているのは椎河大龍王ではなく、奥山半僧坊であると考えられる。同じ鎮守でありながら、この違いはなぜ生まれたのだろうか。以下では、奥山半僧坊に絞ってその信仰についてみてみよう。

第二節　浜名湖周辺の奥山半僧坊信仰

前節に述べたような性格から、鎮守奥山半僧坊と椎河大龍王を抱える方廣寺は多くの信仰を集めてきた。奥山半僧坊についてその歴史を振り返るならば、浜名湖今切口の新居とのつながりが目立つ。奥山半僧坊の大祭は一〇月一六、一七日に行われる。この時出される神輿は新居の漁師の寄進によるものであり、かつては新居の人達が行かなければこの神輿は出ない、新居の人が行かないと祭りが始まらない、と言われたそうである。新居の漁師たちは大祭の日にはダンベー船に乗り込み、浜名湖を気賀まで行き、上陸して奥山に行ったそうである(14)。

このようにダンベー船で祭りに出かけるという形は、気賀の細江神社の祭礼を想起させる。細江神社は新居から漂着したという伝承を持ち、祭礼では神輿が船に乗って浜名湖上を巡航する。この二つをあわせて考えれば、浜名湖上の漁撈・舟運が信仰といかに深く関わるか示されていると言っていいだろう。

しかし、平成二〇（二〇〇八）年に筆者が調査したところによると、寸座、入出、鷲津、新居の各漁港で奥山半僧坊に参拝しているという例は聞かれなかった。浜名湖漁業協同組合気賀支所の置かれている寸座では、気賀の細江神社の神主による祈祷と、舞阪の汐見観音へのお礼参りを行っている程度である。入出では恵比須講を開いて地元の神社の札を祀るほか、魚介類供養のため塔婆を毎年八月に建てるのみで、遠くへ参拝することはない。鷲津では地元の本興寺（法華宗）の僧侶により、節分の時に祈願を行うが、やはり遠方への参拝はしない。個人的に参拝しているのであれば調査によって把握できなかった可能性もあるが、それにしても大きな傾向にはなっていないようである。この点について、かつては新居の人達が来ないと神輿が出ない、とまで言われた新居の場合を例にとって考えてみよう。

新居とその漁港は浜名湖と外海がつながる今切に面している。舞阪と新居の間には東海道の渡船があり、新居には関所が置かれて、交通の要衝として発展した町である。戦後は紡績関係の工場が置かれ、工業の町でもあった。このため、漁業への依存度は決して高くなかったようである。新居から半僧坊大祭への参拝は昭和三〇年代には既に行われなくなっていたらしい。そこで、昭和三〇年代にどのような変化が起きていたのかを見てみよう。

まず生業の面について述べると、昭和三〇年代に、それまで盛んであった二つの漁が廃れている。一つはカツオ一本釣りで、全盛期は明治三六（一九〇三）年。当時は四七艘の船に二八五人が乗り組んでいた。大正一一（一九二二）年には七艘まで数を減らしたが、それでも昭和三三（一九五八）年には新居では三番目の漁獲高を記録するなど主要な漁であることに変わりはなかった。しかし、これ以降は衰退に向かったのである。もう一つは地曳網で昭和一〇〜二〇年代初頭（一九三五〜一九四五年前後）には一統に一〇〇人余りが集まるなど活況を呈したが、昭和三〇（一九五五）年以降衰退し、観光地曳網として残るだけになった。(15)ただ、一方で海面漁業のシラス漁や湖面漁業の角立網は主力として残っており、漁業そのものがこの時期に衰退に向かったわけではない。

では、交通手段の変化はどうか。先述のように、かつて新居から半僧坊への参拝の手段は船、特にダンベー船であった。ダンベー船で気賀まで行き、そこから奥山線（後述）で参拝していたのである。そのダンベー船に象徴されるように、浜名湖内の水運ルートは消えてしまった。代わって台頭したのは自動車交通である。自動車を基準に考えるならば、浜名湖岸沿いに迂回して行かなければならない奥山半僧坊よりも、国道が整備されている豊川稲荷の方が便利な場所となる。言うまでもなく、豊川稲荷も漁民の信仰が篤い寺社の一つである。ゆえに、新居では奥山半僧坊への関心が薄まってしまったのであろう。現在では、新居で半僧坊に参拝するのは高齢の女性が主体であり、その取りまとめをしている方廣寺派の寺院、神宮寺によれば、漁師の母親が参拝しているケースがあるが、このケースでも漁師本人は三重に参拝しているということである。(16)

こうしてみると、浜名湖周辺の半僧坊信仰が弱まったのは、生業形態の変化が想定できないわけではないが、それ以上に交通の主体が湖面の水上交通から自動車に変わったことの影響が大きいと考えられる。ただ、浜名湖周辺の交通事情の変化の影響を受けるのはローカルな信仰に留まっていたはずである。三重県下にまで信仰が及んだことを考えるには、浜名湖周辺の半僧坊信仰とは異なる、他の要素を想定しなければなるまい。

第三節　「明治一四年大火」と半僧坊信仰の広がり

奥山半僧坊の歴史上、大きな画期を作ったのが明治一四（一八八一）年、奥山全山を襲った大火である。時あたかも、明治政府の宗教政策により蒙った打撃を回復しなければならない時期、方廣寺にとっては、さらに打撃を受ける衝撃的な事件だったはずである。しかし、この大火こそが奥山半僧坊の信仰を広げる契機となったのである。背景には、この大火の際に、奥山半僧坊真殿と開山御廟が焼け残ったことがある。ここから「大火の際に半僧坊が現れ、開山御廟を守った」という伝承が生まれ、火伏の信仰が半僧坊に加えられたのである。この伝承は先に挙げた縁起に見られる、半僧坊がこの地を守護することを開山大師に約束したという伝承を大火の事実に基づく形でなぞっている。方廣寺の内部で言われ出したものか、少なくとも、方廣寺の縁起を知る周辺の住民によって生み出されたものであろう。方廣一方でこの伝承が地域を越えて広がっていったことを説明するには、それを広めたのが何だったのかを考えておく必要があろう。

実は、大火の少し前の時期から、方廣寺は再建の切り札を奥山半僧坊の信仰を広めることに求めていたようである。この時期大火に見舞われたことは打撃には違いなかった。しかし、再建のためにも、奥山半僧坊の信仰を広め、信者を集めることの重要性は増したのである。その意味で、ここで半僧坊に火伏の信仰が加えられたことは不幸中の幸いであった。おそらく、火伏の信仰を軸として盛んな布教活動が行われたことであろう。一例として、方廣寺が二〇体の半僧坊尊像を作成し、その販売代金を復興に充てたことが挙げられる。

さらに、大火からまもない時期の半僧坊信仰の様子を伝えてくれる資料がある。国立国会図書館所蔵の『遠江国引佐郡臨済宗深奥山方廣寺護法半僧坊明治一六年一〇月一七日大祭典之絵図』（明治一七年一〇月二五日刻成）である。これを見ると、「廣」の字の旗や纏いを持った一団を先頭に、尾沢、小木藤、中村、背山の旗を持ち、太鼓や笛を演奏する人々、五色の幟を掲げる人々、さらにその後ろに神輿を担いだ集団がいる、お練り行列とおぼしき姿が描かれている。そして、左下には「深奥山五丁目門前町　一新講休泊　小松屋　仝　仝　柳屋　真誠講　仝　津の国屋　仝　田中屋」の文字がある。このころには半僧坊に参拝する講社があり、門前の特定の店を休憩、または宿泊の場としていたことが分かる。奥山半僧坊の講社がいつから存在したかを示す史料は、方廣寺では所蔵しておらず、管見の限りではこれが最も古い史料である。編集兼出版人として豊橋新銭町高柳安兵衛の名と、定価三銭の文字があるが、あるいはこれらの宿屋ではこれを宿泊者に配布したのではないだろうか。同じ明治一六（一八八三）年、現在も門前に店を構える神谷商店が開業している。神谷商店は、明治四三（一九一〇）年に乃木希典が来訪し、一八銭のソバに一円の代金をおいていったというエピソードを持つことから、「乃木そば　神谷」の商号で営業している。また、門前で「半僧坊あぶらげ」を売る中尾商店も、この大火の焼け跡で営業を始めたと謳っている。大火のあとの参拝者の増加を示すように、門前の商店も充実していったのである。

　そして明治四一（一九〇八）年には『奥山真美　半僧坊案内記』という本が出版されている。こうした書籍のタイトルが付けられているところに、方廣寺の名以上に、半僧坊の名で人を集めていたことが窺える。そして、ここでも明治一四年大火での不思議が語られる。

半僧坊大権現の霊験の赫耀《あらたか》なるは今更《あらた》めて贅術《のべ》るの要なく、弘く諸人の悉知《しち》せらる、処なれども、僅に其一例を挙れば、時は明治十四年四月一日、権現鎮座の峰巒《みね》続なる山奥より、兀然《こつねん》として山火《やまかじ》起り、折柄の強烈《はげし》き猛風《かぜ》に火は四方に燃え延《ひろ》がりて、さしも輪奐の美を極めし、方広寺の堂塔伽藍を燔尽《やきつく》し、余焰は延て門前の塔頭民家《じちうじんか》を焼払ひし大珍事の際《とき》にして其当時半僧権現の御真殿は、薄板葺屋根《こけらぶき》の御殿にて、然かも四方は松杉柏の鬱忽《しげ》った雑林《はやし》、半丁とは隔離《はなれ》ぬ方広寺の大殿《おふみどう》高閣も三繞《みかかへ》に余る杉檜の巨樹《たいぼく》さへも舐尽したほどの大火災《おふかじ》に、開山国師の霊廟《おたまや》と半僧権現の御殿とだけは焔々と燃る猛火の中《うち》に軒頭《のきさき》の薄板一枚焦《こげ》燃ずに焼残《のこ》りたる威神力《ごれいげん》は、凡俗《おたがい》の思議《かんがへ》に不可《およば》ぬ、畏《おそ》敬る可き御神徳の現示《あらわれ》たるもの(17)

このように、開山霊廟を大火から守った半僧坊の霊験が伝えられながら、信仰が広まっていったのである。

また、交通網の整備は広がっていく信仰を後押しする役目を果たしたであろう。奥山近くの交通の動脈としてはまず本坂街道が考えられる。江戸時代には、舞阪と新居の間に水路を挟み不安定な東海道を避けて、このルートを使うことがあった。東海道と比べて、特に大名家の婦女子の往来が盛んだったことから「姫街道」の別名を持つ。奥山の入口にあたる気賀、金指《かなさし》の二ヶ所は関所も置かれた交通の拠点であった。明治時代には、浜名湖を縦断する航路が開かれた。主たるものに明治四〇（一九〇七）年に設立された、浜名湖巡航船会社の航路がある。鷲津―三ヶ日間、鷲津―気賀間に就航、気賀航路は四往復からスタートした。大正二年四月一〇日改正の時刻表によると気賀航路は六往復に増便され、好調であったことが窺える(18)。航路により、奥山を含む気賀周辺の地区も幹線鉄道と結ばれたのである。大正一二（一九二三）年には浜松鉄道(19)が奥山まで開通した。これにより遠い土地からも、東海道線で鷲津、航路で気賀、そして気賀から奥山線という参詣のルートが確立した。当時、月に十数回団体客が到着したという回想がある(20)。

右に述べた方廣寺の活動と交通網の整備に加え、半僧坊信仰の広まりに欠かせなかった存在が「外務員」と呼ばれる僧侶である。かつて外務員は三人が活動していたという。それぞれ、東京都内、三重県四日市市周辺、三重県南部を活動の領域としていた。定期的に各地を廻り、祈祷を行っていた。また講を組織して正月、五月、九月の三回、奥山半僧坊へ参拝させていた。彼らの収入源は各地での祈祷料と、講を参拝させた際の宿泊料などの一部である。伊勢の御師などと非常に近い活動の形態であるといえる。ただ、この外務員の最大の特徴は、方廣寺の組織面にあるといえる。方廣寺は本山であるため、管長は方廣寺の専従であるが、ほかの僧侶は方廣寺派の各寺院から派遣される形である。実務上のトップである僧侶が交代すると、それにあわせて派遣されてくる僧侶も交代する。ところが、外務員はこのような宗務組織の外にあって、奥山半僧坊の活動を専門としていたのである。従って外務員は方廣寺の宗務にあたる僧侶とは異質な存在であった。現状では外務員の活動はないに等しく(21)、往時の様子を知ることはできない。

半僧坊の講社組織についての史料としては、静岡県立中央図書館に『遠江國奥山半僧坊講社内　松明講定則』（出版年不詳）がある。短いものなので、全文を掲げてみよう。

駿河國志太郡時ヶ谷村

塩澤榮助　印（塩澤榮助）

松明講定則

第壹條

當講へ加入ノ方々ハ奥山半僧坊講社規則堅ク相守リ諸事注意ヲ旨トセラルへキ事

第二條

當講へ加入ノ上ハ奥山半僧坊講社教會ノ鑑札幷ニ門札下渡中スベキ事

但シ各村世話人ハ當撰之上相定連名簿明細取調當講元へ差出サルベキ事

第三條

壹口金壹圓ト定メ年金廿銭ツ、五ヶ年納メ但シ五人ヲ以テ一組トシ壹ヶ年壹人ツ、五ケ年間登山之事

第四條

講中代参人登山ノ節ハ半僧坊眞前ニ於テ各家安全ノ御祈禱有之且ツ靈札下附相成ルベキ事

但シ前條奉納金ハ御祈禱料幷ニ坊料ノ事

第五條

講中有志ノ方ハ奥山半僧坊講社教會所ヘ品財寄附セラル、時ハ登山ノ上直納可相成事

第六條

當講ニテハ出張先ニテ右寄附金等直取堅ク相禁ズルヲ以テ注意有之べキ事

右松明講ハ内務省ノ許可ヲ經タル半僧坊講社ヨリ成立シタルモノナレハ十方之信者疑ハレズシテ加入アランヿヲ希望ス

月　　日

遠江國佐野郡五明村

講元

小澤藤三郎　印（松明講元小澤）

同國同郡同村

発起人

松浦貢造　印（松浦之印）

伊豆國那賀郡安良里村

取締

鈴木忠七　印（鈴木之印）

世話人総代
駿河國志太郡時ヶ谷村
塩澤榮助　印（塩澤榮助）

五明村（現掛川市）、時ヶ谷村（現藤枝市）は明治二二（一八八九）年の町村制施行に伴い、行政村としての呼称は消えており、それまでの間のものであろう。講元のもとに各村に世話人が置かれていたこと、五人を一組として金を積み立て、各人は五年に一度代参に行けるようになっていたことが分かる。但し、方廣寺が組織上外務員と呼んでいた人々が、講元と同じであるかどうかは不明である。発起人と取締の役割もはっきりしない。方廣寺では講についての資料を所蔵していないこともあり、文書資料上これ以上のことを確認するのは難しい。

講社の休憩所になっていた先述の神谷商店の現在の当主、金原仁氏（昭和三年生）によると、子どもの頃は「先達」と呼んでいた講を連れて来る人々が、「講元」に変わっていたのを覚えているという。先達は一〇人いて、昭和二〇年代まで活動していたが、後継者がなく、その後講元を中心に参拝するようになったということである。講元は講毎に一人おり、家に半僧坊の分身を祀っている人々である。こうした変化が起きていることを考えると、『松明講定則』の講元とはまた違った存在であるのかもしれない。この一〇人の先達と、方廣寺が外務員と呼んでいた三人が重なっているかどうかは、現在では分からない。前章に見た三重県尾鷲市の遠洋漁業船長久丸の場合は、祈祷に回ってきていたことが半僧坊参拝を始めたきっかけであったということであるから、外務員は巡回活動もしていたことは間違いない。この点が、方廣寺が外務員として把握していた三人と、他の先達、講元との違いであろうか。一方、平成元（一九八九）年に編集された『奥山半僧坊縁由記』によれば、奥山半僧坊総本殿の組織は講元の下に置かれた七〇余りの講と、二〇万人あまりの特信からなっている。これは金原氏のいう昭和二〇年代の変化を経たあとの形ということになる。

現在では講による参拝はほぼ消滅し(22)、家に半僧坊を祀るかつての講元の家が個人的に参拝に来るケースが圧倒的に多くなっているという。その講元も、かつて講中を引き連れてやってきた人々の、子ども・孫の世代になっているそうである。多くの講社を受け入れてきた金原氏は、バブル景気の頃に講による参拝が減少し、代わりににツアーバスでやってくる客が増えたと感じていたという。その頃から、後継者がなく解散する講も増えてきていた。こうして、全国的な広がりを持った奥山半僧坊信仰は、かつての講元が参拝していることから、信仰圏が狭まったとはいえないまでも、一時よりも限定された信仰に変化を見せている。

いずれにせよ、明治一四年の大火が奥山半僧坊信仰に一大画期をもたらし、大火を逃れた霊験を宣伝材料として、外務員や講元による講組織が作られていき、半僧坊は広域の信仰を獲得するに至ったのである。この過程において講が果たした役割は大きかったと見るべきであろう。

第四節　漁民信仰から見た奥山半僧坊

ところで、各地に組織された講の中には、同業者によるものも少なくなかった。前出の金原氏によると、東京都内では、築地のすし屋、魚屋等による講や、浅草周辺のテキヤによる講があるなど、商売の人による講が多かったという。静岡県内では伊豆や焼津の漁業者や、家具屋、下駄屋など木工関係の人々が多かった。また、愛知県内では漁業に加え、多治見、常滑などの窯元が多かった。これは火を扱う仕事であるために、火伏の効験を期待してのことであろう。三重県内では、海産物問屋や漁業が中心であった。特に、志摩半島の海女は、ワカメなどの奉納品を持ってきて荷物が多かったため、頭に荷物を載せる姿だったことが記憶に残っているという。

前節に見たように、奥山半僧坊信仰は明治一四年大火のあと、急速に広まったと想定できるが、受け入れる側にもその素地がなければ、急速に信者を獲得していくということは難しいはずである。このことを考えるとき、同業者による講の多さは注目すべきであろう。特定の生業を営む人々の間で信仰を受け入れる素地が共有されていたと考えられるからである。

そこで、ここまで述べてきたことを考慮に入れながら、主に漁民の信仰の観点から奥山半僧坊の信仰について考えてみよう。奥山という土地は、湧水・降雨の両面で非常に水に恵まれた土地であり、そのことが龍神の信仰を生んだ。一方で、浜名湖の水運・漁撈上重要な拠点である気賀は奥山の入口であり、奥山周辺の山は気賀の港を示す目印となっていたとも考えられる。このことから奥山は請雨祈願、水上安全祈願の聖地であった。この地を寄進され禅の道場として成立した方廣寺は、請雨祈願を椎河大龍王に、水上安全を奥山半僧坊に、という形で鎮守に庶民信仰の聖地としての役割を担わせた。こうして浜名湖周辺の漁民から見て、奥山半僧坊は水上安全の信仰対象であった。明治一四年の大火は奥山半僧坊に火伏の信仰を加え、交通網の整備と相俟って奥山半僧坊の信仰は地域的な広がりを持っていった。方廣寺もまた、再建の切り札として奥山半僧坊の信者獲得に力を入れていった。この機運に乗って外務員や講元が現れ、半僧坊信仰を広める役割を果たしていく。彼らは奥山半僧坊の縁起から水上安全の効験を、明治一四年大火の伝承から火伏の効験を説き、信者を獲得し、講を組織していったのであろう。

そうしたなかで漁業者の信仰を集めていったわけだが、その頃漁業にはどのような変化が起きていたのであろうか。第五章で取りあげたように明治三一（一八九八）年の遠洋漁業奨励法、四二（一九〇九）年の特別漁船奨励金設置など制度面の整備により、大正時代にかけて遠洋、沖合への進出が進んでいた。これが明治一四年大火以降の奥山半僧坊の教線拡大の時期と重なるとみてよいであろう。そして、大正末期から昭和初期にかけてのカツオ一本釣り、マグロ延縄船の普及につながっていく。

こうしたマグロ漁業やカツオ漁業の隆盛は漁民達の活発な寺社参拝を促した。もともと、漁民の大漁祈願、海上安全祈願は、いくつかの寺社に対し、複合的に行われると考えてよい。三重県下の多くの漁民が、各漁村に存在する寺社や小祠に大漁祈願を行うのと同時に、青峯山正福寺（鳥羽市）への参拝も欠かさないことなどはその典型的な例である（第五章）。船が動力化され、沖合や遠洋に出る漁が増え、行動範囲が広がると同時に経済的な余裕も増したことは、その複合性に輪をかけて、参拝対象の寺社を増やしていくこととなった。前章で見た焼津のカツオ漁船のかつての代参習慣をふり返ってみよう。西方面、東方面、富士山・大山阿夫利神社の三方向に分かれ、行き先は鰹漁が始まる四月の初卯の日に行われる浦祭りでくじによって決められた。参拝する寺社は、伊勢神宮、青峯山、奥山半僧坊、秋葉神社、豊川閣、加太神社、熊野那智大社、伏見稲荷、金比羅宮、出雲大社、富士山、大山阿夫利神社、成田山、金華山神社、塩釜神社、志波彦神社と多岐にわたっていた。しかし、現在では、これらのうち参拝の習慣が残っているのは伊勢神宮と青峯山だけである。このように参拝対象が減らされたのは、焼津の漁業を特徴づける遠洋カツオ漁業の減少と関係があるのだろう。静岡県の遠洋カツオ漁業の漁獲量は、昭和四八（一九七三）年、四九年に続けて六万トンを越えてピークを記録したあとは減少傾向に転じ、平成八（一九九六）年以降は二万トン以下で推移している[23]。奥山半僧坊はこうした傾向の中で、参拝の対象から外されたのである。講社の減少と時を同じくして、漁業の面ではこうした変化も起きていたことも、信仰の変遷を考える上で重要である。

また、かつては船が参拝の手段であったことも漁業との関わりでは看過できない。新幹線が開通する前は、三重の漁民達は焼津や蒲郡の港に船を着けて、その先を陸路で参拝に来ていたという。参拝に船を使わなくなることで、講として集団で参拝することの意味が薄れたという側面も、漁業の特質から見れば、講の衰退の理由としてあげられるのではないだろうか。

一方、数としては少なくても、遠洋漁業船の船主には今も複数の寺社へ海上安全祈願の参拝をする人々が多い。そのことは船主という立場がもつ特質と密接に関わっていると考えられる。すでに前章で述べたことなので、ここでは簡単な説明に留めるが、その特質は「オカにおるもんは神参りしかできない」という言葉に集約される。これは伊勢市の遠洋漁業船海王丸の創業者、故中村八十八氏の口癖であったという言葉である。自分は船に乗らないという立場で、船員の無事と大漁を願う、そのことが船主に寺社参拝をさせる動機である。奥山半僧坊へも、尾鷲市の徳栄丸、長久丸は定期的な参拝を続け、志摩市の源吉丸も不定期ながら奥山半僧坊へ参拝するという。長久丸が半僧坊への参拝を始めたのは外務員と思われる人物の巡回活動がきっかけであった。それが、外務員や講の活動の実態が失われたあとも、遠洋漁業船船主という立場の強い動機に支えられて、信仰を継続しているのである。

ところで、筆者が平成一六（二〇〇四）年から一八年まで志摩市以南の漁港で行った聞き取り調査では、奥山半僧坊へ参拝しているのは遠洋漁業船の船主に限られていた。半僧坊の講が衰退したあとの時期だったことからは当然の帰結ではあるが、一方でこの調査の中で参拝対象が特に多かったのは、遠洋漁業船と定置網であった。つまり、会社、組合によって行われる組織的な漁業である。亀山慶一は稲荷信仰について「漁業が企業としての性格を強めてくる段階において、急速に稲荷信仰が滲透していく場合がみられる」と述べている［亀山　一九八三　二二三］。遠洋漁業船や定置網の組織が複数の参拝対象を持っていることを考えれば、これは稲荷信仰に限ったことではなく、漁業の近代化の過程で一般的にみられたことだったと考えてもよいのではないだろうか。ただ、それを断言するにはさらに事例収集が必要であり、今は仮説として提示しておくに留めておこうと思う。(24)

また、遠洋漁業船と定置網の性質を考えたときにもう一つ指摘しておきたいことがある。遠洋漁業船の船主は、行動範囲が広く、自分は漁に出ないことで、参拝に行きやすい環境にある。また、定置網は多人数が参加する組織的な漁であるから、定置網の組織自体が一つの講のような役割をすることになり、特に講に参加しなくとも、やはり複数の参拝対象を持ちやすい環境にあるといえる。すると、奥山半僧坊の外務員の活動によって組織されていった講とは、漁業の近代化により参拝の動機は強まったものの、個人で参拝したり、漁の組織でそのまま参拝したりするほどの規模を持たない人たちを集めていったことに意味があったのではないか。そうすることで、奥山半僧坊信仰は漁民の間に広がりを持ちえたのだといえる。ただし、そうした漁民を対象にしていたことが、漁業の凋落傾向や交通手段の変化といった要因による講の活動停止の一因にもなった可能性がある。単独でも遠隔地の複数の寺社への参拝を続ける遠洋漁業船の船主や定置網の組織とは対照的であるともいえる。

小　結

奥山半僧坊それ自体は、豊川稲荷や前章でとりあげた青峯山と比べれば、顕著な漁民信仰を集める寺院であるとは言えない。どちらかといえば、半僧坊・豊川稲荷・秋葉山の三ヶ所に参拝する「サントコマイリ」の習俗に見られるように、遠州地方のローカルな信仰対象であると見てよかろう。また、現在では地域的な信仰が主体であるために、これまで漁民信仰の対象として取りあげられることがなかったといえる。

しかし、本章では現に海上安全祈願を目的として参拝を行う遠洋漁業船船主がいることに着目し、その歴史を遡ってみることにより、この信仰が参拝者を増やそうとする寺院側、あるいは宗教者側の考えと、近代の漁業の変化のなかで、遠くの寺社にまで海上安全祈願の対象を広げようと望んだ漁業者側の機運が重なり、生まれたものであることを明らかにできた。これは決して特異な事例なのではなく、ある信仰が広まる背景には、このような寺院側の機運と参拝者側の機運の重なり、すなわち生業と宗教の動向の連関が考えられるのではなかろうか。遠洋漁業船船主による奥山半僧坊への参拝は、寺社と関わる一つの民俗事象の背後に、寺院側と生業側の両面からその変遷と現状を読み込んでいくことで、より大きな動きを捉えることの出来る好例であったと考える。

注

（1）『国史大辞典』第九巻　吉川弘文館　一九八八年　六八二―六八三頁。
（2）「日本三大稲荷」と称する場合、地域により様々なバリエーションがある。
（3）圭室文雄編『日本名刹大事典』一九九二年　雄山閣出版　八四五頁。
（4）方廣寺発行パンフレット『方廣寺』一九六六年　一六―一七頁。
（5）『天竜市の民俗』天竜市教育委員会　一九七三年　一五五頁。
（6）前掲注（5）二〇九頁。
（7）『天竜市史』続史料編二　田代家文書二　天竜市教育委員会　一九九九年。
（8）前掲注（5）一五六頁。岩水寺によれば、先々代の住職が亡くなった頃途絶えたとのことである。
（9）御手洗清『続々・遠州伝説集』遠州タイムス社　一九七八年　一六五頁。
（10）前掲注（9）一八〇―一八一頁をもとに要約した。
（11）『浜北市史』上巻　一九八九年　一一一二―一一一四頁。
（12）御手洗清『遠州伝説集』遠州タイムス社　一九六八年　二九三―二九四頁をもとに要約した。
（13）前掲注（4）一五―一六頁。
（14）『新居町史』第三巻風土編　一九八五年　三六〇頁。
（15）『新居町史』第二巻通史編下　一九九〇年　五一八―五一九頁。
（16）これは伊勢神宮参拝、もしくは新居には津島講が存在していたことから、津島参りのことと思われる。
（17）渡辺元雄『奥山真美　半僧坊案内記』木村文積　明治四一年　一―五頁。
（18）前掲注（15）一九九〇年　一八五―一八七頁。
（19）後に遠州鉄道奥山線となる。金指―奥山駅間は昭和三八（一九六三）年に廃止。
（20）船越清司『郷土創造　遠州鉄道物語』遠州鉄道　一九八三年。

(21)　一名だけ残っているが、講との付き合い程度の活動しかしていないという。
(22)　神谷商店の金原氏によれば、現在も講中で参拝にやって来るのはわずかに四つの講だけである。
(23)　「漁業・養殖業生産統計年報　海面漁業種類別漁獲量累年統計（都道府県別）静岡」。e-stat（http://www.e-stat.go.jp/SG1/estat/List.do?lid=000001061498）で平成二五年六月二八日閲覧。
(24)　定置網に関していえば、筆者が調査を行っていた平成一六年から一八年頃が、ちょうど「定置漁業組合」から株式会社への転換が各地で進んでいた時期であった。

第二部　諸生業の動物観と供養・慰霊

第一章　研究史と問題の所在

第一部では、漁業を軸として、生業のあり方が信仰、とりわけ供養や大漁祈願といった信仰のあり方と、どのように結びついているのかを見てきた。しかし、生業のために様々な信仰を持つのは、もちろん漁業に限ったことではない。第二部では様々な生業の信仰のあり方を、ここでは動植物の供養を軸として見ていくことにしよう。なお、ここでは動植物供養を軸にするとは言っても、第一部にも見たとおり、動植物供養もそれが主であるか副であるかによらず、大漁祈願や安全祈願につながる現世利益的な側面を持ち合わせているので、第二部も現世利益を中心に仏教が果たした役割を捉えようとする視点に変わりはない。

第一節　生業と生産儀礼の研究史

第一部においては漁業と信仰に関する先行研究をまとめたので、ここでは漁業を除いて、その他の様々な生業に関する信仰の主な研究を見ていこう。柳田國男の祖霊論、山の神と田の神の去来をはじめとして、最もよく取りあげられてきたのは稲作に関する儀礼であると見て間違いはなかろう。春から秋までかかる稲作の周期に合わせて様々な儀礼があるため、これらは「年中行事」として捉えられてきた。

『日本民俗学大系　第七巻　生活と民俗Ⅱ』において年中行事が取りあげられているが、ここでは桜田勝徳が執筆した総説において、井之口章次が担当した「農耕年中行事」、郷田洋文が担当した「年中行事の地域性と社会性」の両論考を含めて、大系発刊当時の年中行事研究が抱えていた問題点が示される結果となっている。まずはこれを示して、かつての年中行事研究の方向性と、それに対する反省、そしてその結果としてどのような研究が施行されたのかを見ておこう。

井之口は「農耕年中行事」において、柳田、折口信夫、倉田一郎、早川孝太郎、宮本常一らの主張を引いてこれに分析・検討を加え、水平に来臨する歳神と垂直に降臨する農神が文化変容、混同の結果、現在の相になったのであり、歳神を山から迎えることは本来ありうべきでなかったと仮説を提示する。また同様の手法により、小正月の予祝の行事は本来春の農作業の直前に行われたものである、田の神と交代する山の神は、天から降臨する神が山を通ってくるところから山の神と呼ばれるようになったもので、まさしく「農神」であり祖霊信仰形成後の祖霊である、一方山民の祀る山の神は農民の祀る山の神の派生もしくは変形と認められる点が多い、などの指摘を行っている［井之口　一九五九］。

一方、郷田は「年中行事の地域性と社会性」として、自然環境とそこに生活する人間の営みの違い、田の神去来伝承の有無、年中行事を支える集団の多様性など地域差、社会差に着目した論考を試みている。分布図を用いながら事例を整理し、「日本の年中行事における二期的な区分、行事の二分的傾向、田の神去来信仰などの背景に、社会・文化的な特質が存在して、それに自然的・歴史的な色彩が加えられ、日本列島独自の展開がなされているのではないかと思える」［郷田　一九五九　二二八］と見解を明らかにしている。その上で、いくつかの事例に合わせて、生産暦と年中行事のサイクルを示した図を提示し、年中行事の二元性を強調している。

これら二論文について桜田はその総説において構想が失敗したと反省するようなコメントを付しているのである。桜田がなぜそのようなコメントをしたのか理解するために、まずは桜田がどのようなスタンスを持ってこの大系第七巻の編纂に臨んでいたのかを見ておくべきであろう。桜田は「平常の生活なくしては年中行事もありえないので、平常の生活との組合わせがどうであったかを当然考えねば、伝統生活の中での位置づけは不可能であろう」〔桜田　一九五九　九〕と述べて、信仰儀礼の物質的・技術的基盤としての平常の生活相をふりかえらねばならぬこと、平常生活の変化が年中行事に与える影響などの論点を提示している。そのうえで暦を例にとり次のように述べている。

もしも民俗学が現在生活の調査に出発するのだということに徹するとすると、この規準（筆者注　新暦・旧暦・月遅れのいずれで年中行事を行うかの規準）のくずれた中での個々の行事の時間的配列と新しい生産事情のもとでの平常生活の季節的な相との関係に留意されねばならなかった。（中略）新暦以前の古い姿を追うことのみに急であって、新暦、一月おくれ、旧暦の三者混合の実情に十分にせまりうる用意はつみあげられなかった。つまり平常生活と年中行事との関係に十分に立ち向かう体制は、まだえられていなかったのである。

〔桜田　一九五九　一四〕

これがこの時点での桜田の問題認識であった。そして、このような論点を示した上で、桜田は井之口の「農耕年中行事」について、序章にも取りあげた「農耕という平常の生産活動を中心とした生活と年中行事との、かみ合わせ・関係に重点が注がれることを期待していたのであったが、今までの民俗学の業績を考えれば、ただちにそれを望むことは確かに無理な注文であったかもしれない」〔桜田　一九五九　一五〕という編集委員としての反省の弁ともとれるコメントをしているのである。さらに、井之口と郷田の執筆する部分が重なる可能性があり、互いに制限を加えられた中で書かざるを得なかったであろうことに対し、桜田は謝罪の弁を述べている。郷田自身も、自身の論考に分布図を用いたことについて「これまであげてきた幾つかの分布図や事例は、行事の地域的性格というよりも、複合形態を見ることが多く、筆者自身もこのようなマッピングの方法について多くの疑問をいだいている」〔郷田　一九五九二一八〕と述べており、決して意にかなうような方法で年中行事について述べることができたわけではないようである。

この時点での民俗学の業績が、平常の生活と年中行事の関係分析に不十分なものしか持たなかった理由について、桜田自身明白に述べているわけではないが「もしも民俗学が現在生活の調査に出発するのだということに徹するとすると」、「新暦以前の古い姿を追うことのみに急であって」といった表現に桜田の認識は十分表現されている。つまり、「現在生活の調査」を基盤とする民俗学は、暦の変化とともに、新しい生産事情についても考慮すること、即ち年中行事の変化と生業の変化の関連において、新暦・旧暦・月遅れのいずれが選択されるかを見るべきであったのに、「新暦以前の古い姿」を求めることに終始してしまった、という反省である。

このことから、現にある民俗からそのルーツへ、古層へと遡ろうとすることを主とした初期民俗学の見落とした課題を、既にここで桜田が浮かび上がらせていると見ることができよう。その試みは桜田にとって失敗だったとはいえ、平常の生活との組み合わせ、という理念を提示したことは評価されるべきだろう。

一方、郷田は坪井姓となった後、生業に着目することで、従来の研究の問題点をあぶり出した研究を残した。坪井は、柳田の影響を強く受けた日本民俗学は、稲作を基盤とした民俗の分析と体系化を主要課題とし、稲作農耕民である日本人の深層に潜む、価値観や世界観は稲作とのかかわりにおいてのみ理解されるという前提に立っていたと批判する(1)。そこで稲作農耕と次元を異にする等価値の体系として畑作に注目するのである。その研究の視点について坪井は、第一の視点〈正月餅をタブーとする集団の儀礼分析〉第二の視点〈正月餅をタブーとする集団の神話分析〉第三の視点〈儀礼体系と畑作文化要素の分析〉第四の視点〈儀礼体系と畑作物栽培体系との対応関係の分析〉第五の視点〈畑作文化の民俗誌的分析〉の五つを挙げる〔坪井　一九七九　四四―五一〕。本論が問題としている生業と信仰の結びつきという観点から見ると、第三の視点以下が重要な要素となる。

坪井の代表的著作『イモと日本人』は多くの紙幅を第一、第二の視点に割いているのだが、「畑作文化の確認　―

イモと日本人（三）―」が第三の視点以下につながる内容となる。特に注目すべきは岡山県新見市大字千屋小字代城を事例に生産暦と儀礼の対応を示し、「菜種を除いて焼畑作物は栽培期間が短く、その栽培過程も稲作と比較して相対的に単純であるため、新年の予祝儀礼を連続的に反復することがなく、予祝儀礼と収穫儀礼という二期構成をとっていると見ることができよう」と指摘していることであろう。全体を通してみると、儀礼分析を主としている観のある坪井だが、こうした視点を表明していたことは注目に値する。

さて、生業民俗の研究に関して、即物的側面と信仰的・心意的側面の偏りが見られることを問題とする姿勢を明白にしているのが野本寛一である。野本はその問題意識を、『稲作民俗文化論』の序章において次のように表明している。

本書における田遊びや御田の扱いは、正当な芸能研究とはなっておらず、田遊びも御田も、演目ごとに稲作儀礼の構成要素として眺め、演目を民俗素材として扱っているのである。筆者の、田遊び・御田の見方は言わば「つまみ喰い」なのかもしれない。しかし、このような見方によって初めて浮き彫りにされる問題点もあり、深淵をのぞける場合もあろう。

〔野本　一九九三　五〕

野本は、これまでの神事・芸能研究のあり方に比して、自らのスタンスを「無謀」「つまみ喰い」「変則的」と表現しているのだが、しかし野本のように生業からの視点を持ち込む姿勢が、従来の研究が見落としてきたことをはじめて明らかにする可能性は十分に期待できるであろう。(2)野本は、苗代、鳥追い、水、太陽など、稲作を取り巻く様々な要素ごとに、農耕の実際と田遊びや御田の対応を述べ、そこから儀礼の意義や由来を明らかにしようとしている。一例として苗代を挙げると、籾蒔とそれに伴う儀礼を五一例挙げた上で、神事における種籾の保管方法が実際の鼠害防止法と対応すること、儀礼に登場する焼米は、実際に農繁期の重要な保存食であり、また一方で未熟な米の方が焼米に適することから、「未熟稲復活」の意味合いを帯びていたこと、オコナイでの板叩きや太鼓などによる大音響は、もとは猪追い、鳥追いに用いられたものが修正会に取り込まれたと考えられること、などを述べている。これらを踏まえ、野本は次のように述べる。

基層民俗や技術伝承を確かめることによって予祝神事や芸能の理解が深まり、予祝神事・芸能の演目や詞章、素材に眼を凝らすことによってこれまで見えなかった基層民俗や技術伝承も見えてくる。

［野本　一九九三　一六四］

信仰に関する神事や芸能を、それ自体を総体として研究することは、もちろんこれまで多くの成果を上げているが、野本が試みているように、生業の即物的な面と、信仰的・心意的な面の両面を参照することが、どちらの面にもプラスになることを忘れてはならないだろう。

ところで、野本のいう「基層民俗」であるが、これはかつての民俗学で考えられた「古い民俗の残存」というようなものではない。野本は今ある民俗の即物的な面を「基層民俗」と捉えているのである。端的には、「人間の、精神的、心意的営為の背後には必ず、物質的、即物的な営為が存在する」［野本　一九九三　三〇八］という考え方である。一方で、「精神的、心意的営為」にあたる「民謡・呪術・芸能など」は「上層民俗」ということになる。鳥追いを例にとると、以下のようなことである。

害鳥を防ぐ物理的設備や、害鳥を追う具体的な方法が先に存在して、その後はじめて、民謡・呪術・芸能などが発生してくると考えるのである。

（傍点筆者）［野本　一九九三　三〇八］

このような表現から考えると、野本の言う「基層民俗」と「上層民俗」は現実に見られるカテゴリーであるとともに、時間的な経過をも含んだ概念ということになろう。筆者の立場からは、どちらが先という発生の順番にはあまりこだわる意味がないように思われ、この点で「基層民俗」、「上層民俗」という概念を設定することには多少の疑義が残る。しかし、即物的な面と信仰的・心意的な面を結びつけて捉えることから、従来見落とされてきた要素を掘り出そうとする野本の姿勢には賛意を表したいと思う。

さて、生業と信仰とのかかわりを考えるには、もう一つ職祖神信仰という観点も考えられる。松崎憲三は理容業者とその職祖神たる采女亮の信仰を取りあげ、明治以降各時期の祭祀の様子を紹介し、特に「髪結職分由緒書」にちなんで建立された「床屋発祥の地記念碑」（山口県下関市）については全国の理容業者のシンボル的存在となり、各地の理容業者の活性化にも一役買っていると指摘している［松崎　二〇〇四　五八―八〇］。由緒、職祖といった伝説を現在でも業界の活性化に役立てようとする態度が見られることは注目に値しよう。

職祖神を含む、職業神、職能神について「生業信仰」という概念でまとめたのが小林公子である。小林は従来の職業神、職能神研究について「業種がどのような神を信仰しているかに重点を置き信仰形態や信仰生活に触れるものは少なかった」［小林　二〇一〇　八］という問題点を指摘し、織物業、やきもの業、薬業の信仰を取りあげて(3)、生業の信仰は「技の上達を願う信仰から同業組織の団結強化への信仰へと発展し、現在では信仰の底辺を拡大して一般大衆にまで視野を広げている」［小林　二〇一〇　二八五］とまとめている。小林は生業信仰が社会情勢や組織の変容に柔軟に対応して変化してきたことを特に重視しているようである。

しかし、全体を通して小林は「信仰形態や信仰生活」の記述分析に偏りすぎ、生業信仰を標榜しながら従来の信仰研究とあまり変わりないものになってしまった観がある。例えば、小林はやきもの業について「窯から取り出さなければ成否のわからない不確実性の高い作業からやきもの業独自な信仰がみられる」［小林　二〇一〇　二七〇］と述べているが、その不確実性の高さを示す論拠といえそうなものは、「思うように温度が上がらないときは神に祈るしかなかった」という年老いた陶工の話［小林　二〇一〇　一八二］と、「『ふがま』（筆者注　焼成の失敗のこと）が三回でると窯焼きはつぶれるといわれた」という『有田町史』の記述の引用［小林　二〇一〇　一七三］のみである。窯から取り出すまで成否がわからないという特性が、やきもの業を営む人々にどのような影響を与えているか、それに対する分析がもっとなされてはじめて、不確実性が信仰と結びついていることを的確に論証できるのではないだろうか。そのためにはやきもの業の実際の作業など、即物的な面についても配慮が必要であろう。心意的側面と即物的側面の両方を見ることを求める野本の指摘の重要性を再度確認しておきたいと思う。

第二節　生業と供養の研究史

第一部の研究史では、魚介類供養を主として取りあげたが、ここでは「生業と供養」という視点を設定し、供養の儀礼、供養碑の建立とその主体たる人々の生業とのつながりを示す研究をまとめておこう。

まず第一には、狩猟伝承に関する膨大な研究を残した千葉徳爾を挙げるべきだろう。千葉の収集した資料は広範に及ぶが、供養に関するものとしては狩猟の対象になる獣の供養にあたる、諏訪の勘文（四句の偈）[4]などの慰霊・鎮魂の儀式や、九州に分布する千匹塚などの供養習俗が見られる。これらの習俗に対して千葉自身の見解が示されている点として、以下に二例を挙げておく。千葉は千匹塚と魚霊塔・鯨慰霊塔とを比較し、「（魚霊塔などは）多く漁協や鯨船の仲間一同などの、集団での企てによったものだが、狩猟者の慰霊塔はすべてが個人の計画であって、その動機が異なったものであることを示している。」と指摘しながら、その動機については明らかに文字に記されたものがなく、千葉の考えも推論にすぎないとして課題を残している［千葉　一九七五　二五一—二五三］。

一方、栗原弥三という伝説的狩人が極めて仏を深く信仰した人であると伝えられていることをあげて、獣の霊魂を鎮めるのがすぐれた猟師の資格と信じられたこと、彼が宗教的儀礼として狩りを行った一人であることを推測し、「近世の有名な狩人たちがそのような教えに深く傾倒していたからこそ千匹塚の建立が各地におこなわれ得たのであろう」と指摘している。同時に、千匹塚の信仰が大乗仏教の教理そのものの真髄をきわめることにより、死霊追善のために行われたのかは疑う必要があり、祟りをはらうために塚の形式を以て霊を祀る方式は存在しただろうから、千匹塚をただちに仏教の山民教化のあらわれと断ずるのは早計であるとしている［千葉　一九六九　五一二］。千葉が疑義を呈しているように、「大乗仏教の教理」がどこまで千匹塚建立に関わるのか、「仏教の山民教化のあらわれ」と見ることができるかについては断定を避けるべきであろう。ただし、野獣の鎮葬・慰霊を行おうとした猟師たちが選択した手段が仏教の形式に則ったものだった点には、供養の動機を持つ人々と仏教のかかわり方の一つとして、注目できるのではないだろうか。

狩猟に関する例をもう一つ挙げよう。野本寛一は狩猟にかかわるものが不殺生戒を軸とする様々な葛藤を持っていたと指摘した上で、不殺生戒を唱導する説話に多く登場する鹿に関して、これを題材とした多くの民謡・短歌などを取りあげて「鹿の哀傷歌群」と名付け、仏教説話の成立の背景に鹿に対する深い思い、同情があったということを明らかにしている。次に千頭供養とそれに関する伝承を取りあげて、猟師が獲物の霊を供養するという営みが既に仏教的であり、また仏教は仏法事を「千」をもって行うことが多いことから千頭供養・千丸供養もそれと同列のものとしている。一方で、八重山諸島には猪の下顎骨が四十四個になると海に流した風習をあげて、仏教的千頭供養以前の素朴な供養の一形態だったのではないかとしている［野本　一九八六］。

ここで、動植物供養の総論的なものに触れよう。木村博は、牛・馬／犬・猫／熊・鹿・猪／鯨・イルカ・魚鱗／鳥

／虫その他／亀その他／草木という形で動植物供養習俗を整理し、仏教思想の介在と底流としてのアニミズムの存在を認めた上で、「お祓いや読経をせずにはいられないこころこそが問題なのである」と指摘し、動植物供養を「鎮魂の民俗」と位置づけている〔木村　一九八八〕。

近現代の問題として動植物供養を捉えようとした研究としては中村生雄が挙げられる。中村は鯨供養、実験動物の供養、道具供養、草木供養を取りあげ、これらが当該の動物や道具を生業の対象とする人々によって行われていることから、中牧弘允の主張を引きつつ、供養が事後処理システムとして機能し、生業が要請する資源の調達や製品の効率的供給に歯止めをかける必要がなくなる点が問題であるとしている。供養が現代日本で果たしている機能は個人の私的活動、ひいては資本主義的企業経営の全面開放を保証する心理的・文化的装置になっているとし、現代における動植物供養を自然界からの歯止めなき簒奪を許容する装置と捉えている。ただし、中村は一方で、このような供養を断罪するつもりはないし、供養儀礼を冷笑するだけの人間中心主義イデオロギーに賛意を表するのでもないとしている。この結論は文脈から言えば、供養は西洋的な人間中心主義イデオロギーに対抗できる言説ではない、と主張するのが主眼である。これにより中村は、「供養の文化」を西洋的な人間中心主義イデオロギーに対抗する言説として誤認することだけは避けねばならないと主張しているのである。

したがって、中村自身「短絡を承知で」と述べているように、伝統の安易な主張に警鐘を鳴らすという目的のために、捨象した部分が大きいことは否めないだろう。特に、生業を経済的な面からしか捉えていない傾向がある点を筆者は問題にしたい。既に第一部で見たように、生業が魚介類ないし動植物に対する思いを作っていくことを考えるならば、これを「ひいては資本主義的企業経営」という視点からしか見ないことは、重大な瑕疵《かし》となる可能性があるのではないか。生業が経済的な面を持つと同時に、人と動植物が生身で向き合う場であることを忘れてはならないだろう。一方で、殺生の罪責感を解消する方法として「供養の文化」と「供犠の文化」があることを中村が提示しているのは重要な指摘であると筆者は考える［中村　二〇〇一a　二四〇―二四五］。

ところで、中村が供養の文化と供犠の文化を構想した背景には、「食べるという行為にたいする微動だにしない確信と肯定」［中村　二〇〇一a　一二六］という関心があったと思われる。故に中村は肉食の問題に切り込もうとしたのである。その立場を参照しつつ、殺しや死は当たり前のものであるというところまで踏み込もうとしたのが菅豊である。菅は「鮭は各家のエビス様の神棚に供えられるために川を遡ってくる」という語りをもとに、その説明体系には本来的に「殺す」という行為、「死」という表現は存在しないとする［菅　二〇一二　一三七―一三八］。これは供犠の文化であり、それに対し供養の文化とは動物を殺すことへの負の感情を植え付ける存在と位置づけられる。しかも、菅は「『供養の文化』から説明されるような、負性を帯びた『殺し』や忌避される『死』のイデオロギーとは異なる、普通の当たり前の『殺し』と『死』がかつてあった（傍点筆者）」［菅　二〇一二　一四三］という表現から分かるように、供犠の文化こそ自然と向き合う人々の本来的文化であり、供養の文化はあとから「殺し」と「死」に負性を与えた存在であると考えている。このような時系列的な考え方は中村の供養と供犠の対比にはなかったことであり、また中村がその対比を構想するに際し参照した中村禎理の「動物を殺したときに、何らかの心の痛みを感じる文化が少数とはいえません」［国立歴史民俗博物館　一九九七　一七五―一七九］という立場とも根本的に異なることに注意しなければなるまい。第一部で取りあげた事例からは、筆者は自然に向き合う生業では本来「殺す」という行為、「死」という表現は存在しないという立場をとることはできない。生業の上で自然と関わる以上、どこかにわからなさが必ず残るものであり、見えない部分と対峙するときに動物の死を意識することは十分に有り得ることである。これを供養の文化が負の感情を押し付ける結果であると考えることは生業の実態に合わないと考えるからである。そのことは第二部の事例からも検証してみようと思う。

エルメル・フェルトカンプは軍用犬の慰霊の事例から、国家による集合的な死の美化と個人的な親密なつながりが重層していることを明らかにしている。そして、その重層性は「御国のために」という思想的中心が「科学や人間世界の進展のために」という意味づけに取って代わって今も続いている、と指摘する。それゆえに、動物供養や動物慰霊祭に「伝統的」な「日本人のこころ」のみを読み取ることは適切ではないとしている。さらに、中村の主張を引いて、「このような（筆者注　中村の指摘した供養を事後処理システムとする）姿勢は、意識的であれ無意識的であれ軍用動物慰霊が登場して以後、動物の『命』を消耗品として捉え、資源化して入れ替え可能なものに変えたという考え方を表している」と指摘している。この主張の背景には、軍用動物の発達とその慰霊が「日本における動物利用そして人と動物の関係、または動物の死後儀礼」の転換点となったと見るフェルトカンプの捉え方がある［フェルトカンプ　二〇〇九］。

軍用動物慰霊における「御国のために」という言説と現代の動物供養・慰霊における「科学や人間世界の進展のために」という言説の比較などは重要な視点と考えられる。しかし、これらはあくまでも国家や科学といった視点からの分析である。フェルトカンプのいうように、現代の動物供養・慰霊が重層的であるならば、その分析によって結論を導こうとするのは一面的な見方ということにならないだろうか。重なり合う層のもう一方である動物と人との個人的で親密なつながりの視点からの言説の変化は、国家・科学の視点からの言説の変化と時を同じくして起こったとは考えにくい。第二部第三章で取りあげるフェルトカンプのペット供養に関する論考［フェルトカンプ　二〇〇六］からすると、こちらの方の変化は高度成長を待つことになる。

フェルトカンプの捉え方では、動物供養に重層性がもたらされたこと自体が転換点と考えられているが、重層的である以上、結論を述べるにあたっては、複層的な視点から分析するか、視点を明確にして分析するかのどちらかが必要であろう。フェルトカンプの論は、重層的であることを指摘しつつ、なぜ重層的である中でも「科学や人間世界の進展のために」という面に注目するのか、という説明が足りないように思われる。筆者もまた動植物の供養は重層的であると考えるが、その重層性ゆえに現代の動植物供養の分析は一面的な分析に陥ることを十分に注意しなければならない。さもなければ中村のいったように「短絡を承知で」の結論にならざるを得ない。だからこそ、筆者は本書で生業という視点を前面に出して分析するのは有効な手法ではないかと考える。

つまり、生業という観点を設定することは、第一部の魚介類供養の事例で取りあげたように、生業の現場での観察眼がもたらす個々の動物観とともに、あくまで生業の手段、すなわち資源として対象となる動植物を捉える、経済的、あるいは科学的な動植物観をも内包して捉える結果となるはずだからである。第一部に見た事例にあっても、生業の現場での観察眼や殺し方に起因する供養を求める心情がある一方で、そこに大漁や安全を願う気持ちも重なり合ってくる、すなわち現世利益を求める心情が重なっていることが多かった。それゆえに、現世利益を基軸とした仏教が果たす役割を考える上で、動植物供養が重要な素材となるのである。第二部では動植物供養を事例として生業の信仰を捉えていこうとする理由はここにある。重層的な動物観のせめぎ合いの中で、生業とその対象である動植物にどう向き合っているのか、その対峙の仕方と動植物供養とはどのように関わるかを見るのが、動植物観の科学・経済的な側面と感覚・心情的側面の重層性を意識した分析の仕方であるといえるのではないだろうか。

さて、「生業と供養」というテーマを設定するならば、ここまでに取りあげた動植物の供養のみならず、道具の供養も視野に入れることが出来る。松崎は靴業者が関わる「靴のめぐみ祭り市」における「古靴供養祭」を取りあげ、この行事が大量生産、大量消費、使い捨て時代の世相を前提に消費者に対し古靴に感謝の気持ちを持つように呼びかけるものであると同時に、生産者からは靴そのものに感謝し、靴生産の古い工具を供養し、あわせて同業者集団の結束を図る目的を持つものと指摘している［松崎　二〇〇四　一六—三七］。今おかれている世相の中で、その生業に関わる人々がどのような気持ちを持っているかが、供養の背景に透けて見通せる一例といえよう。生業と信仰との関係に、世相がどのように影響してくるか、これも重要な視点となることを松崎の研究は示している。

田中宣一は職具、衣食具などの供養を取りあげている。ここでもいわゆる業界団体が関わるものが多く見られる。また、必ずしも生業と関わるわけではないが、カード、写真、家屋、井戸などの供養についても概観した上で「無造作に捨てることにひっかかりをおぼえるのは、このような道具にこもる霊をまだ抜き出していない、解放していないという不安が潜在しているからだと言える」〔田中　二〇〇六　一二三〕とまとめている。

このように気持ちの「ひっかかり」がどこによって来たるのか、と考える視点は本論においても有効であろう。すなわち、既に第一部で見たように、生業で魚介類を殺していること、そのことから作られる動物観が供養の動機に認められるならば、その動物観こそ「ひっかかり」を生む要素と考えるのである。生業の過程で生まれる気持ちの「ひっかかり」がどこから来るものか、それを探っていくことが筆者の考える、生業と信仰を接合する論証となっていくであろう。

注

（1）なお、坪井は柳田自身のスタンスではなく、それを受け継いだ日本民俗学のあり方を批判している。例えば、「稲作文化を象徴的な軸とする仮定が成立すれば、稲作文化を軸として見たとき、日本の民俗的要素はおおよそ体系づけられるだろう、というのが柳田の視点であったはずである。それを稲作文化が日本の民俗文化の、または日本文化の事実上の軸であった、というように他の人が受けとめるのは、学問の方法に無知な者の早合点というほかない」〔坪井　一九七九　二七―二八〕という批判である。

（2）「その発生と継承の必然性を伝承母胎との関係において考えるべきであるし、ひとまとまりの総体として扱うべき」という姿勢が本来的であると野本は述べている。〔野本　一九九三　五〕

（3）一般的には「窯業」という語も使われるが、ここでは小林の用語に従う。

（4）「業尽有情　雖放不生　故宿人天　同証仏果」（既に命運は尽き、ここで逃がしても生きられないから、人の身と一緒になって、ともに仏になれ）という唱えごと。別系統のものとして「迷故三界城　悟故十方空　本来無東西　何処有南北」（迷う故

に三界は城である　悟る故に十方は空である　本来東西はない　どこに南北があるだろうか）というものもある。こちらは狩猟にあわせた意味合いはなく、空の悟りを説いた言葉である。

第二章　造園業と草木供養

第一節　草木供養の研究史

草木供養塔は山形県置賜地方に分布が偏っていることと関連し、山形県下の研究者によって先鞭がつけられた。その先駆者は佐藤忠蔵であり、三六件の草木塔の事例を報告している。これらの草木が建立されるようになったきっかけとして、安永二（一七七三）年の上杉家江戸屋敷火災の復興のため、大量の木の伐採を必要としたことを挙げている。木が生長するまで伐採を禁じる留山の制度と絡め、伐採→植林→留山のサイクルの中で、植林の記念に建てられたものと推測している［佐藤　一九六六］。

小山田信一は、やはりいくつかの事例を紹介した上で、その建立年代が江戸時代の植樹・育成に力を入れるようになった時期であるという時代背景を指摘し、雪害の多い地域で植林した杉の生長を願い建立されたものと推測している。また、伐採した木を川に流して運搬する「木流し」の技術と草木塔の分布が一致していることを指摘している。「木流し」は共同作業であるために「流木連」「講」といった結合の強い組織があること、また雪崩や土砂崩れを含め、運搬中の災害や事故が多く、祟りの畏れがあったことが草木塔建立の要因と見ている。また、導師となる修験法印の活動については、安永六（一七七七）年の謙信公二百年忌法要を期に、山村の人達への教化善導が活発化していたことがその背景にあるという。さらに江戸から明治にかけての建立者の変遷にも言及し、江戸時代にはムラ全体として建てていたものが、土地制度の変革により、明治時代には建立主が地主になっていることを指摘している［小山田一九八〇］。

結城嘉美は佐藤の業績によりながら現地調査で事例を増やし草木塔五八基と類似のもの(1)一〇基を報告し、所在や由来について分析している［結城　一九八四］。調査が類似のものまで及んでいる点で貴重な資料集である。なお、後述するように、草木塔建立を推進する立場の千歳栄氏はこの報告書を見て初めて草木塔の存在を知ったということを述べており［千歳　一九九七　五八―五九］、その意味でも影響の大きかった報告書と言える。

その千歳氏が建立したものも含め、多くの事例を調査しているのが梅津幸保で、同氏の著書『草木塔を訪ねて』は置賜地方以外に建立された新しい事例も知ることのできる資料集である。草木塔の発生について、林業、特に植林との関係を挙げ、入山禁止や植林奨励の取り組みが江戸時代からあることを指摘している。また、災害除けのためでもあるとしている［梅津　一九九八］。

佐野賢治は現在でも毎年草木供養が行われている事例（米沢市大字口田沢字上中原）を挙げ、供養の導師が真言宗醍醐派大荒山田沢寺の法印であることから、草木塔の造塔に修験者が関与したことは間違いないとしている。また、草木塔がシンボルとなったゴルフ場建設反対運動（川西町）や田沢地区の山林を管理する田沢自彊会の活動を挙げて、「草木塔の精神が現在にいまなお生きているといって差しつかえないだろう」と述べている［佐野　一九八七］。

これまでに挙げてきた研究は主に事例報告と、建立の背景を探ろうとするものであるが、少し視点の違う論考として中村生雄を挙げておく。中村は動物観の違いに着目し、供養の文化と供犠の文化を比較する文脈の中で、鯨供養、実験動物の供養、あるいは道具供養などと共に草木塔を取りあげ、これらが当該の動物や道具を生業の対象とする人々によって行われていることから、供養が「事後処理システムとして機能していき、生業が要請する資源の調達や製品の効率的供給に歯止めをかける必要がなくなるという点」が問題であるとしている。そして「短絡を承知で」と断りつつ、供養が現代日本で果たしている機能は、個人の私的活動、ひいては資本主義的企業経営の全面開放を保証する心理的・文化的装置であるとし、現代における動植物供養は、自然界からの歯止めなき簒奪を許容する心理的・文化的装置として機能していくと捉えている［中村　二〇〇一　二三五―二四五］。

中村本人が「短絡を承知で」としているように、供養の文化を人間中心主義イデオロギーに対抗するものとするべきではないとする文脈のためにいささかラディカルな表現になっていることはこの指摘から差し引かねばなるまい。中村はこのことを述べた後に、動植物供養が自然界からの簒奪を許容する装置であることを断罪するつもりはなく、動植物供養儀礼を冷笑するだけの人間中心主義イデオロギーに賛意を表するものでもないとした上で、「供養の文化」を「西洋的な人間中心主義イデオロギーに思想的心情的に対抗しうる」言説として誤認することだけは避けねばならない、と主張しているのである。しかし、それだけに草木塔の性格について捨象されている部分があまりに多く、表面的な分析になってしまったことは否めまい。中村は、鯨供養の事例などを挙げた上で、草木供養の発端において「祟りを恐れ災いを避けようとする実利的で利己的な要素」がなかったとは言えないために、「日本の環境保護運動の『自然中心主義』を誇るために草木供養の伝統を持ち出すのも決して賢明ではないだろう」と批判の対象としている［中村　二〇〇一a　二四四―二四五］。

第二部第一章では、生業の観点から中村の論の立て方を批判したが、ここでは草木供養の観点からこの論法の欠点を指摘しておこう。それは、動植物供養を一面的に捉え、「日本の環境保護運動の『自然中心主義』を誇るために草木供養の伝統を持ち出す」動きに対抗するために、中村自身も「祟りを恐れ災いを避けようとする実利的で利己的な要素」がなかったとは言えない、という一面を強調する結果に陥っているところである。第一部で取りあげた魚介類供養の事例からわかるように、供養の動機や意義は、これは現世利益だ、これは感謝だ、これは罪障感の解消だと一面的に決めていけるようなものではない。「短絡を承知で」とことわっている中村には、それもわかっていたはずである。従って、その主張の価値は認めるにせよ、草木塔の性格を考察しようとするには問題があるといわねばなるまい。むしろ、草木塔の習俗の全体像を把握することによってこそ、「人間中心主義」「自然中心主義」の枠組みを超えるべきではなかったろうか。「祟りを恐れ災いを避けようとする実利的で利己的な要素」をどう位置付けるかはその上で考えられるのではないか。

本章の目的は、草木供養の全体像を明らかにし、生業との関連からその背景、意義を明らかにしようとするところにある。まず第二節において草木塔が集中的に分布する山形県置賜地方の事例を先行研究によりながら整理し、第三節、第四節において造園業という生業に焦点を絞り、その特質と供養の結びつきを明らかにしようと思う。

第二節　置賜地方の草木塔・草木供養塔

ここでは草木塔が集中的に見られる山形県置賜地方の事例について、時代別に整理していこう。後に述べるようにある時期からは置賜地方以外での建立が増加している。したがって、ひとまず大正期と昭和期の間で便宜的に時代を切って整理してみることとする。

一　江戸〜大正期の草木塔

江戸時代から大正時代の間に建立された草木塔は五六基が報告されそのうち五三基が置賜地方に分布している。残る三基は山形県大江町、福島県喜多方市熱塩加納町、岩手県西和賀町沢内に各一基である。

1　林業との関わり

確認されている最古の草木塔は安永九（一七八〇）年のもので、米沢市大字入田沢字塩地平と同市大字神原字大明神沢にある。碑銘は共に「草木供養塔」となっている。大明神沢の草木供養塔は「口田沢村講中」の建立者銘と、「一仏成道観見法界草木国土悉皆成仏」の記銘がある。このうち塩地平のものは安永九年四月一七日の大規模な米沢城下火災の復興のため、田沢地区の御料林「御林」から大量の木を伐採した後、樹木の供養のために建立されたと思われる。その後の植林を記念したとも考えられており、(2) この最古の事例からは大規模な伐採・植林の後に草木の供養を行い、それによって植林した木の生長を願うといった背景が想像される。

植林・伐採との関連は、この時期のものとしては唯一詳細な碑文を持つ、米沢市大字梁沢の草木供養塔［文政六（一八二三）年建立］からもわかる。この草木供養塔の碑文は次のようなものである。

文政六年三月

草木供養塔

三梁沢村

寛政六甲寅年鈴木権右衛門清野忠右衛門与兵衛為後年不時之資請官府以鹿之沢助之沢屋敷沢超戸沢為留山矣後来之邑長継三子之志示厚也故樹木繁茂而為資不可挙而数也於是因供養草木記三子之功以示後世云

（以下世話人連名　省略）

鈴木権右衛門らの努力により留山が定められ、以後もその志が継がれたことにより樹木が繁茂したので、草木を供養して留山を定めた三人の功績を示す、という内容である。この留山とは、植林の後、木を伐らずに樹木の成長を促し、繁茂させることを決めた土地のことである。先述のように佐藤忠蔵は伐採↓植林↓留山のサイクルを草木塔建立の背景に見ている。碑文からはこれからの生長を願うというよりは、これまでの成果に感謝するという要素が強いように思えるが、これは同時に自分達がこの留山を引き継ぎ、育てていくという意思表示であるとも推測できる。留山というものの重要性と木を育てる意識の強さを示すものとして受け取りたい。

林業との関わりで次に考えられるのは小山田の指摘する木流しである。小山田は木流しの作業場・休場と考えられる場所に草木塔が建立されている事例があることも指摘している。木流しは、共同作業であるために結合の強い組織を持ち、運搬中の危険が多いために祟りへの畏れを抱く。このことは石碑の建立という形で草木の供養が行われたこととと関連があるであろう。

木流しに関連する草木塔が祟りを避ける、具体的には事故・災害を避けるためのものであるように、草木塔建立には災害除けの願いも込められたと思われる。そのことを想像させるのが米沢市大字神原字大明神沢［安永九（一七八〇）年建立］の草木供養塔で、これが建立されているのは土砂崩れの難所である。

2　木に感じる畏れ

祟り・災害除けと不可分の要素でもあるが、木に対し畏れを感じるということがままあり、それにより草木塔が建立されるという要素もある。その基準は一つは数であり、また今ひとつは木の巨大さではないかと考えられる。

この時期数少ない置賜地方以外の事例である福島県喜多方市熱塩加納町の草木塔［安政六（一八五九）年建立］は樵が老後、多くの木の命を絶った自責の念から建立したものと伝えられている。生涯にわたり多くの木を伐採したことが建立の契機となったわけである。

一方、白鷹町十王の草木供養塔［明治二四（一八九一）年建立］は「上杉の御林」といわれた巨大な杉の林を伐採することになり、畏れを感じた人が伐採後供養のために建てたといわれている［結城　一九八四　一六］。これは木の巨大さから畏れを感じた例である。小山田によれば、これは悪病平癒のためでもあったらしく［小山田　一九八〇　二七］、木に感じる畏れが祟りと結びついていることを感じさせる。

そのことは、草木塔に類似したものとして結城が報告している事例からも確認できる。上山市阿弥陀地の大杉碑は暴風で倒壊した大杉の霊のために建立したことが碑文に明記されている［結城　一九八四　八三］。また、南陽市池黒の大木大明神碑は風で倒された大ケヤキのために建立したものである。このように、大木が倒れたことそれ自体が、建立の契機となるような一大事として捉えられるのである。これを人の手で伐採しようとする場合には、伐採することが心にひっかかりを作ることになるだろう。それゆえ、怪奇譚めいた由来が伝えられている事例もある。白鷹町大字山口字越場の大杉碑には、杉の大木を切ったら根元の洞穴から白蛇が出たという話が伝わっており、白蛇は神の使いであるから祟られては大変だと考えたという［結城　一九八〇　八二］。また、南陽市寺坂峠の大杉大明神碑には、杉が赤い血を流したという話が伝わっている［結城　一九八〇　一六］。

このように巨大な木に斧を入れるということ、それが倒れるということが畏れを感じさせ、様々な伝承を生み、草木塔などの石碑を建立する行為に結びついていると言える。

以上見てきたように、江戸〜大正時代における草木塔は樹木の生長（植林の成功）、祟り（事故・災害）除けといった願い、木に感じる畏れなどを、供養によって達成・解消しようとしたものと考えられる。「草木塔」の銘しか持たない多くの事例については、それが供養のために建てられたものであるかどうかをはっきり示すものがないが、「草木供養塔」の銘を持つものや先に取りあげた碑文、田沢地区で現在も供養祭が執り行われていることなどから供養を目的としたものであると推測できる。

二　現代（昭和以降）の草木塔

昭和・平成を通じて建立された草木塔は、梅津の報告によれば四八基にのぼり、現在でもその数を増やし続けている。梅津の報告による四八基のうち置賜地方に建立されたのは二〇基と半数に満たない。この分布から見ても、草木塔が新たな展開を見せているのは明らかである。現代にいたり草木塔はどのような意義を持ったものへと変化してきているのか。その特徴を見ていきたいと思う。

1　仏教的思想による定義

一つ目として、仏教者や研究者の側から草木塔を建立したり、これに仏教教義による解説を付与したりすることが行われていることを指摘したい。

京都大原三千院に建立された草木塔には、次のような解説が付いている。

草木供養塔

比叡山を開かれた傳教大師は「おのずからすめば持戒のこの山は、まことなるかな依身より依所」と修行し生活するためには環境が大切である。比叡山こそ最も環境の優れた場所であると云われております。比叡山の環境によく似たところが大原三千院なのであります。今日地球規模で自然環境の破壊や汚染が進み、その保護が叫ばれております。仏様の教えには「山川草木悉皆成仏」といって、人間だけでなく、一木一草、地球に存在するあらゆるものが仏になると説かれています。

「自然の美しさ草木のお陰で」生かされていることに感謝し、仏様を信仰される心で一木一草にまで慈悲行を実践されることが自然を守ることにつながると考え建立を発願いたしました。
平成五年三月吉日
第六十一世　三千院門跡　門主
大僧正　光詮

主眼は「山川草木悉皆成仏」という、いわゆる天台本覚思想[3]が草木ひいては自然を保護することとつながるという点におかれている。先述のように米沢市大字上原字大明神沢の草木供養塔は「草木国土悉有仏性」の碑文を持つが、これは災害除けを主眼として供養を行ったと考えられるもので、三千院のものは自然の保護という、より普遍的な問題への展開が見て取れる。

長井市葉山森林公園の草木塔［平成二（一九九〇）年建立］には宗教者が解説を与えている。

森林公園に草木塔建立
山川草木悉皆成仏

山や川、草や木のような心をもたないものでもことごとく成仏する
成仏とは煩悩を解脱して悟りを開くこと。仏になること。
仏とは悟りを得た者。慈悲の心の厚い人。死者またはその霊。
虚空蔵尊に金剛山―一木一草に仏心と神性を見る。

慶神崇祖は我が国体の本源であり、
世界の平和と郷土の繁栄に白兎森林公園に草木塔建立は時世に沿った快挙なり。
平成二年十月七日
醫王山　龍善院廿二世
葉山神社宮司　獄本神主

ここでも「山川草木悉皆成仏」という思想による定義が与えられ、草木塔建立を「時世に沿った快挙」と讃えている。

同様に「時世に沿った快挙」という表現で、哲学者梅原猛が解説を与えているものがある。山形市山寺、風雅の国にある草木塔［平成元（一九八九）年建立］がそれである。

草木塔というものが山形県にたくさんあることを聞いて、私は一種の感動を禁じ得なかった。それは少なくとも私の住んでいる近畿地方には存在しないがまさにそれは日本仏教の「山川草木悉皆成仏」という思想を具現化したものである。私は、日本に仏教が入って「山川草木悉皆成仏」というような思想ができたのは、もともと日本には草や木に生きた神を見る思想があったからだと思う。山形にこのような草木塔が多いのはそこには多分に一木一草の中に神性を見る土着思想が強く残っていたからであろう。

今ここに新しい現代の草木塔が建立されるという。それは目立たないけれど、甚だ時世にそった快挙であると思う。今、世界の人はもう一度人間の生命がいかに草木の生命とつながっていて草木とのつながりなくして人間の生命がありえないことを深く認識しなければならない。
この時にあたって新しい草木塔の建立は、時代に一つの警鐘を与えるものであろうと思う。

梅原　猛
国際日本文化研究センター所長
哲学者

共通するのは、やはり草木塔を「山川草木悉皆成仏」の思想と結びつけて理解することであり、自然保護とからめて、時世にそった快挙と評することである。このように仏教者の側からは、「山川草木悉皆成仏」を具現化したものとして自然保護と関連づける、草木塔の新しい定義が行われている。

2　エコロジー意識を発信する団体

以上にあげた、仏教との関連が深い草木塔の銘文の中でも、自然保護、いわゆるエコロジーの考え方が顔を出していたが、このエコロジー意識を草木塔により発信しようとする事例があり、その多くは組織・団体によって建立されている。

もっとも象徴的な事例が川西町時田の草木供養塔〔昭和五九（一九八四）建立〕である。もともとこの地区には明治・大正時代の草木供養塔があるのだが、これをシンボルとしてゴルフ場建設反対運動（通称瘤山運動）を展開、裁判に勝訴したという経緯がある。それを記念して瘤山運動十周年記念実行委員会が建立したものである。まさに、自然保護のシンボルとしての役割を期待されて建立されたものと言える。このような地域の自然保護運動のシンボルとして建立されたものでは、山辺町梁沢にみどりの少年団が建てた草木塔〔昭和六一（一九八六）年建立〕やみどりの日制定記念に草木塔建立実行委員会が建てた、上山市河崎の草木塔〔平成元（一九八九）年建立〕がある。

行政などの組織が建てたものでは、米沢市の「道の駅たざわ」にある最大の草木塔（一九九七年建立、高さ四メートル二〇センチ）を挙げておきたい。これは米沢市が米沢の精神文化の発信を狙い、建立したもので、次のような解説がある。


草木は、人間の生活に欠かせないものであり大きな恵みを受けています。

先人は、それに感謝し、草木の成仏と成長を願って草木塔を建立しましたが、現在は自然保護、自然との共生の原点として脚光を浴びています。

石碑としては大変珍しいもので、全国に百余基確認されており、そのうち山形県内に九十余基、特に、ここ置賜地方には七十余基と集中しています。

田沢地区には、日本最古（安永九年・一七八〇）の草木塔があることから草木塔発祥の地と言われています。

この草木塔は草木塔の持つ自然保護、環境保全の思想を全国に向け発信するシンボルとして建立したものです。


このようにはっきりとエコロジー意識の発信をうちだしている。これが行政によって道の駅という場所に建立されているところに、エコロジーを地域文化として発信しようという意図がうかがえる。なお、この草木塔が建立される以前に、最大を誇ったのが米沢市万世町のペンション村にある草木塔〔平成六（一九九四）年建立、高さ二メートル七〇センチ〕で、県南観光キャンペーンを機に建立されたものである。さらに、新たに建立されたものではないが、飯豊町小屋の草木塔〔天保一（一八三〇）年建立〕は山形中央緑化事業協同組合により大阪花博に出展されている。これらは対外的に地域の象徴として草木塔を見せたいという意図が共通している。

建立の主体として見過ごせないのが造園業者である。酒田市中町一丁目天満宮境内の草木塔［昭和六〇（一九八五）年建立］は日本造園組合連合会酒田分会が建立したもので、次のような説明がある。

草木は生命を育み
人の心を和ませるもの、衣食住
これ総て草木に頼らざるを得ず
されば草木のこの恩恵に感謝の
念をこめて、自然と手をつなぎいたわる、
緑濃き酒田の街をめざして

造園業者が草木の恵みに感謝するという考えを主眼として、これを建立していることがわかる。鶴岡市鶴岡公園の草木塔［平成四（一九九二）年建立］は公園設計時に造園業者から提案があったのを採用したものであるし、三川町東沼の高禅寺は庫裏修繕のために木を切った際、造園業者から草木塔の話を聞いて、草樹塔［平成四（一九九二）年建立］を建てたという。ただし、造園業者が草木供養塔を建立する背景には、造園業ならではの草木の見方が影響していると思われる。これは第三節、第四節で検討することにしよう。

一方、米沢市の株式会社フジテックが、配電線工事に枝切り、枝払いを伴うため、作業の無事を祈願して平成六（一九九四）年に草木塔を建立したという事例もあり、現代でも災害除けのために草木塔建立を行うという発想の生きていることがわかる。

3　草木塔の思想に傾倒する人々

前の二項で紹介したような「山川草木悉皆成仏」の思想やエコロジーの思想を草木塔に見いだすのは現代の特徴といえる。そのため、その思想に傾倒し自ら草木塔を建立する多くの人々がいる。このような人々の存在は動物・魚類など他の供養塔には見られないことであり、草木塔建立の一大特徴をなしていると言える。これは主に生業で草木にかかわる人と、自然愛護を信条とする人からなる。

前者としては、草木染め職人大場キミ氏が山形市平清水の平泉寺境内に建て、定期的に供養を行っている例〔平成六（一九九四）年建立〕〔梅津　一九九八　一二三〕や、紅花紬職人猪俣市弥（雅号尚紅）氏が米沢市の自宅前に建てた例が挙げられる。猪俣氏の草木塔には観光案内板があり、次のように説明されている。

（前略）箴園社長の猪俣尚紅さんは、昭和六年頃から草木染の色と文学性に魅せられ、幾多の困難の末、立派な草木染の高級織物を創織されました。今日各種の栄誉を得られたのは偏に草木のお蔭であると、最初に草木塔が建てられた鷹山公時代安永九年（一七八〇）七月十九日から、今年は丁度二百年目に当りその当日に、この草木塔が建てられたのであります。

また、この説明板によれば、地内に「草木の大精霊」倉稲魂命の社もあるので、草木塔に合祀したとされているが、これは他には見られない事例である。猪俣氏が草木塔を建立したことは新聞にも取りあげられ、「緑保護の心—後世に　シンボル・草木塔を自費建立」という見出しで「いまでこそ、緑を大切に—という緑化運動が行われているが、私達の先人は二百年も前からやっていた」という猪俣氏の談話が紹介され、(4)草木塔建立が自然保護精神の発露と捉えられていることがわかる。

一方、自然愛護を信条とする人は、生業と関わりなく建てている。飯豊町下屋地には自然や樹木が好きで、郷土史研究にも力を注いでいた酒屋の主人が建てた例［昭和五一（一九七六）年建立］と、個人が喜寿祝いに建てた例［平成四（一九九二）年建立］とがある。また、川西町自然を守る会会長だった高橋通三郎氏が自宅に草木供養塔を建立［昭和四七（一九七二）年］している。これは当時の新聞に「川西町の高橋さん自然に感謝し草木供養塔　青い地球を守ろう　碑に刻んで序幕　『先人の遺志継ぎたい』」という見出しで紹介され[5]、多くの樹木を育てる高橋氏の庭の様子や結城による草木塔の解説と共に記事にまとめられている[6]。山形県を離れると、仙台市に宅地造成で草木を犠牲にしたことから個人が建立した例［昭和六三（一九八八）年］がある。ここにも、草木塔建立が自然愛護精神の発露という考え方が現れている。

このような自然愛護精神から草木塔を建立する人々の中には、単純な自然愛護だけではなく、地域文化・人生哲学として草木塔を重視している人もいる。山形市の建設会社社長、千歳栄氏がそうである。千歳氏は「山形宗教学」「山形マンダラ」を提唱して『山の形をした魂　―山形宗教学ことはじめ』という著書を出している［千歳　一九九七］。この中で仏教に興味を持った契機や草木塔についても記している。それによれば、千歳氏は若い頃から宗教に興味を持っていたわけではないと言う。大工の棟梁の長男に生まれた千歳氏は山形工業学校卒業後家業を継いで仕事に打ち込んでいたが、三〇歳の時に過労から胃潰瘍で入院、そこで『日本財界人物伝』を読み、お茶と禅に興味を持った。お茶への興味は数寄屋を手がけるきっかけとなり、禅への興味はやがて日本仏教の源流へと向かい、密教と関わりを持ったことから、山形の修験道や山岳宗教に結びついていった［千歳　一九九七　二五三］。そして、数寄屋建築について次のように述べている。

数寄屋建築は、茶室を造る手法で建築する建物ですが、それにはたくさんの丸太を使います。丸太は一本一本が個性をもっておりますので、その個性を引き出すために、何十本のなかから一本一本を選び、それと対面し、対話して、その個性を聴くように見立てていくのですが、そんなことをしておりますと、だんだん木のなかに命があるような、そんな感じがしてまいりました。

［千歳　一九九七　五八］

そんなときに結城嘉美の「草木塔の調査報告」［結城　一九八四］を読み、草木塔の存在を知って研究を始めた。そして草木塔建立に次のような解釈をしている。

草木塔に寄せた先人の思いは、草木の恵みへの感謝と神秘への畏怖ではないでしょうか。自然物に精霊が宿るというアニミズムの考え方と、その精霊が人間に祟りをするというマナイズムの考え方、この二つの思想が潜んでいるように思えるのです。このような思想が自然に対する強い畏敬心となって生きつづけ、草木塔を建立してきたのではないかと思います。

［千歳　一九九七　六二］

千歳氏はこのように理解した上で、自らも建立の実践者となり、自社社屋前［平成四（一九九二）年建立］や建設を手がけた「山寺風雅の国」［平成元（一九八九）年建立］に草木塔を建立している。この風雅の国の草木塔が、先に紹介した梅原猛の碑文を持つもので、千歳氏が梅原に依頼して碑文を寄せてもらったものである。さらに風雅の国の草木塔に、千歳氏は特別な意味合いを持たせている。この草木塔は建設時に伐採した樹木の供養のためでもあるのだが、さらには風雅の国のなかに山形の精神的モニュメントである草木塔と、京都の象徴とした石のモニュメントを配することで、山形と京都という二つの文化圏をつなぐ設計になっているというのである［千歳　一九九七　一三六］。

このようにアニミズム・マナイズムまで考慮に入れて、地域の精神文化の象徴と高く評価し、自らも実践者となる人物の存在は、動物・魚類供養には見られないことである。宗教性までは研究しなくとも、自然愛護という自分の信条によって建立者となる人も先に見たように多くいる。従って草木塔建立習俗の特徴を考え、供養の全体像のなかに位置づける上では、組織としての建立だけでなく、このような個人の姿を捉えることも重要な要素になると考える。

三　ある草木塔建立者の思い

そこで次に、草木塔を建立した人物に注目して、事例を見てみよう。米沢市大字関字中畑、米沢市街から白布温泉、スキー場で名高い天元台、さらには県境を越えて裏磐梯へと続く道の途中に「どんど庵」という建物がある。ここに草木塔（写真1）が建立されており、碑銘に「草木塔　草木に学ぶ　前向き　積極的　明るく」とある。

この草木塔を建てたのはどんど庵を別荘として所有する上杉勝己氏［昭和一六（一九四一）年生まれ］である。上杉氏は山形市の会社員の家に生まれ、山形工業高校卒業後、自動車販売会社に就職した。四〇年ほど前に米沢に転勤になったが、すっかりこの町が気に入り、米沢で独立、自動車ディーラーの仕事を始めた。

写真1　どんど庵の草木塔

ちょうど独立した頃から、高度経済成長期の風潮を「損か得かが生活の規範になっている、これは行き詰まる」と感じるようになり、これでいいのかという疑問を持っていた。「世のため人のため、自分は最低生きていくものがあればいい」という考えで社員や世の中に接することが大事だと考えた。そんな中で漠然と自給自足の生活に対するあこがれを持つようになり、自然に帰りたい思うことがあった。

一方、高校生の時にアラン・ドロン主演の映画「太陽がいっぱい」を見て以来、フランス流のバカンスに憧れ、別荘を持ちたいと思い続けていた。最初は海の方に持とうと考えていたのだが、友人にあまり遠いとたまにしか行けないし掃除が大変だ、近くの方がいいと言われ、米沢近辺に持つことにした。そのうちに、ドライブインの跡が売りに出されたのでこれを買って、柱だけはそのまま使ったが大規模な改築を施し、念願の別荘を手に入れた。地元の人が、川が少し落ちこんで「ドンド、ドンド」という音を立てることから「どんど」と呼んでいる土地だったので、「どんど庵」と名付けた。四二歳の時だった。

上杉氏はここで、もう一つの念願だった自給自足の生活をするようになった。調味料・肉・米こそ町から調達してくるがあとは全て自分で育てたり山から採ってくる生活を体験した。暖房もいろり、火鉢、暖炉などを使った。すると、薪一つくべるにも「ありがとうございます」という気持ちになることに気付いた。そうして草木なくして生きられないことを体感し、「命をいただいている」という気持ちを持つようになった。さらには山の中で見たある光景に大きなショックを受けた。それは、日陰にあるが為に、まったく小さい木であるにもかかわらず、季節にあわせて葉をつけ、紅葉し、葉を散らす木の姿だった。そしてその木の近くにあった大木が朽ちて倒れると、今度はその小さな木がみるみる大きくなっていった。上杉氏はこれを見て、木の生き方というのは、日陰であっても決して不平を言わず、精一杯に生きて、それでいて悲壮感がないと感じた。木のように前向きに、積極的に、明るく生きるのだと考えた。

一方で、その木の姿から、ものごとには見えない部分があるのだ、ということにも気付いた。そのことが高度成長期以来の疑問に一つの答えを導いた。上杉氏は人間は身体と心からなり、身体を成長させるのが体育と躾であり、心を成長させるのがその他の教科教育と倫理・宗教であると考えている。戦後教育では躾・倫理・宗教がなくなり、損か得かの世界になってなぜ勉強するのかがわからなくなっていた。しかし勉強するのは成長するためではないか、自然に親しくすることで損か得かの世界から抜け出せるのではないかと考えた。物事に見えない部分があること、成長するために勉強するのだということを木から学び、大自然の法則どおりに生きれば人は幸せではないかと思うようになっていた。

このようなことから草木に感謝の気持ち、草木から学んだという気持ちを持っていた上杉氏は五五歳の時、千歳栄氏の講演で初めて草木塔の存在と思想を知った。草木に感謝し、供養するという考えはどんど庵での実感と見事に一致した。大きな感銘を受けた上杉氏はさっそく自分でも草木塔（写真１）を建立し、碑銘に草木に学んだ考え方「前向き　積極的　明るく」を刻み、次のような文を木札に記した。

「どんど」の草木塔に寄せて
生と死が混在する自然界にあって
わたしは長いあいだ
人間とは何か
どう生きるべきかを
模索しておりました。
このどんどの地で
自給自足らしさを体感する機会に恵まれ
草木に命を育まれ　生き方を学びました。

草木は厳粛な自然の摂理のもとで
前向きな積極さと
明るく生きるための
英知を努力を
語りのない林郷の世界で
わたしに示してくれたのです。
己の命を捧げ
次代の生命の生誕に生かす
草木の営みに心を寄せるとき
供養と草木の生き方の教えに
感謝せずにはいられないのです。
平成八年五月
どんど庵主
上杉勝己（五十五歳）

命を絶っていただくから供養をし、生かされているから感謝をするのだという気持ち、それがこの碑文になった。そして草木塔があると聞けば足を運んで調べてくるようになった。現在までに四〇箇所はまわった。昔の人が草木塔を建てたのは、自分と同じように、自然から生き方を学び、命をいただいて生かされていると考えていたからではないかと思った。それは木を切ったり、危険を伴う木流しを行ったことによる、木に対する畏れと敬いのみならず、山菜を採って食べていることも要因であったと上杉氏は考えている。これは、どんど庵で身をもって体験したことであり、また米沢では上杉鷹山が奨励した「かてもの」のおかげで、江戸時代の大飢饉にも一人の死者も出さなかったと伝えられているように、山菜が身近な食べ物であるため、この地域では草木への思い入れが強いと考えられるからである。

自分で調べると同時に、草木塔のこのような精神を広めたいと考えた。講演の講師だった千歳氏は、山形ロータリークラブの仲間だったので、講演をきっかけに親しくなり、草木塔について話をした。そのうち米沢での草木塔に関する講演は上杉氏が引き受けるようになった。ロータリークラブや学校の講演で話をした。高校などの講演は最初は聴いてもらえないことも多かったが、鈴本演芸場で落語を見て話し方を学び、今では話を聞かないことで有名な高校でさえ、講演のあとに生徒が良かったと言ってきてくれるようになった。また、米沢市で漬物製造・販売業を営む平山孫兵衛商店の主人が上杉氏の講演を聴いて、自分も建てたいから草木塔について教えて欲しいと言って、「草木野菜塔」を建立した。一方、米沢市上杉博物館［平成一三（二〇〇一）年竣工］が作られる時には、草木塔を取り入れることを進言した。上杉博物館には鷹山の改革が実を結んだ文化・文政年間の生活を再現したジオラマの中に、草木供養塔に手を合わせる人の姿が作られ、また「置賜の庭」と題した庭園にかてものとして栽培された植物や、飯豊山参拝前に籠もりをした行屋、飯豊山や湯殿山の信仰碑と共に、草木供養塔、草木塔各一基が建立されて展示されている。講演を通じて草木塔の思想を広めることは今でも行っている。

このように上杉氏は個人の体験から草木への感謝の気持ち、草木から学んだという気持ちを強く持っていた。草木塔を知ることによってそれを具体的に示す方法を知り、これを建立したのである。また自分の実感が先人の持ったそれと同じではないかという感銘を受けて、その思想を普及することに力を尽くすようになった。上杉氏にとって草木塔は自然の中に生きることを体験した自分の実感、考えを確認させてくれたものであり、思想であったのだといえる。

上杉氏がこのように草木塔に傾倒していった契機は、自給自足の生活を体験することにあった。もう少し正確に言えば、自分自身が山に入って生活することで、自ずと草木をよく観察する結果となったことがその要因である。とすれば、数寄屋造りのために木を観察することから、木に命があるような気がしてきた、と述べる千歳氏と、山に入って自給自足の生活をすることで木から学んだ、という気持ちを持ったという上杉氏には共通点が認められるのではないか。すなわち、自分自身の必要から草木を見る目が生まれ、その見方から草木に命を認め感謝するようになる、という点である。ならば、他の草木塔についても、生長祈願や祟りといった観点だけではなく、その生業ならではの草木を見る視点ということにも配慮するべきではないか。

そこで次節からは、造園業を事例として取りあげ、庭造りの視点からはどのように草木を見ているのか、そのことと供養する心とはどう結びついているのかを見ていこうと思う。

第三節　造園組合と草木供養

一　草木供養塔の広がり

東京都内には七ヶ所に草木供養塔が建立されている。その主体は造園業者の組合である。初めて草木供養が行われたのは昭和三七（一九六二）年、東京都下最大の造園組合である東京庭職組合によるものである。同じ都内で鰻供養や針供養が行われていることをヒントとして、住職が知り合いだったことから世田谷区桜上水の密蔵院（真言宗豊山派）で開始した。供養の日はお釈迦様の日がよいだろう、と考えて四月八日とした。この時はまだ石碑はなく、当初の二年間は境内に木製の角塔婆を建てて供養を行っていたが、昭和四〇（一九六五）年に組合員の勤労奉仕によって「草

写真２　東京庭職組合の草木供養塔

写真３　玉川造園組合の草木供養塔

木供養塔」（写真２）を密蔵院の境内に建立した。これ以降は石碑に花や供物を捧げて読経・焼香を行い、板塔婆を建てる形に変わっている。読経では理趣経と各種真言などが唱えられる。組合員・招待客合わせて五〇〜六〇人が参加するほか、いくらかは供養のしるしになるということと、草花に親しんでもらいたいという思いから花の小鉢を用意して一般の人にプレゼントしている。毎年近所の人がもらっていくという。

招待客の中には、同じ東京都内の造園組合の組合長が含まれている。この草木供養に招待する、されるという関係を通じて草木供養が広がっていったことが考えられる。昭和三九（一九六四）年には東京西部植木親睦会が調布市仙川町の昌翁寺（天台宗）に「植木供養塔」を建立している。庭職組合の石碑建立よりこちらの方が早く、都内の造園業者による供養碑建立はこれが最初である。しかし、残念ながら既に組合が解散し、詳細は不明である。平成一六（二〇〇四）年にこの石碑を訪問したところ、石碑の前には庫裏の改修工事のための仮設便所が置かれ、石碑そのものも亀裂が入っている状態であった。世田谷区を中心とする玉川造園組合では昭和四五（一九七〇）年に供養祭を始め、

写真４　狛江造園組合の草木供養塔

昭和四七（一九七二）年に世田谷区等々力の等々力不動尊こと明王院（真言宗智山派）に草木供養碑（写真３）を建立した。きっかけの一つは、庭職組合の供養祭に招待されたことである。玉川造園組合では供養の日を毎年五月二一日と定めている。供養祭の形としては庭職組合と同様に、花・供物を捧げ、板塔婆を建てた石碑に読経・焼香を行っている。ここでの読経では観音経、般若心経、各種真言である。この供養祭のほか、供養碑に供える花は月一回替えている。

同じく庭職組合の供養祭に招待されている狛江市の狛江造園組合でも、昭和四五（一九七〇）年に狛江市の泉龍寺（曹洞宗）で供養祭を始めた。期日は庭職組合との重複を避けて、毎年四月上旬に設定している。狛江の場合は、板塔婆を用いて供養をしていた期間が長く、草木供養塔（写真４）を同寺の境内に建てたのは昭和六一（一九八六）年のことである。当時の同組合の機関紙では、

　八重桜が満開に咲きみだれるのに花冷えの一日、しかし私達の心の中には一つの大きな目的を達成したという満足感で暖かいものが流れている。

　我々の多年の夢でありました草木供養塔がここに建立され、組合員及び来賓の方々六〇名近くを迎えて、ここに盛大な除幕式を開催させていただいたわけです。(7)

と建立の経緯と趣旨について報じている。また、「たとえ碑はなくても草木に感謝する心は一分の緩みもなく、今日まで続いているわけです(8)」と草木への感謝の心を強く謳っている。

　このほか、東京都内で行われている草木供養は表1の通りである。この表は聞き取り調査及び各組合へのアンケート調査から作成した。

表1　都内造園組合の草木供養

組合名	所在地	供養行事日	供養碑	他組合供養へ参加
東京庭職組合	杉並区	四月八日	世田谷区桜上水密蔵院　一九六五年建立	調布　玉川　狛江
玉川造園組合	世田谷区	五月二二日	世田谷区等々力不動　一九七二年建立	東京庭職
狛江造園組合	狛江市	四月初め	狛江市泉龍寺　一九八六年建立	東京庭職　調布
調布市植木組合	調布市	九月一七日	調布市深大寺　一九八三年建立	東京庭職　狛江
八王子造園業組合	八王子市	四月二九日	八王子市高尾山薬王院参道　二〇〇〇年建立	
大森造園協力組合	大田区	四月二九日	大田区南馬込長遠寺　一九九九年建立	大田緑地　東京庭職
練馬造園組合	練馬区			調布
三多摩造園業協同組合	小金井市			東京庭職　調布
東京西部植木親睦会	（解散）		調布市仙川町昌翁寺　一九六四年建立	
東京緑化倶楽部	世田谷区			玉川
目黒造園組合	目黒区			玉川
碑文谷造園組合	目黒区			玉川

二　造園業の仕事と草木観

では、このように東京都内の造園業者に草木供養が広まっていき、継続して供養祭が開催されるようになった要因は何なのだろうか。形式の上では、先述のように供養祭への招待が大きな役割を果たした事が考えられる。しかし、それだけではどの組合にあっても供養祭が長く継続されていることは説明できない。とある組合では寺の住職から、当初は五年程度で終わるかと思っていたのに何十年も続いた、と感心されたことがあるという。第三者が想像する以上に、造園業者には供養を必要とする心意が強く存在していると考えるべきである。以下に生業としての造園業の特質からその「草木観」を描き出し、供養を支えている要因を探ってみる。

造園業と一言でまとめて表現しているが、一から庭造りを行うこともあれば、木の剪定をはじめとした日常の管理もある。また、植木、垣根、石にはじまり、果ては水琴窟のように高度な技術を要求されるものまで、扱う素材は様々であり、多能工であることが求められる。一通りの仕事を覚えるには一〇年から一五年の時間が必要であるという。草木の場合、一つとして同じものはないため、その個性を見抜く目が必要となる。一本一本の裏と表を見極め、シン・ギョウ・ソウ（真行草）という言葉で表わされるような、他の木との組み合わせを考えていかなければならない。シン・ギョウ・ソウの理想的な組み合わせを求めて、木を探すために何ヵ所もの植木屋を回る。このようなことを身に付けていくには普段からの努力が必要である。技術面では、先輩の職人の仕事を見て、その技術を盗んでいく。技術検定試験の時は、草木を大事に扱っているかどうかが検定員の目から見ればわかってしまうといい、普段から草木に対して大切に扱う姿勢を持つことが求められる。そして庭造りの感性を養っていくには、自然を見ることが一番の勉強になる。植物の種類を覚えることから始まり、山へ行った時に川の水の流れを観察したり、武蔵野の林を見て庭に凝縮するアイデアを考えたりするという。自然を見て頭に入れておかないと、いざという時にアイデアが浮かばない。

このように造園業では、普段から自然に眼をむけ、草木を大事にすることが必要とされる。

そして、草木が石などの素材と最も異なっていることは、それが生きているということに尽きる。話者が木を切るということを言う時には必ず「やむを得ず」という言葉を付けて表現していた。命あるものだから、可能ならば切るべきではないという考え方は広く共有されている。また、植物の性質をよく知り、天候を気にかけていなければ枯らしてしまう。木の移植という難しい仕事をすることもある。木を枯らしてしまう危険は常に伴ってくるものであるが、木が枯れることは造園業者に最も大きな心理的衝撃を与える。枯らしてしまったという気持ちは後々まで残るものだという。草木の生命をいかに強く意識しているかが窺える。

このような意識は、顧客との間で共有され、醸成されている面もある。話者の方が世田谷区のあるお宅で庭の手入れをしていた時、梅の木にあった枯れ枝を切ったところ、「枯れていても生きている、木のバランスが崩れてしまう」と注意されたことがあり、今でも忘れられないという。別のある話者は、やむを得ず木を切った後に、顧客が切ったことを非常に気に病んでいるので、組合が建立した供養碑への参拝を勧めたこともあるという。造園組合が寺から聞いた話によれば、一般の人が供養碑に手を合わせていくこともしばしばあるようである。

このように草木が生きているということは造園業という仕事の性質と、顧客との草木観の共有という要因から、大変に強く意識されているのである。生命を意識するが故に草木が擬人化されて表現されることもある。先にも引用した草木供養塔建立を伝える機関紙の記述には次のような一節が続けられている。

今般発行された阿島理事長の(9)〝庭師の勘どころ〟の文中に「切れないノコギリでゴシゴシと枝を切ると枝は痛い痛いと泣くんだよ」との一節を思い出しました。(10)そうです、草木にも命があります。どんな悪い環境の内でも懸命に生きようと努力をしています。したがって生有るこれら草木に霊が宿ることに不思議はないと信じます。

このように、造園業者には草木に生命と霊魂を感じ取る人があることがわかるだろう。また、それ故に仕事の上で転落事故などに遇った時に、心に引っかかっている、木を切った、あるいは枯らしたこととの関わりを想像してしまうこともあるようである。この感じ方は、木を切ったことを非常に気にするという顧客も共有しているものだろう。

以上の事を考え合わせると、草木の生命を意識すること、その個性を意識することが造園業者の草木観の根底にあると言える。

三　造園業の歴史と草木観の形成

古代から中世にかけては、造園は僧侶などがその設計を手がけていた。造園を専門とする業者（庭師）が登場するのは、他の主な職人と同様、室町時代頃と考えられる。吉永義信によれば、「山水河原者」「庭者」等の呼称がこの頃に見られるという。河原者の名が示すとおり、彼らは賤民であったが、足利将軍家などに重用された。作庭に必要な樹石を、自然の山野河海だけでなく、既存の庭園から探して、もらうことも多くあり、このために人々の感情を害することも多かった。彼らは庭造りのほか、庭樹の古葉を取り、枯れ枝を剪り、松の笠を結び、庭樹を洗うといった庭園管理の作業を行っていた〔吉永　一九四一　九―一九〕。特に庭樹を洗う作業は病虫害防除の上で重要な作業である。

飛田範夫はその発生理由として、雇用の経済性・容易性と共に、当時樹木の整枝・剪定が流行するようになったことを挙げている。また飛田によれば、江戸時代には趣味として樹木・草花を育てることが流行して植木屋が増加し、造園も手がけるようになったのである〔飛田　一九八五　一五〇―一五二〕。明治時代初期には優秀な庭師を番付にした「植木舎番付」が現れており、少なくとも江戸・東京では多くの職人が活躍していたことがわかる〔飛田　一九八五三八］。

造園の歴史の中では数々の作庭書が作られた。最もよく研究されているのは『作庭記』であると言えよう。この本は一一世紀末〜一二世紀後半の成立と考えられている［飛田　一九八五　一三二―一四〇］。その内容は多くを石と水に関することに割かれており、当時の造園が石と滝・遣水・泉に重点を置いて行われたことがわかる。「樹事」の項目もあるが、いくつかの決まりごとと禁忌を記すほかは、「いづれの木をいづれにうへむとも、こゝろにまかすべし」といったスタンスである。ただ、その決まりごとの中には、木を使って住居を四神具足の地にする方法が記されているし、「凡樹は人中天上の荘厳也」「仏ののりをとき、神のあまくだりたまへる時も樹をたよりとしたまへり」といった記述に当時の木に対する見方が反映されているといえよう。一方、石に関する記述の冒頭には「生得の山水をおもはへて、その所々は□こそありしかと、おもひよせ〻〻たつべきなり」「国々の名所をおもひめぐらして、おもしろき所々を、わがものになして、おほすがたを、そのところになずらへて、やハらげたつべき也」とあり、対象が草木ではないとはいえ、自然から学ぶという姿勢が古くから存在していることが分かる。

江戸時代の作庭書『築山庭造伝』にも、庭造りの上で自然の景観から学ぶ、あるいはこれを写すことが重視されたことが窺える。「山水作りやう法式」の項目には、「庭を作らんと欲する人ハ平生風景勝れたる地に到り、其大概を紙に書写し、心覚へとして自身の胸の内にもやうを考え斗見るべし。此工夫を鍛錬せバ自然に巧者と成べし」とある。さらにその具体的な方法が「景地を望ミ見て写しやうの事」の項目で詳しく説明される。また、先述した真行草という言葉が庭の三つの類型を表すものとして登場している。草木に関することでは「石の立てやう木の植やうの事」の項目で「神造自如の境に趣《おもむく》を巧達の作意とす。木の植やうも亦かくのごとし」と、自然の姿のままであることが良いとされている。また、『作庭記』と比較してみると、草木に関する記述の割合が増えている。「こゝろにまかすべし」という『作庭記』の姿勢から大きく変化し、『築山庭造伝』では「草木植所の事」などの項目で場所によって植えるべき木の種類を指定するなど、かなり形式が整えられてきていることがわかる。また、個々の項目の内容も「松既に枯れんと欲するを生す法」「諸木に毛虫つかざる法」など非常に具体的である[15]。江戸時代の造園に草木が占める割合が重くなっていたことの現れといえよう。それと同時に草木の手入れをし、虫がつかぬように、枯れてしまわないようにといった造園業者の心情が強くなっていたことが想像できる。

これらの記述と先に述べた現代の造園業者の考え方と照らし合わせてみると、自然から学ぼうとする姿勢は『作庭記』の時代から続いているもので、草木に関しては、江戸時代に植木屋による造園のなかから育まれた技術・世界観が今も伝えられていると言える。いつ頃から行われたものかはわからないが、この草木観に対応した禁忌や儀礼もある。塩をまく、少し傷を入れてから「これから切りますよ」といって酒をかける、木の根まで取る時にはまわりに塩・米をまく等の儀礼が木を切る時には存在する。これらは顧客側の要望で行われることもある。先にも述べたように造園業者の草木観はある程度顧客にも共有されている。むしろ顧客との関係からも醸成される、というべきであろう。また「切る」という表現は避けて、「抜く」「外す」「枝を止める」という表現を使う。木を枯らしてしまった時には、抜いた跡に小さな苗木を植える。これについて話者は「それが情ではないか」と語っていた。つまりは、生命・霊魂を持つ草木を相手に仕事をすることで起こる心の葛藤に対処することがこれらの禁忌・儀礼であると説明できる。これは現在草木供養が行われている要因と一致する。

したがって、草木供養以前にも造園業者の心の葛藤に対処する方法は存在していたのであり、逆に言えば、供養を必要とする心意は、潜在的には造園が特に草木との関わりを深くしてから存在し続け、おそらく現在草木供養を行っていない地域の造園業者にも存在していると考えられる。東京都内の場合、近隣に鰻供養・針供養が存在したことが発端となって、供養という形に表面化してきたのだといえる。草木塔の多く存在する山形県下でも酒田市の造園組合が草木供養塔を建立しているが、同様の背景が想定できるだろう。

ただし、近年は少し状況が変わってきていることも付言しておきたい。先述したような禁忌・儀礼を知っているのは現在六〇歳代くらいの人までであり、若い世代には伝わっていない。一方で、草木供養は若い人に造園業者としての自覚を持ってもらう場とも考えられているので、今後草木供養が、草木には生命があるという考え方を確認し、継承していく役割を果たしていくことになるかもしれない。

一方で草木供養をまわりの人に知ってもらいたいという考えを持つ人も出てきている。背景には自然保護気運の高まりや、ガーデニングブームなど、緑に親しもうという考えが一般に浸透していることがある。先述のように、造園業者の草木観は顧客と共有されるものであるということも見過ごせない要素である。そして本章で明らかにしたように、それぞれの生活から作られた草木を見る目が、草木の命を感じさせ、供養の要因になっている。ガーデニングブームに触れ、草木と親しむようになった人が、草木供養の存在を知った時にどう感じるのか興味深いところである。たとえば、ペット供養のように、ガーデニングの草木も供養の対象となることがあるだろうか。現状では考察する材料を持たないが、今後考えていくべき課題だろう。

小　結

以上に置賜地方に分布する草木塔と、東京都内の造園業者による草木供養の事例を挙げて、その背景を考察してきた。これまで指摘されているように、木への畏れや祟りといった要素はもちろん認められる。しかし、それを以て信仰の契機とするだけではいささか不十分であろう。本章で見てきたように、人が草木をどう見ているかという要素、すなわち草木観が根底にあり、畏れ、祟り、あるいはその逆に感謝といった要素はその一部分でしかないという捉え方ができるからである。

本章において見えてきたのは、その草木観を形成する要素が生業の中にあるということであった。千歳氏が数寄屋造りに携わる中から、草木に命を感じたように、造園業者の草木の個性を見極めようとする目が、草木の命を実感させていたように、である。上杉氏の場合は生業ではないが、擬似的に山の生業を体験する中で草木観を体得するに至った、と捉えることができよう。彼らのように草木の個性を見、命を認める草木観があるからこそ、それを畏れたり、逆に感謝の気持ちを持ったり、ということが起きるのである。それゆえ、草木そのものや祟りへのおそれは、感謝の気持ちと相反するのではなく、表裏一体のものとみることもできる。この点に注目するならば、草木供養の実践へと人を駆り立てる草木観とは、草木に命と個性を感じること、とまとめることができるのではないか。このことは他の動物・魚介類供養の事例も貫く共通の軸として想定できる。

注

（1）「大木大明神」（南陽市池黒）「大杉大明神」（山形市津金沢、南陽市寺坂峠）等が類似のものとしてあげられている。なお、この「大杉大明神」は茨城県稲敷市の大杉神社、いわゆるアンバサマとは無関係で、祟りを畏れ杉を祀ったものと考えられる。

（2）米沢市の有形文化財の概要ではこの火災をきっかけとしており、小山田も同様の見解を示している［小山田　一九八〇　一六］。一方、佐藤、梅津らは安永二年の江戸屋敷火災の復興を原因にあげている［梅津　一九九八　八］。植林の記念及び植えた樹木の生長については小山田・梅津の両者が指摘している。

（3）または「草木国土悉皆成仏」ともいう。中村元は『仏教語大辞典』（一九七五年、東京書籍）に「草木国土悉皆成仏」として取りあげ、「草木や国土のように心を有しないものさえも仏性をもっているので、ことごとくみな、仏になる、という意」と説明して、その由来は『涅槃経』にあるとする。

（4）『山形新聞』一九七九年七月二〇日

（5）この草木供養塔の碑文は「草木を愛してその恵みに感謝し、青い地球を守ろう」というものであり、見出しの「青い地球を守ろう」はこの一部を使ったものであろう。

（6）『毎日新聞』山形版一九七二年九月一二日
（7）狛江造園組合『狛江造園ニュース』九号　一九八六年　狛江造園組合栗山祥夫氏提供。
（8）前掲注（7）に同じ。
（9）当時の日本造園組合連合会理事長阿島七郎氏。
（10）木に懸命に生きている姿を見いだす心意は先述の上杉氏のケースと同じであり、草木を観察することから得られる草木観の一つのパターンと見ていいだろう。
（11）東に柳九本を植えて流水の代わりとし、同様に西は楸七本、南は桂九本、北は檜三本を植えることでそれぞれ大道、池、丘（岳）の代わりとして、青竜、白虎、朱雀、玄武とする。「作庭記」『日本思想大系二三　古代中世芸術論』一九七三年　岩波書店　二四三―二四四頁。
（12）「作庭記」『日本思想大系二三　古代中世芸術論』一九七三年　岩波書店　二四四頁。
（13）前掲注（12）。
（14）『築山庭造伝』には北村援琴が一七三五年に著したものと、籬島軒秋里が一八二八年に著したものがあり、北村の著作を前編、籬島軒の著作を後編と呼んでいる。本書では北村『築山庭造伝』（複製本、庭園古書刊行会、一九七五年）と上原敬二編『築山庭造伝（前編）解説』『築山庭造伝（後編）解説』（加島書店、一九六五年）を参考にしている。
（15）［上原編　一九六五］から草木に関する項目を挙げると、次の通りである。「面に植ざる草木の事」「冬木古木面前に植ざる事」「石の立やう木の植やうの事」「渓間に植る物の事」「草木植所の事」「田畠の事」「杉苔植やうの事」「松の植やうの秘伝」「松既に枯んと欲するを生す法」「竹を班にする法」「竹を植かゆるによき月日のこと」「接木さし芽の薬」「催花法」「菓の実落ざる法」「松の植やうの事」「諸木をふとくする法」「諸木に毛虫つかざる法」「橋本の木の事」「飛泉障木の事」「庵添の木の事」「池際の木の事」「惣じて木植やうの事」「木堀やうの事」「木の搦の事」「木の植やうの事」「木造りの事」「垣留の木の事」「灯篭扣の木の事」「鉢請木の事」「井会釈木の事」「下井戸影木の事」「塚添の木の事」。

第三章　動物飼育と供養　―動物園・水族館の事例を中心に―

第一節　飼育動物と供養の研究史　―動物とのかかわりを中心に―

ここまで本書で扱った動物と人間の関わりは、動物を殺して食べる、もしくは売ることで生活の糧にする、という関わり方が主であった。しかし、動物と人間の関わりは、もちろん食用などに留まるものではない。かつて運輸や農耕のために牛馬を使ったことや、愛玩用としての犬、猫、その他の動物もまた、人間と密接に関わって暮らした動物達である。

これらの動物達もまた供養や葬送の対象となってきた。犬に関しては柳田國男が「犬そとばの件」で早くも注目している。もっとも、柳田の関心は犬のお産が軽いと伝えられることと子安信仰との関連にあった。柳田は「犬が死んだので憫んで供養をしてやつたのだといひ、現に木の表面の文字には、如是畜生發菩提心と書いてあるのもみた」［柳田　一九六三　三三二］としながら、なぜ他の家畜にはこれを立てず犬だけなのか、難産で死んだ母犬のためという話もあるが、犬の難産は稀なはずなのに犬そとばがたくさんあるのはなぜなのか、という点に疑問を呈し、子安信仰との関連が予想されることに言及して、情報提供を呼びかけている。柳田の目が最初から子安信仰との関連に向けられていたことは、次の部分からも確認できる。

私が此問題をもっと〳〵明らかにすることによって、確かめて置きたいと念ずることは、中央の記録の上には、さう大きな痕を遺して居ない信仰でも、可なり遠い昔から連續して、今なほ民間に傳はるものが、有るといふこと、次にはその古來の神を祀る爲に、最も必要であつた祭の木が、名をかへ形をやゝ改めつゝも、今に婦人の手によつて保管せられて居たといふことで、更に是から推論して、今日佛者に專屬して、盛んに經典の文句を書き込み、地水火風の切り目などを入れられて居る人間の墓上のソトバも、かつてはこの祭の木の特殊の變化だつたらうと、やがては言ひ得る時が來ると思ふ。

［柳田　一九六三　三三二］

柳田は犬そとばを、仏法以前の古い信仰の形が子安神信仰の中に保存されたものと考えて、関心を持っているのである。そのため、ここに垣間見られるのは、子安信仰と関連する「お産の軽い動物」としての犬のイメージである。では、人と犬との関わりを通した犬の見方はなかったのだろうか。。この点では、松崎憲三も指摘するように、「村の狗」という認識が柳田にはあったようである。一例を引くと、次のようなことである。

私などの生れた村では、村の狗といふのが四五匹は常に居たが、狗を飼つている家は一軒も無かつた。彼等の食物は不定であり、寝床も自分の癖だけできめて居た。

［柳田　一九六八　二九八］

このような見方があったため、愛玩動物としての特定の犬を飼い主が葬るということには関心が向かなかったのかもしれない。また、このことに着目するには、犬そとばのみならず、犬の墓にまで視野を広げる必要があるため、柳田の関心から犬を葬ることそのものが外れたのは当然のことであった。

しかし、一方で「村の狗」とは考えられない、特定の誰かに飼われた犬もいたことであろう。猟犬などはその典型と考えられる。こうした猟犬に対する祭祀も存在していた。千葉徳爾の研究から、宮崎県椎葉村の例を挙げよう。椎葉村では犬の死霊を「コーザキ」と呼び、シシ祭をするとき併せてまつる、狩りを終えて帰宅するとき、山を出はずれるところ、山の神、コーザキの三ヶ所で、御礼の空砲を撃ち、「上のコーザキにヤタテを撃って上げ申す。火の車に乗ってお上りなさって給り申せ。よくきいてたもれ。またとれるように」と唱える［千葉一九八六　二一九―二二五］。このように、死んだ犬が猟の神として祀られたのである(1)。これと同じ話者からの聞き取りで、犬の葬法にも触れられている。山中に棚を作り、石を枕にし、北に向けて死体をのせ風葬にする、というもので、これを「コーザキになる」という、とされている［千葉　一九八六　二二二］。

一方、棚にのせることは同じながら、柴で覆って日光に当てないようにするという例もある。この例では「山のコーザキにまつる」と称している［千葉　一九八六　二三九］。また、棚を作って葬る理由について、地に埋めると犬神になるからだ、とする事例が複数ある［千葉　一九八六　二三四、二三六］。狩りのパートナーである犬を、死後祀りながら一方に祟りを恐れる気持ちがあるなど、信仰面から見る限り、猟犬に対する見方は複雑である。このことは、蛇から飼い主を守ったとする説話と、千匹の獲物を捕った猟師を猟犬が襲ったとする説話の両方が存在することからもわかる。

また、犬に関する様々な説話・伝承を集めた大木卓は、「霊犬伝説」「忠犬伝説」「花咲爺の犬」「竹篦太郎伝説」といった類型の伝承をまとめている［大木　一九八七］(2)。竹篦太郎伝説を例に取ってみよう。これは、毎年の人身御供に困っていた村に来訪者があり、化け物が「○○（犬の名もしくは飼い主の名が入る）に知らせるな」と歌うのを彼が聞いて、その犬を借りてきて化け物を退治する、という筋書きの話である。犬が死後祀られる、という結末を持つものも多い。飼い主にことわって借りてくる、という筋書きからわかるように、ここでは犬の飼い主がはっきりしていることが前提になっている。

大木がまとめた中では、「忠犬」というモチーフも欠かせない要素であろう。ここでは主に飼い主を救った犬の話が取りあげられている。飼い主の身代わりとして死んだり、もしくは誤解により飼い主に殺されて、祀られるという結末が一つのパターンであろう。なかには、中世の狩猟に関する説話によく見られる、飼い主が以後狩りをやめる、という結末を迎えるものもある。

ここで、管見に及んでいる例をあげると、静岡県三島市には、病気に倒れた母犬の看病をしていた子犬たちが、死後母犬とともに葬られた孝行犬の墓がある。主に対する「忠」ではなく、親に対する「孝」という違いはあるが、人間の世俗道徳を犬に投影して、犬を讃え葬るというのは説話だけの話ではないのである。また、静岡県御前崎市には、飼い主を化け鼠の手から守って死に、葬られたという猫塚がある。猫も同じように捉えられることがあるのである。

さて、犬の話に戻すと、大木は以下のように指摘している。

犬のフォークロアをつらぬく原理の一つは、犬を人間界と他界（自然界、冥界）とを結ぶものとみなすことであり、いま一つは、犬は動物のなかでも殊に人間に近い性格を持つもので、時にこれを人と同格と見なし、さらには、それ以上の霊力があるとすることである。　［大木　一九八七　三］

大木のこの考えは、狩りなどの場面を「人間界と自然界の交渉の場」、番犬や護身用としての犬が必要とされる場面を「人が人を信用できない間隙」、ペットとしての犬が必要とされる場は「満たされない人の心の空白」と捉えることによっている。たしかに、犬の捉え方の一面を的確に言い得ているようである。

また、馬に関しては馬頭観音碑の建立によって供養する形態が江戸時代から見られた。その一方で死んだ馬に対する儀礼だけでなく、家で飼育している馬に対して馬に新年の祝いとして餅や粥を食べさせる風習があったことも動物とのかかわりという点で特徴的である。小島瓔禮は馬頭観音について、人間の石塔にならって二股卒塔婆から変化した新しい作法であることを指摘するなど、かつては人に準じる死後の扱いが馬に対してなされていたことを明らかにしている［小島　一九九一　二五一—二三九］。小島はまた、馬の新年祝いを取りあげる中で、人と馬の一体感があらわれているとする一方で、その祭日が人の新年祝いである元日を避け二日とされていることを指摘して「馬は家族と一体といいながら、別に扱うのを当然とする、家畜観の機微」を見出している。［小島　一九九一　二一—五］。

これと似た動物観を、松崎がペットの墓に触れる中で明らかにしている。松崎はペットが家族の一員として扱われる一方、その墓はペット専用の合同墓がふさわしいと判断されていることを取りあげて「生前は家族の一員として扱われながらも、潜在的には家族ならざる存在である」というペット観を明らかにしている［松崎　二〇〇四　二三〇］。小島が馬に関して指摘したことと共通して、「家族並み」「人並み」に扱われながら、それはあくまで「準じる」扱いであり、人と動物との間には厳然とした区別があることを浮き彫りにしている。ただし、松崎は註を付して、その要因には人と畜生とを区別する寺院側の姿勢もあること、ペットと一緒に入れる墓地が平成一五（二〇〇三）年に売り出されたことを指摘して注意を促しており［松崎　二〇〇四　二三三］、この点も付言しておくべきだろう。

フェルトカンプも多くのペット霊園が「ペット専用」であることに注意を促し、「『ペットの家族化』は生前に限った話で、死んだら単なる『もの』、つまり『人間あらざる動物』に戻ってしまうことは逃れられない現実」と指摘している。一方でまだ一般的ではないとはいえ、飼い主とペットを同時に納骨できる施設も紹介し、そこに嬰児の位牌をも同時に祀った例を示して、「『ペット』も（死産・流産の赤子を含む）『水子』も、ある意味では現代的に拡大された『家族』に含まれるようになったといえるかもしれない」と、現代における家族の変容に踏み込んで解釈している［フェルトカンプ　二〇〇六］。ペットに関しては、今後も動物観、さらには家族観の変容によって、大きく変わっていく可能性があるといえよう。

松崎は現代の馬供養として、競走馬にも着目している。関東地方の馬頭観音信仰を三分するという、栃木県那須郡那珂川町の馬頭院（真言宗）、埼玉県東松山市の妙安寺（曹洞宗）、静岡県駿東郡小山町の円通寺（曹洞宗）の信仰の変遷を分析し、いずれも競走馬の供養に関わりを持つことを明らかにしている。このほか、競馬場や生産牧場の供養碑や馬頭観音の存在にも触れ、名馬といわれる馬や、競争中の事故により死んだ、火災の被害にあったなど非業の死を遂げた馬が供養の対象になっている点を指摘している［松崎　二〇〇四　一七九―二〇五］。

さて、このような動物とのかかわり、供養の研究の流れを受け、筆者が本章で取りあげたいのは、動物園・水族館における慰霊である。人に見せるために多くの動物を飼育する、というあり方は、競走馬には近い点があるかもしれないが、民俗学ではこれまでに注目されてこなかった動物とのかかわり方であるといえる。

動物園・水族館の場合、使役を目的としたかつての農耕馬・牛飼育とはちがった側面が見い出せる。公益社団法人日本動物園水族館協会では、次の四つを目的として挙げている。すなわち「命に触れる憩いの場～レクリエーション」「楽しく学ぶ～教育・環境教育」「動物を絶滅させない～種の保存」「動物のことをしらべる～調査・研究」である。(3) こうした社会的要請を受けて、しかも元来日本に暮らさない動物をも含めて飼育することは動物園・水族館に特徴的な要素である。そこで働くことには、当然他の動物飼育のあり方とはちがった動物とのかかわり方が予想される。すなわち、飼育員という生業を通して、動物とのかかわり方、慰霊の心情とのつながりを考える必要があろう。そこで、動物園・水族館における動物とのかかわり方はどのような特徴を持ち、またそれは前節までに取りあげてきた動植物供養の事例と共通するものがあるのか考えてみたい。とくに、第一部に取りあげてきた魚の供養は、供養の対象である魚を殺すことが前提であるのに対し、動物を生かそうとする動物園・水族館は一見対照的に見える。それだけに、そこに浮上してくる共通点があるならば、それは生業と動物観と供養とのつながりを考える上で重要な要素となるだろう。

なお、ここに取りあげる事例は「慰霊」と称するものであるが、「慰霊」と「供養」の共通点・相違点については第三節で述べることにする。以下第二節では、事例に沿って慰霊のあり方と背景を見ていくことにする。

第二節　動物園・水族館における慰霊

広島市安佐動物公園の大丸秀士が行なったアンケート調査によると、回答のあった一一八の動物園・水族館のうち、六一の施設に慰霊塔が建立されているという。また、五八の施設で慰霊祭が催されていることも明らかになった。また、水族館よりも動物園の方が、公立よりも私立の施設の方がこれらが建立、開催されている割合が高いという特徴も示されている〔大丸　二〇〇二〕。本節では動物園三施設と水族館一施設を事例として、第一節に示した課題も踏まえながら慰霊のあり方と背景を見ていくこととする。

一　三島市立公園「楽寿園」

1　三島市立公園「楽寿園」の概要

ＪＲ三島駅からほど近くに色濃い緑に囲まれた三島市立公園「楽寿園」がある。核となる施設は明治二三（一八九〇）年、小松宮彰仁親王が別邸として造営した楽寿館とその庭園である。この庭園は富士山の噴火により形成された溶岩（三島溶岩流）の上に自生した自然林と、天然の湧水池である小浜池(4)を取り入れたもので、昭和二九（一九五四）年に国の天然記念物に指定されている。現在、園内には自然林のほかに別邸造営時に植樹されたものをあわせ、一六〇種以上の樹木が生育している。植物を主体とした施設として、小浜の森、天神の森、万葉の森、常盤の森、さぎの森がある。このうち、特徴ある施設としては、小浜の森には人がよく利用する樹木が多く集められ、その解説板が付けられている。また、万葉の森には万葉集に歌われた植物を集め、歌と解説を付けている。なお、三島市郷土資料館も園内にある。資料館の前には双体道祖神像などの複製に混ざり、市内の寺にある孝行犬の墓の複製が置かれている。子犬たちが衰弱した母犬の世話をしているのを見つけ、感銘を受けた僧侶が犬が死んだ跡に親子六匹の墓を作ったというものである。

2　「楽寿園」と動物飼育

この楽寿園が市立公園となり、一般に開放されたのは昭和二七（一九五二）年である。この時以降、子供向けの、のりもの広場、チビッコ広場が整備され、どうぶつ広場での動物飼育も始まった。二〇〇六年現在飼育されている動物は表1の通りである。

表1　三島市立公園「楽寿園」飼育展示動物

種　類	数
コモンリスザル	5
シロテテナガザル	1
カイウサギ	4
オグロプレーリードッグ	7
モルモット	31
レッサーパンダ	2
ヤクシマヤギ	5
ポニー	2
ベネットワラビー	2
ショウジョウトキ	7
コブハクチョウ	1
アヒル	5
ホオジロカンムリヅル	2
キバタン	2
コウゴウインコ	1
インドホシガメ	2
ケヅメリクガメ	1
計17種	80

二〇〇六年の調査時において飼育歴が一番長いのはシロテテナガザルで、昭和五四（一九七九）年頃から飼育している。一番短いのはベネットワラビーで、平成二〇（二〇〇八）年四月から飼育している。動物は動物商から購入するほか、他園からの譲渡・借用や交換等によって確保されている。

3　「動物霊之碑」と動物慰霊

現在では最も大型の動物でも、ワラ

写真１　三島市楽寿園の動物霊之碑

ビー、ポニー程度だが、かつて楽寿園で人気を二分していたのはゾウとキリンであった。昭和三二（一九五七）年頃から飼育されていた。両方とも大型で、寿命の長い動物である。そのゾウが死んだことが、動物霊之碑建立の一つのきっかけになったようである。寿命が長く、ずっと園の人気者であった上に、大型の動物であることが、供養に気持ちを向けさせたのである。

「動物霊之碑」（写真１）が建立されたのは平成三（一九九一）年。ゾウの死から一～二年たった頃だという。楽寿園は公立の施設であるため、宗派にとらわれない独自のかたちでの祭祀にする必要があった。議会で問題にならないように、多摩動物園の例を参考にして、石碑建立というかたちに落ち着いた。建立時、同じ楽寿園内にある郷土館の館長が僧籍を持っていたので、この人にミタマ入れを頼んだ。その後、春秋の彼岸に線香を上げるなどしたこともあったが、やはり宗教に対する政治的配慮から、その時々の上司の方針により、祭祀でできることは変わってしまう。それでも毎月一度の献花だけは欠かさず行ってきた。現在では元主任技師の渡辺潔氏が毎月一〇日頃に献花を行っている。

現在楽寿園の飼育員の体制は、臨時職員扱いになっており、四〇年にわたる勤務を終えて今なお献花を続ける渡辺氏を除いては、祭祀が続けられていくか不明である。

４　楽寿園の動物飼育の特徴と飼育員の思い

楽寿園は元が庭園であるため、他の動物園と比べて、多くの植物に囲まれているのが特徴である。渡辺氏はこの環境が動物にとって過ごしやすい環境になっていると考えている。動物園の飼育員同士で交流があるため、他園の様子を聞かされることもあるし、自分でも見に行っている。こうして多くの園がどういった環境で飼育しているかを知っている。しかし、動物にとってこれがベストだ、と言えるものはないという。たとえば、楽寿園では動物を檻に入れて飼育しているので、サファリパークのような環境の方がいいように思っていたが、渡辺氏がサファリパークの飼育員から聞いたところでは、サファリパークでは車の排気ガスが動物のストレスになってしまうという。また、動物を客から見えるところに追い込むこともあるので、これもストレスになる。このようにたとえ広い場所で飼ったとしても何らかのストレスがかかるとよくない。

動物が長生きできるかどうかは、ストレスの少ない環境にかかっている。この点楽寿園は、飼っているスペースは決して広くないものの、多くの樹木に囲まれ、空気がきれいである上、富士山麓という条件からきれいな水にも恵まれていることから、動物にとっていい環境にあるといえる。渡辺氏も他園の飼育員から楽寿園の環境を羨ましがられた経験があるという。

渡辺氏が今一番気に懸けているのは、テナガザルである。テナガザルは先述のように、現在楽寿園で最も飼育歴が長い動物である。このテナガザルは雌で、昭和五四（一九七九）年か昭和五五（一九八〇）年頃、もともと飼っていた雄に嫁入りしてきた。楽寿園にきて一年目に早くも子供を産んでおり、したがって現在は非常に老齢である。老齢に加えてここ二～三年の夏の暑さで元気がなくなっているという。このテナガザルの檻の横には「楊貴妃」という種類の桜がある。かつてはこの木の枝が檻の上に覆い被さっており、テナガザルはよく枝を折って、樹皮をいじって遊んでいたという。こうした環境が長生きのために役立ったと渡辺氏は考えている。渡辺氏の目には、今、テナガザルと桜の木が比例するように元気がなくなっているように見える。それだけ、テナガザルと桜の木に思い入れが深くもあり、また心配でもあるということであろう。

二　静岡市立日本平動物園

1　日本平動物園の歴史と概要

景勝地として名高い日本平の中腹に、静岡市立日本平動物園がある。静岡市が同園整備の構想を発表したのは昭和四〇（一九六五）年、その後市民の寄付などを得て、昭和四四（一九六九）年に開園した。開園時の面積は六．六ヘクタール、園長以下職員三二名の体制で、一一三種三七一点の動物を飼育していた。その後も順次整備が進められ、面積は約一二ヘクタールに拡張している。平成一八（二〇〇六）年度末（平成一九年三月三一日）時点での飼育数は一八五種七三一点、これは日本国内では「中堅」クラスにあたる。(5) 職員の数も若干増えて、現在では園長ほか幹部が四名、事務担当職員九名、飼育担当職員二二名、動物病院担当職員五名の計四〇名で運営にあたっている。

動物園の仕事は飼育・展示だけではない。一つには教育活動がある。その目的は「動物を理解し、愛情と思いやりをいだいて生活し、それを次世代に伝えていける人(6)」を育てること、とされている。平成一九（二〇〇七）年度を例に取ると、幼稚園・保育園対象の幼児動物教室が一三〇回、養護学校などが対象のふれあい教室が二一回行われ、合計で五、一四七人が参加している。中学・高校に対しては体験学習の受け入れを行っている。平成一九（二〇〇七）年度の体験学習は二〇校で二一回行われ、四二名の生徒を受け入れた。またこのほかの校外学習で各種学校あわせ二一校一九一名の生徒を受け入れた。また、小学校を対象には出張動物園として、動物園の職員が小学校に赴いて動物の話をする活動も行っている。このほか、各種学校・団体を対象としたツアーガイドがある。

学校など団体を対象とするもの以外にも各種のガイド活動を行っている。毎月第三日曜日にはＺＯＯスポットガイドとして飼育担当者自ら来園者を相手に解説をしている。飼育担当者は、動物に対する知識と経験は豊富でも、話すのが決して得意ではない人ももちろんいる。しかし、動物に親しんでもらうため、職員一同で取り組んでいることがこうした取り組みを可能にしている。また、こうした活動を支えるためのガイドボランティアも組織されている。ガイドボランティアは登録制で、飼育員から研修を受け、動物のガイドやイベントの実施、子どもが小動物に直接触れることができる「にこにこ広場」での補助作業などを行っている。

また繁殖活動も特徴としてあげられる。日本動物園水族館協会（ＪＡＺＡ）による種の保存活動の一環として、希少動物は種ごとに血統登録を行い、管理する動物園が指定されており、日本平動物園ではレッサーパンダとオオアリクイを担当している。こうすることで、どの個体をカップリングし繁殖させるか、という情報を一元的に管理しているのである。また、繁殖に関しては大学との共同研究も行われ、様々な種類の動物を繁殖している。平成一九（二〇〇七）年度における出産・孵化は四八回にも及ぶ。このほか、傷病野生動物を保護し、動物病院で治療して放野する活動も行っている。

2　日本平動物園の動物慰霊

先に紹介した楽寿園と比べれば、種類、飼育数ともに多いため、毎年相当数の動物が死んでいくことになる。また、繁殖活動に取り組んでいることは、それだけ生命力の弱い幼い個体を抱えていることも意味し、実際、出産・孵化のあとすぐに死んでしまう個体も多い。死んだ動物たちの内、長年園にいた個体や希少動物などは剥製や骨格標本にされて、園内の一角にある資料館に展示される。しかし、剥製・骨格標本の作成には費用がかかるため、すべての動物というわけにはいかない。ほかの動物たちの死体は、しばらく冷凍庫に保管されたあと、一定量に達すると焼却炉で火葬される。

開園当初、死んだ動物たちは現在慰霊碑が建つ池の裏手、少し高くなった場所に土葬されていた。最初に慰霊碑が建てられた場所もここであった。昭和五五（一九八〇）年、一〇月四日のことである。これ以前にも慰霊碑を建立したい、という話は出ていたが、政教分離に抵触するかもしれないという問題をクリアできず、建立はかなわないでいた。このため、動物たちを埋葬していた場所の近くに全部手作りで慰霊碑（写真2）を建立した。これが来園者の目に触れやすい現在の場所に移転したのは昭和五九（一九八四）年一一月二八日のことである。入魂式を僧侶に依頼したほかは、やはりすべて自分たちの手作りである。「動物たちよやすらかに」と刻まれた横長の四角柱の石碑を中心に、献花台、植え込みなどが造られている。

現在では毎年九月二三日に動物慰霊祭を行っている（写真3）。池の近くにある動物慰霊碑の前に祭壇を設け[7]、職員、友の会会員、ガイドボランティアが献花を行う。開始一五分前から三回ほど園内に案内放送を流し、その日の来園者にも献花をしてもらう。九月二三日は動物愛護週間にあたるため、慰霊の日としてこの日が選ばれた。最初に参列者による黙祷から始まり、園長、静岡県動物園協会会長、ガイドボランティアの会会長が慰霊の辞を祭壇に向かって読み上げる。続いて慰霊祭の日を境として、一年の間に死んだ動物の目録が読み上げられる。大型獣など、名前を付け

写真２　日本平動物園の動物慰霊碑

写真３　日本平動物園の慰霊祭の様子

写真４　慰霊碑裏の収納スペース

て飼育するもの、長生きするものは、種類と名前、年齢が読み上げられる。小型の鳥類など、数が多い上に寿命が短いものなどは、種類と死んだ数のみが読み上げられる。平成二〇（二〇〇八）年の場合、前年の慰霊祭以後、この年の慰霊祭まで一年間に死んだ動物は哺乳類一六種三一点、鳥類二四種二九点、は虫類八種一〇点、合計すると四八種七〇点であった。そして参列者全員による献花が行われて終了となる。献花の後、慰霊碑の下にこの目録を納めている（写真4）。

3　日本平動物園の飼育動物と慰霊の思い

楽寿園ではゾウの死が慰霊のきっかけになったことを紹介したが、ここでもやはり大型の動物、寿命の長い動物の方が思い入れが深くなる傾向があるようである。それは長年世話をしてきた飼育員にとっても、常連の来園客にとっても同じである。

日本平動物園では、通常飼育員は三年程度をめどに飼育動物の担当を替わる。しかし、例外になるのがゾウや類人猿など頭のいい動物である。主任飼育員の佐野一成氏は開園当初より約四〇年間アジアゾウの飼育を担当している。ゾウは頭がいい上に寿命も長い。現在飼育されているメスのシャンティは昭和四四（一九六九）年四月二五日生まれで翌昭和四五（一九七〇）年に来園した。オスのダンボは昭和四四（一九六九）年の開園時、推定三歳で日本平へやってきた。現在飼育されている動物で、開園当初からいるのはフラミンゴの内の数羽と、このゾウ二頭のみ。昭和四七（一九七二）年来園のコンドルがこれに次ぐという。

また、マサイキリンも佐野氏にとっては思い入れの深い動物である。平成二〇（二〇〇八）年、繁殖に成功したものの、母親が育児を放棄。リキと名付けられたこの子どもを、佐野氏がペットボトルを改造したほ乳瓶などを使って養育した。このため、今でも佐野氏の姿を見ると、ミルクをもらえるものと思ってよだれを垂らすという。キリン舎には、リキにミルクを与える佐野氏の写真が来園客向けに貼られている。こうした頭のいい動物、寿命の長い動物に対しては思い入れが深くなるのである。

また、こうした動物は来園客の視線から見ても目立つ存在である。このため、常連客にはお気に入りの動物がいて、それが死ぬと花が贈られてきたりすることがあるという。死んだとき以外にも、お彼岸などに花を慰霊碑に供える人もあるそうである。日本平動物園で発行した広報紙を見てみると、ホッキョクグマやローランドゴリラ、オランウータンの死を伝える記事に、多くの弔電・献花があったことと、それに対する謝辞が記されている[8]。また佐野氏の経験では、トラが死んだときに同じようなことがあったという。飼育動物の死を悼む思いは、飼育員と来園客の間で共有されているのである。

この点、日本平動物園では広報紙などで動物が死ぬ様子を克明に記していることが注目される。たとえば、ホッキョクグマのピンキーが死に至るまでの記述は以下のようなものである。

ピンキーの闘病生活は、三月一一日に始まりました。

食欲がなくなり、精彩がなく、吐いたり下痢をしたり……寝ていることが多く、声をかけても調子の悪そうな表情でこちらをちらっと見るだけでした。

「ピンキーを死なせたくない」私達の想いはひとつでした。固形物が食べられないので栄養補給に流動食をあげ、できる投薬は全部しました。四日後、大好きな煮イモを一本食べ出してから少しずつ食欲が戻り、二八日には展示場に出てプールに入れる位まで回復しました。「元気になって良かった！」

しかし、喜びもつかの間、四月一三日から再び状態が悪くなりました。「一三日の金曜日……」。二三日の休園日、調子がよさそうなので外の空気を吸わせたいと展示場に出してみましたが、そこで座り込んで立てなくなってしまい、ネットをかけて皆で部屋に運びました。

猛獣であるホッキョクグマと同じ部屋に入るなんて、とても考えられないことです。ピンキーは「フーッ、フーッ」と威嚇の声をあげて上半身を起こすことができても、立てません。

それから、寝たきり生活が始まりました。最初は食欲があり通常の餌を食べていましたが、だんだんと食欲がなくなり、五月三日には頼みの流動食も少ししか飲まず、大好きだった煮イモ一切れ、牛レバー四切、煮ニンジン一／二本を口元に持っていって食べたのが、最期の食事になったのです。

四日の朝、亡くなったピンキーを解剖するため、シマウマ模様の作業トラックに彼女を乗せてまだ開園前の園内を病院に向かいました。この時の職員皆の寂しそうな表情を私は忘れられません。(9)

普通なら職員でなければ見られないような、動物が死に向かっていく様子を、読者に対してしっかりと伝えている。なお、このホッキョクグマ、ピンキーは剥製にされ、二〇一〇年に新しくオープンした猛獣館の一角に展示されている。また、ライオンのエンジェル（メス）が死んだときの記述には、残されたペアのオスライオン、キングに対する気遣いが表明されている。

一九九〇年に富士サファリパークで生まれ、二〇〇〇年に日本平動物園へやってきましたが、一〇歳年下の夫のキングとは、本当に仲良しでいつもそばに寄り添っていました。

二〇〇七年の夏に体調を崩し一週間も餌を食べなくなり、二ヵ月もの間、補液や注射の毎日の入院生活をしましたが、なんとか乗り越えキングの元へ戻って行きました。

しかし、今年一月になってめっきり寒くなってから、とたんに食欲がなくなりだし、大好物のウサギにも手を出さなくなってしまいました。

そこで、麻酔をかけ動物病院に入院しましたが、治療のかいなく死亡しました。解剖してみると、すでに体中に腫瘍が広がり、肝臓も手に取ると崩れてしまうようなボロボロの状態でした。

エンジェルの死が一番ショックだったのはキングでした。エンジェルが入院した後、毎日キングがエンジェルを探している姿があり夕方寝室に入っても元気がなくいつものように威嚇する姿もなくなり、餌の食べも悪くなってしまいました。

この二頭の絆の強さを改めて感じました。キングが、早く立ち直ってくれることを願っています。(10)


動物の死に際しての職員の思いが伝わると同時に、これを来園者向けのペーパーに掲載することで、この文章を通して長年親しまれた動物を悼む気持ち、あるいは悲痛な感情をも、来園者と共有できることがわかるであろう。このことも踏まえれば、年に一度の慰霊祭は関係者から一般の来園者まで、様々な人が参加することにより、動物に対する感情を共有する場としても機能していることは考慮されるべきであろう。

三　豊橋総合動植物公園

1　豊橋の動物園の歴史と豊橋総合動植物公園の概要

豊橋総合動植物公園、通称「のんほいパーク」は現在東海道本線二川駅の近くに広大な敷地を擁している。しかし、豊橋の動物園の歴史をひもとくと、明治時代の民間の動物園にまで行きつくのである。明治三二（一八九九）年、豊橋駅近く停車場通り沿いに安藤正次郎が開園させた安藤動物園がそれである。現在その跡地には「安藤動物園跡」の記念碑があり、また総合動植物公園内には「安藤正次郎翁追憶之碑」があって、安藤の功績を伝えている。昭和六（一九三一）年、正次郎の逝去に伴い、動物園が豊橋市に寄付され、豊橋市立動物園として存続することになった。その後昭和九（一九三四）年に向山町字池下に移転した。追憶之碑は最初この敷地内に昭和一一（一九三六）年に建てられている。

戦争中は豊橋動物園でも他の動物園と同じように猛獣の射殺が行われ、また餓死する動物も後を絶たなかった上、豊橋市街地への空襲によって動物園施設も壊滅的被害を受けた。しかし、名古屋市では東山動物園のゾウ二頭が射殺を免れ、全国でたった二頭だけ生き延びていた。戦後、そのゾウを見るために全国の子どもたちが列車でやってきたことが「象列車」として知られるようになった。一方、浜松市では昭和二五（一九五〇）年の「浜松こども博覧会」を契機として動物園を開設し好評を博していた。この名古屋と浜松に挟まれた豊橋でも動物園復活の気運が高まり、昭和二九（一九五四）年に豊橋産業文化大博覧会を開催し、その会場として整備された吉田城跡の一角に恒久施設として動物園が設けられたのである。しかも、この時の市長が先の東山動物園のゾウを生き延びさせた、当時の千種警察署長、大野佐長だったのである。この縁で豊橋市動物園建設にあたっては、東山動物園の園長が協力した。また、博覧会のシンボルとして、ゾウ一頭を購入し「豊子」と名付けた。豊子はこの後長く豊橋市動物園の人気者として知られた。

その後、昭和四五（一九七〇）年になって現在地に拡張移転され、「豊橋子供自然公園」となった。追憶之碑はこのときに向山町の跡地から現在地に移転されている。移転後人気者になったのがここで生まれ人工飼育されたライオンのロックであった。さらに平成四（一九九二）年に自然史博物館や遊園地を加えて拡張オープンし、現在の豊橋総合動植物公園となったのである。

現在の動植物公園は総面積三六・六ヘクタールを擁し、動物園、遊園地、自然史博物館の三つのゾーンからなる。

動物園はそのうち二八・九ヘクタールを占める。平成二一（二〇〇九）年度末での飼育動物数は一六二種九六七点である。平成二〇年度の入園者数は七二七、二九一人で、この施設を管理グループ四名、飼育員、獣医師など技術職からなる維持グループ三一名の職員で運営している。日本平動物園同様、学校への出前講座など教育活動にも力を入れている。

2　豊橋総合動植物公園の慰霊碑と慰霊行事

先述の「安藤政次郎翁追憶之碑」は現在、半円形の広場になった休憩所の周りにある植え込みの一角に建てられている。その植え込みの反対側に「動物慰霊塔」がある。凸型の石碑で、献花台と石製の水鉢も備えられている。裏面には「昭和十二年六月」と刻まれている。この慰霊塔の建立の経緯については詳らかでないが、刻銘の通りの年に建立されたものとすれば、豊橋市立動物園として向山町にあった時代に、追憶の碑の翌年に建てられていることになる。従って、昭和一二年の慰霊塔建立後、向山町の動物園が戦災で閉園に追い込まれるまでの間、何らかの慰霊行事が行われていたと見ることができよう。

吉田城跡に動物園が整備され、再開した後に慰霊行事が始められたのは昭和三〇（一九五五）年のことである。再開の翌年にあたる。園内のステージで毎年慰霊祭が開催された。動物園関係者の他、市長はじめ市の幹部、周辺の幼稚園児・保育園児、さらに動物代表としてサルやヤギが参加して開催されていた。周辺の園児達と、動物代表として園内の動物の一部が参加するスタイルは、現在まで引き継がれている。

豊橋総合動植物公園が発行した『動物園ものがたり』では、子供自然公園として現在地に移転したときに慰霊碑が建てられたとしているが(11)、刻まれた年月から考えると、この時追憶之碑とともに向山町から移転したものとみるのが妥当であろう。『動物園ものがたり』では慰霊祭の始まりについて「生き物である以上、全ての動物が天寿をまっと

写真5　動物代表も参加する豊橋総合動植物公園の慰霊祭

写真6　豊橋総合動植物公園のラッコ慰霊碑

うするとは限らず、病気やけがで手当の甲斐なく死亡することもあります。このときの気持は関係者一同、楽しませてくれてありがとうと幸せな転生を祈らずにはおれません。／この供養の気持が、みんなにも伝わり一九五五（昭和三〇）年から園内のステージで毎年慰霊祭を行うことになりました」[12]と記している。

　現在の慰霊祭は毎年動物愛護週間から一日を選んで行われている。先述のように周辺の幼稚園・保育園の園児達と動物代表が参加するのが特徴である（写真5）。動物代表には、ウサギ・カンガルー・ペンギンなどよくなれている動物を選ぶ。これには園児達に動物に親しみを持ってもらうことと、動物は命あるものとわかってもらうことの二つの目的がある。一方、職員にとっては仲間として参加するという意義がある。当日出勤して手のあいている職員は原則として全員参加する。職員の親睦会費から花を用意して献花を行う。

　慰霊祭の日が休みにあたった職員も後日個別に慰霊碑に参拝することがある。また、普段からベテランの職員の中には慰霊碑を拝んだり、献花を行う人もいるという。

3　ラッコ導入時の悲劇とラッコ慰霊碑

さて、動物慰霊碑の隣にはもうひとつ、「ラッコ慰霊碑」が建てられている（写真6）。石碑の裏には「ロシア／コマンドル／諸島より／来園した／ラッコが／ここに安らか／に眠る」と刻まれている。傍らには「平成七年三月吉日建之」の標柱が立ち、また石碑の前には水面に仰向けになって貝を食べるおなじみのポーズをしたラッコの石像も置かれている。すでに動物慰霊碑のあったこの動物園で、なぜラッコのために特別の慰霊碑が設けられたのであろうか。

その発端は平成六（一九九四）年にオープンした極地動物館にラッコの導入を計画したことに始まる。極地動物館はその名の通り、北極圏、南極圏に住む動物の展示を企図したもので、ラッコはシロクマ・ペンギンと並ぶその目玉として導入が計画された。ラッコは日本国内のいくつかの水族館で飼育されているものの、動物園での導入例は少ない。さらに、それまで国内に導入されていたアラスカ産のラッコではなく、ロシア産のラッコを導入して、豊橋でしか見られない展示をしようと計画していた。しかし、導入例のないロシア産のラッコを展示するためには、国内・海外の他の動物園から譲渡してもらうことはできず野生のラッコを入れる他はなかった。そこで、石碑に刻まれていたようにロシアコマンドル諸島で捕獲されたラッコを購入した。搬送にはロシアの獣医と、現地の動物に詳しい人数人が同行し、豊橋側でも四人の獣医が二四時間つきっきりで介護にあたった。

しかし、野生のものを捕獲して一ヶ月ほどで豊橋まで搬送してきたことがラッコには重い負担だったのか、到着直後から相次いでラッコたちが死んでいった。最初に到着した四頭は全滅、次に到着した二頭も片方が死んで、結局購入した六頭のうちわずかに一頭が生き残るのみとなってしまった。

この悲劇を受けて、極地動物館オープンの翌年、平成七（一九九五）年三月にラッコ慰霊碑が建立されたのである。動物園の関係者には、本来は野生の動物を人工的な環境の中に閉じこめて飼育していることに対するジレンマが常にある。ただ人を楽しませるだけでなく、慰霊祭に園児達を参加させていることに象徴されるように、子どもたちに動物とふれあってもらい、命の大切さを学んでもらうという教育的使命もあり動物園の必要性は明白であるが、一方で動物達を自然環境とは違う狭い空間に、しかも多くの人間の目に曝されるという環境に置くことが動物達にとって最善ではないこともまた明白である。このような気持ちを常に持っている動物園関係者にとって、野生から引き離したことで、動物園での役割を果たすことなく次々に五頭のラッコが死んでいったことの衝撃は計り知れなかったであろう。直接のきっかけは、導入を目論んだラッコの多くを死なせてしまったことにあるが、その根底には動物園の職員が抱えるジレンマがあることを考えれば、これは単に滅多に遭うことのない悲劇のために建立された特殊な慰霊碑なのではない。他の動物園・水族館の慰霊との共通点、他の生業の動植物供養との共通点をここから見通すこともできよう。

四　埼玉県立さいたま水族館

1　さいたま水族館の概要

さて、ここで動物園の動物飼育と水族館の魚介類飼育との共通点、相違点をも視野に入れるため、水族館における慰霊を取りあげよう。さいたま水族館は、国指定天然記念物ムジナモの国内唯一の自生地である宝蔵寺沼を核とした羽生水郷公園の一角にある。海なし県埼玉の特徴を反映して、淡水魚を専門に飼育する水族館として昭和五八（一九八三）年にオープンした。荒川や利根川に生息するイワナ、ヤマメ、ウグイ、コイ、ハクレン、ウナギ、ナマズ、ドジョウなど五四種に及ぶ国内の湖沼・河川に生息する魚類の他、ヌカエビ、モクズガニなどの甲殻類、両生類のオオサンショウウオ、ゲンゴロウなどの水生昆虫を飼育している。また、日本の河川に見られない水生生物としては、屋外の池にチョウザメが飼育されているほか、かつて「ウーパールーパー」の名でブームを巻き起こしたメキシコサラマンダーがいる。これらのなかでも、埼玉県の魚に指定されているムサシトミヨが館のシンボルキャラクターとなっている。

飼育している魚類などは職員自身の手による採集・繁殖と購入によって集められている。かつては寄付を受けることもあったが、現在では感染症などの問題が懸念されるため受け付けていない。少しイレギュラーなものとしては、誰かが日本国内に持ち込もうとしたところを、ワシントン条約違反のため税関が押収したホシガメの飼育を委託されている。コイやオオサンショウウオなど五〇年から六〇年にも及ぶ長生きの生物もいる一方、館のシンボルであるムサシトミヨをはじめとして寿命が一年限りである「年魚」もいるため、寿命の短い魚は常に採集、購入で補っている。一方、魚の繁殖にも取り組み、日本動物園水族館協会の繁殖賞を二度受賞しているほか、県の主要河川である荒川でヤマメの稚魚放流などの取り組みも行っている。

写真7　さいたま水族館の魚霊碑

2　さいたま水族館の「魚霊碑」と飼育員の思い

屋外の池のほとりに、魚の彫像を戴く「魚霊碑」がある（写真7）。彫像が乗る台座部分は四本の太い石柱からなり、真ん中は空洞で底面に水が貯められるようになっている。台石の側面に平成一二（二〇〇〇）年建立を示すプレートがある。オープンから一七年を経ての建立である。この間、飼育員の間に慰霊を行いたい気持ちがなかったわけではないが、政治と宗教をめぐる状況がそれを許さなかった。

昭和五二（一九七七）年に判決が示された津地鎮祭訴訟以来、県や市のレベルでの政教分離を問題とする裁判が次々に起こされていた。政教分離の憲法判断をする基準とされた「目的・効果基準」が示された箕面忠魂碑訴訟が昭和五一（一九七六）年から平成五（一九九三）年の間、県による靖国神社への玉串料支出が違憲とされた愛媛玉串料訴訟が昭和五七（一九八二）年から平成九（一九九七）年の間、市の所有地に地蔵像が建っていることを問題とした大阪地蔵像訴訟が昭和六一（一九八六）年から平成四（一九九二）年の間に争われている。さいたま水族館オープン以降の時期は、こうした政教分離に関するニュースに事欠かない時世であり、県営の施設であるさいたま水族館では、いきおい慰霊のあり方について慎重にならざるを得なかった。外部から見て「宗教」と思われることは避ける必要に迫られたのである。

同じ埼玉県内の東松山市にあるこども自然動物園や大宮公園の小動物園に問い合わせるなど、他施設での慰霊のあり方についても聞きながら、検討を進めた。検討の段階では入場者の目につかないところへ慰霊碑を建立する案も出たという。最終的に出された結論は、魚霊碑を建立する一方で、建立に伴う魂入れや、建立後の慰霊祭を館として行うことは一切せず、慰霊を行うことに関しては各飼育員の意思に任せるというものであった。

こうして魚霊碑が建立され、以降飼育員達は自分たちでそれぞれに献花や魚霊碑の清掃など慰霊を行うようになった。このように色々と気苦労を重ねながらも、魚霊碑の建立にこぎ着け、慰霊を行う飼育員の気持ちの根底にはどのような要素があるのであろうか。水族館における魚などの死のあり方と飼育員の仕事とのかかわりを以下に見ていこう。先述したように、さいたま水族館で飼育される魚の中には「年魚」もいるため、当然ながら毎年魚が死ぬことは避けられない。これは動物園と同様である。一方で、魚にとっては狭い水槽に入れて飼っているため、飛び出したり、はねたりして壁に激突し死んでしまうこともある。病気の魚を見つけるため、飼育員は餌の食べ方や泳ぎ方をよくみる。水面に上がってきて口をパクパクさせるなどは、家庭で魚を飼っていてもよく見るところであろうが、本来群れで暮らす魚が一匹だけ群れから離れて泳いでいたりすると、これも弱っている証拠である。

死んだ魚は、その死に方によっては解剖して顕微鏡を使って死因を探ることもある。一方で、日本平動物園の項で紹介したように、動物なら長く園に貢献した動物や、希少動物を剥製にすることもあるが、魚の場合は剥製にするのが難しく、さいたま水族館では死んだ魚はすべて捨てている。捨てるときは「生ゴミ」の区分になる。

このように魚の死が避けられない中でも、飼育員はなるべく健康な状態、自然に近い状態を客に見せようと努力している。照明や餌を変えることなどがその基本になる。飼育員の村井久之氏によると、自然環境で暮らす魚の色と、施設で飼う魚の色は違うそうである。これは光や餌の違いから来るものなので、照明と餌の工夫で自然の色に近づけることが飼育する上での一つの目標となる。ここには、本来河川や湖沼で暮らす魚が人のために狭い水槽に入っているという思いと、それゆえにできるだけいい環境にしてあげたいという思いが交錯する、飼育員のジレンマも現れている。

一方、動物園とは異なる水族館ならではの背景として考えられるのが、生きたままの餌をやらなければならない魚がいることである。肉食魚の一部やカメ、水生昆虫には、動いているものに反応する性質などから、配合飼料は食べないものがいる。一方、動物園と違い飼育するものが全て水の中で暮らす水族館の特質から、食べ残しで水が汚れてしまう餌はあまり使えないという事情もある。このため、一週間から二週間に一度、餌にするための養殖金魚・ヒメダカを仕入れている。餌になる魚を同じ水槽に入れておき、魚などが食べるようにするのである。しかし、飼育員から見れば、養殖とはいえ飼っているのと同じ魚である。その魚を餌として仕入れ、相当量を殺さざるを得ないということも飼育員に慰霊の気持ちを起こさせる要素となっているのである。

こうしてみると、動物園・水族館の意義は認めながら、それが動物を本来と違う環境に入れることになるというジレンマという点で動物園と水族館は共通している。一方で、同じ魚でありながら餌として死んでいく魚たちにも慰霊の気持ちが向くのが、飼育形態の違いから来る水族館の特徴であると見ることができよう。

第三節「供養」と「慰霊」

さて、ここまで見てきた動物園、水族館は全て公営の施設であり、それゆえに政教分離に配慮する必要に迫られてきた。そこでとられた方策が「供養」ではなく「慰霊」を行うことであった。では、「供養」と「慰霊」の間には一体どんな違いがあるのだろうか。本節ではこの点を検討してみたい。

そもそも慰霊とはどのように定義づけられるであろうか。まずは米井輝圭の執筆による『日本民俗宗教辞典』の「慰霊」の項からポイントをかいつまんでみよう。まず第一に、慰霊とは「死者の霊魂を慰めること。またはそのための行為や儀礼そのもの」と定義され、動物霊や自然霊に対しても行われる。そして「同じ意味に用いる語として鎮魂や供養があるが、それらはもともと宗教的な用語であり（中略）慰霊はこれらに比べればより一般的な用語である」という特徴を持つ。「したがって特定の教義や宗教儀礼に限定せずに諸事象を見ていく際に便宜があり」、心の中で死者に語りかける行為なども広い意味の慰霊となる。［米井　一九九八］。

中村生雄は大学病院や実験施設で実験動物の供養が行われていることを示す際、註を付して「慰霊」「供養」「鎮魂」「追悼」の区別が曖昧であることを述べている。一応、それぞれの定義付けとして「だいたいの理解としては、『供養』が僧侶の、『鎮魂』が神道家の執行する宗教儀礼であり、その対極に聖職者の関与しない『追悼』があって、それらの中間に聖職者の関与のあるなしにかかわらず使用できる「慰霊」の語がある、といったあたりが妥当な見方」との見解を示す。しかし、「供養」も「鎮魂」も仏教・神道の教義に関係なく比喩的に使われることも多い、として「これら一連の用語の雑居状態そのものが日本人の『無宗教』性のしるし」と述べて、結局はこれらの語の区別が曖昧であることと、それが特定の創唱宗教に依ることの少ない日本人の特徴と結びついていることを強調している［中村二〇〇一a　二四五―二四六］。

矢野敬一は「仏教、神道等宗教を問わず、聖職者が関与し、何らかの宗教的儀礼をともなって死者の霊に対応する場合を『慰霊』とし、他方、聖職者が関与せずに死者を想起して悼む場合を『追悼』とする」と定義した上で、その両者の峻別が必要なのは近代日本にあってはまがりなりにも政教分離の原則が貫かれていたからであるとする［矢野二〇〇六　六］。

新谷尚紀は柳田國男は「慰霊」も「追悼」もともに使用していないこと、戦後五〇年を機とした歴史民俗博物館の共同研究でも慰霊と追悼の区別が重要であることに議論が及んだのはその最終段階であったことを示してこの二つの用語が新しいことを述べ、また「追悼」は通常死異常死のどちらにも該当し、「慰霊」は異常死を主とする、さらに慰霊は事故死と戦闘死で違いがあり、戦闘死は神として祀り上げられる可能性がある点に特徴がある、とする。そして、「供養」と「祭祀」の関係については、死者に対するものを「供養」とし、祖霊などに対するものを「祭祀」とすることを提言している。その上で、言葉・文化の翻訳の問題に触れながら、memorialを記念、追悼、慰霊、祭祀、供養などと様々に訳すことや、Fallen Soldiersを英霊と訳すことを戒め、翻訳に際しては文化的差異に注意すべきであると同時に、先に示した「慰霊」と「追悼」の違いなどにも注意する必要があることを指摘している［新谷二〇〇九　一七〇―一九三］。

さらに、第二部第一章で取りあげた、フェルトカンプの軍用動物慰霊に関する論考では、現実には「供養」と「慰霊」の使い分けがあいまいになっているが、新谷が主張するように、「慰霊」はその創出・祭祀・解釈において意味づけが無限に拡大されていくという「深層に隠れている意味がある」とされている。そして、軍用動物の慰霊の分析において「個人的な『供養』」と平行して、より抽象的な『殉国死』という解釈が慰霊祭を通じてその上を覆っていくことで、重層的な意味合いをもつようになった」というふうに「供養」と「慰霊」とを使い分けている［フェルトカンプ　二〇〇九］。

第二節に見てきた、動物園、水族館における「慰霊」から見た場合、これらの定義付けはどのように評価できるであろうか。まず、事例から明白であるのは、日本平では「慰霊祭」の名称で、豊橋では「慰霊碑」の銘と「慰霊祭」の名称で慰霊という用語が使われている。ともに慰霊祭の形式は献花が主であり、僧侶や神職など専門の宗教者が関わらない形式を選んでいる。さらに、日本平では石碑の建立を全て手作りで行うなど、ここでも宗教者の関与がないように配慮していた。つまり、ここでは宗教者が関与していないことのしるしとして「慰霊」の語が選ばれていると見ることができる。

一方、慰霊祭などの行事を伴わない、楽寿園とさいたま水族館では、それぞれ石碑の銘も「動物霊之碑」「魚霊碑」と、先行研究で問題とされている、「慰霊」「鎮魂」「供養」「追悼」のどの用語も避けられている。「追悼」の語は人が亡くなったときや、戦災者、事故死者に対して多く使われているため、多くの動物を対象とする動物園・水族館で使われる用語としては考えられなかった可能性もある[13]。また、本論で取りあげているどの事例にも「鎮魂」の語は見られないことから、これも動物達に対して使われる用語としては候補になっていないと思われる。すると、問題になるのは「慰霊」か「供養」か、ということになる。「供養」は仏教との結びつきを連想させるところから避けられたのであろう。一方で、「慰霊」という用語は選ばずに、「霊」という言葉を使ったところから見ると、「慰霊」もできれば避けておきたいグレーゾーンなのかもしれない。

大丸のアンケート調査によってこの傾向を確認すると、「慰霊」を碑銘に使ったのは二七例あって最も多い。ほかに「霊」や「魂」の字を使用した碑銘が六例ある。これに対して「供養」を使用したものはわずか三例にとどまる。一方で「安らかに」という言葉を使用したものが一一例、「ありがとう」と刻んだものが三例ある。これらの「霊」「魂」

などの表現を避けた石碑が建立されたのは、横浜市立野毛山動物園の昭和三〇（一九五五）年が最も古いが、ほかはすべて昭和五〇（一九七五）年以降の建立である［大丸　二〇〇二　二一五］。津地鎮祭訴訟を嚆矢とする、政教分離裁判の影響がないとはいえまい。

このように、政教分離に関する裁判やこれに関する地方議会の態度の動向を受け、その結果によるというよりは、問題とされるのを未然に避けるために、「供養」という用語と形式をとることはできないと判断した結果、「慰霊」という用語と形式が選択される、あるいは石碑に「霊」の字を入れるだけにする、さらには「霊」という文字すら避ける、という選択がなされているのである。この事態は「供養」と「慰霊」をめぐる現場のある一面として確かに存在していると言える。

この点を踏まえて、先に挙げた各論者の見解を確認してみよう。まず、矢野による「聖職者が関与し、何らかの宗教的儀礼をともな」うという慰霊の定義は第二節に挙げた事例にはそぐわないことになる。むしろ、聖職者、特定の宗教との結びつきを消すために、慰霊が選択されるのである。矢野は戦没者祭祀や旧藩主の顕彰を対象にして「追悼・慰霊・顕彰」という三つをセットにして論を展開しているので先に述べた見解で十分という面があるが、もし「慰霊」という民俗事象に焦点を当てるならば、さらに場と対象を変えた慰霊の事例を見ることが必要となろう。新谷も矢野と同様、戦没者や事故死者といった人の死に対する慰霊を想定しているために『慰霊』は異常死を主とする」という見解をとっているのであろう。動物を射程に入れたとき、そこに共通する慰霊のイメージがあるのかどうかは検討の余地を残す。まして、柳田の時代に慰霊という語が見られなかったとするならば、どのような文脈において慰霊という語が用いられるようになっていったのか、その一つのケーススタディーとして動物園における慰霊も意味を持つはずである。

一方、中村の定義付けでは「慰霊」は聖職者の関与を問わないわけであるから、「慰霊」の定義としては第二節の事例でも妥当なものといえる。しかし一方で、「これら一連の用語の雑居状態そのものが日本人の『無宗教』性のしるし」とする中村の考えに反し、「慰霊」が宗教色のないことを強調するために、「雑居状態」を離れ、「供養」とは区別されようとしていることには注意を払う必要がある。そして、米井は「慰霊」は「供養」や「鎮魂」よりも一般的な用語であるために「特定の教義や宗教儀礼に限定せずに諸事象を見ていく際に便宜があ」るとしたのであるが、事態はむしろ逆なのではないか。つまり、特定の教義や宗教儀礼に規定されないことを強調するために、「慰霊」という用語が成立したのであって、特定の教義・宗教儀礼に限定せずに諸事象を見ることの便宜はその結果なのではないか。

さらに、重要な意味を持つのはフェルトカンプの分析である。軍用動物における「慰霊」の意味が「個人的な『供養』」と平行して、より抽象的な『殉国死』」を覆い被せることにあったならば、現在政教分離の名の下に、「供養」という選択肢が消え、「慰霊」という選択肢を余儀なくされることには、何か意味を見いだせるだろうか。国家と結びついていた「慰霊」はいつの間にか、政教分離に抵触しない（する可能性が少ない）分、無色透明で「供養」より安全な行いに変わったのだろうか。ここで問題になるのは当事者である動物園・水族館の職員よりも、公共施設で宗教的な行事が行われていないか監視しようとする側の意識である。したがって、これ以上踏み込むことは本論の趣旨から外れてしまうので、ここでは以上の問題点を指摘するにとどめておこうと思う。

さて、これらの点を踏まえた上で、筆者の「慰霊」と「供養」に関する見解を明らかにしておこう。しかし、その前に前提として、第二節を通して述べた、当事者たる飼育員の動物園・水族館における慰霊にかける思いを振り返っておきたい。まず第一には、個性ある動物達とのつながりである。ゾウの死がきっかけとなった楽寿園に代表されるように特定の動物を長く飼育する動物園では動物に愛する愛着は飼育員にも、客にも生じやすい。そしてその思いは日本平の例のように飼育員と常連客の間に共有されることもあるし、またそのためのツールも用意されている。そして、愛着ある動物の死は慰霊のきっかけとなるのである。その点でペット供養と似た点があるといえる。一方で、動物園・水族館が抱えるジレンマ、すなわち、人と動物とのふれあいの場・教育の場という明確な必要性と、本来自然環境の中で生きる動物を動物園・水族館で飼育することへの後ろめたさがある。そのジレンマの中で、人工的な環境を少しでも動物の過ごしやすいものに近づけ、少しでも長生きしてもらう、元気な姿を客に見てもらうという飼育員の宿命的な課題と対峙しなければならない。その中で動物の死に向き合うとき、どこかに「死なせてしまった」という感情が生じる。その感情は、木が枯死することを非常に気に病む、草木供養を行う造園業者を想起させる。

そして、水族館においては、同じ魚でありながら、飼育するのではなく、生き餌として殺している魚がいることを慰霊の契機とする心情があった。これはもちろん、生業として魚を殺している漁業者による、あるいは鰻の事例のような加工者による魚介類供養とつながる心情である。

つまり、筆者がここで確認しておきたいのは、前章までに取りあげてきた魚介類供養、草木供養、あるいは先行研究の中で紹介した動物供養の事例と、動物園・水族館における慰霊の事例とは、根底にある心情の部分では共通しているということである。ただし、違う点は何かといえば、動物園・水族館ではその気持ちを石碑や儀礼の形に表すに際し、「宗教と見られてはいけない」という圧力がかかっていることである。その結果、仏教との結びつきを想起させる「供養」という語、そして供養という形式をとることによる儀礼への僧侶の関与は避けられることになる。したがって、心情は共通していても、それを形に表す際に「供養」と「慰霊」という違いが生じることになるのである。

動物園・水族館における慰霊が供養と共通する心情から来ているという証左となるような光景が日本平動物園の慰霊祭で見られた。参列者を代表して慰霊の詞を読み上げた三人と、死亡動物の目録を読み上げた職員一人は、それぞれ読み終えた後に、祭壇に慰霊の詞と目録を置いて、一礼する、という形で統一されていた。しかし、特に決めごとのないそのほかの職員やボランティアガイド、来場者の献花では、多くの人が合掌して、頭を下げていた。公式に参列者を代表するときには合掌することを避けてはいるが、参列者の心情としては間違いなく、手を合わせたいと思う気持ちがある、ということである。

そこで筆者の見解としては、「慰霊」は、「供養」と同じ意味合い、流れを受けながら、それが仏教に依らない行為であることを強調する必要から用いられるようになった側面がある、ということを強調しておきたい。もちろん、戦没者、事故死者をはじめとした人の死に対する慰霊の方がこれまでに耳目を集めており、その成果から導かれた「慰霊」の定義は重要な成果であるが、動物園・水族館の現場から見た「慰霊」の姿を以て、それを補っておきたいと考える。

小　結

以上に見てきたように、動物園・水族館における慰霊の石碑・儀礼には、その根底に飼育員が抱えるジレンマや動物への思いがある。それはまさに生業をベースとして生まれた動物観に他ならないのであり、生業と密接に関わる動物に対する心情が表現されているという点で、「供養」という形式をとった他の動植物供養と変わるところのないものであった。ただし、政教分離に対する外部からの眼を意識することにより、「供養」という用語・形式を避ける必要が生じ、その結果として「慰霊」「霊」を用いた石碑の建立や、宗教者を関与させない「慰霊祭」という形式の儀礼が採用されたという点に他の動植物供養の違いがあったのである。

つまり、「慰霊」にせよ「供養」にせよ、それが動植物に対するものである限りは、根底に共通する心情が見いだせるのであり、それを表現する石碑や儀礼の形式は寺院・僧侶に対してその関与を求めることができるかどうかという、環境の違いによるのである。逆から見れば、生業によって動植物に対して生じた気持ちを表現するに際し、寺院・僧侶に頼もうとする気持ちが強いからこそ、動植物「供養」をする事例が多く見られるのであり、これが仏教者に対して期待される役割の一つであることもまた明白であるといえよう。実際、偶然に仏式による魂入れを依頼できる宗教者が近くにいた楽寿園の例では、魂入れだけはこの人物に依頼しているのである。一方であらゆる創唱宗教への関与を疑われてはならないという環境において、無宗教性を強調できる用語・形式が「慰霊」であることは、現在の日本で宗教を取り巻く状況を反映する事象であると捉えることができよう。

念のため申し添えると、筆者は動物園・水族館における慰霊が、たとえ「供養」という用語・形式をとり、僧侶に魂入れ、読経などを依頼したとしても、それが直ちに政教分離に反することになるとは思っていない。一方で、かつての国家神道のようなあり方が警戒されるのも当然であり、その意味では政教分離に関する裁判の意義を否定しない。ただ、ここで強調しておきたいのは、このような裁判が起こされ、それが報道されることの影響は、本章で見た動物園・水族館の飼育員のような、裁判とは直接関係ないところにいる人々にも影響を与え、制約を加えるということである。そして、その結果として「慰霊」と「供養」の違いが生み出されたという側面があることをあらためて指摘しておきたい。

注

（1）ただし、コーザキサマは古木、とする例も椎葉村内にある［千葉　一九八六　二三三］。
（2）猿や狸など動物の化け物。
（3）（公社）日本動物園水族館協会ホームページ http://www. jaza. or. jp/apout. html より。二〇一〇年七月三一日アクセス。
（4）もっとも、この小浜池は上流での地下水採取の影響で枯渇していることの方が多くなった。平成一六（二〇〇四）年一一月に満水となって以来、満水になったことがない。

(5)『静岡市立日本平動物園年報』二〇〇七年版。

(6) 前掲注(5) 一八頁。

(7) 筆者が見学した二〇一〇年九月二三日の慰霊祭は園内改修工事のため、入口近くの広場に祭壇を設けて行われた。ただし、慰霊碑にも予め花は供えてあった。

(8) 静岡市立日本平動物園発行『でっきぶらし』一七六号　二〇〇七年六月、同『Ｚｏｏしずおか』五〇号　二〇〇一年二月。同園発行の広報紙『でっきぶらし』は同園ホームページ(http://www. nhdzoo. jp/newspaper. index. php)で参照できる。

(9) 静岡市立日本平動物園発行『でっきぶらし』一七六号　二〇〇七年六月。同園ホームページ http://www.nhdzoo.jp/newspaper/naka.php?newspaper_uid=1728&s1_date_y=2007&s1_date_m=6&s2_date_y=-1&s2_date_m=-1&s_keyword=&p=26　二〇一三年一二月一八日閲覧より引用。

(10) 静岡市立日本平動物園発行『でっきぶらし』一八六号　二〇〇九年二月、同園ホームページ http://www.nhdzoo.jp/newspaper/naka.php?newspaper_uid=1804&s1_date_y=2009&s1_date_m=2&s2_date_y=-1&s2_date_m=-1&s_keyword=&p=18　二〇一三年一二月一八日閲覧より引用。

(11)『動物園ものがたり【豊橋の動物園開園五〇周年記念】』二〇〇四年　豊橋総合動植物公園　三七頁。

(12) 前掲注(11)に同じ。

(13) したがって、ある特定の、一頭の動物に対しては「追悼」の語が使われる可能性もあると思うが、実例は確認していない。

第四章　狩猟と動物供養

第一節　狩猟の研究史

周知の通り、民俗学の端緒が開かれたことと狩猟には密接な関わりがある。柳田國男が官僚として赴いた宮崎県椎葉村で村長中瀬淳に出会い、彼の伝える伝承を『後狩詞記』として自費出版し、世に紹介したのが明治四二（一九〇九）年のことである。これは『石神問答』と並んで、柳田が民俗への関心を形にした最初であった。しかし、柳田の関心が初期の山人研究から稲作農耕に移るにつれ、狩猟研究は柳田の手を離れた。一方で、柳田に教えを受けた千葉徳爾が狩猟に関心を持ち続け、広範なフィールドワークから成果をまとめた。ここではその千葉の研究からはじめて、狩猟研究の成果を振り返ることにしよう。

一　千葉徳爾の狩猟伝承研究

狩猟研究において最も大部の成果を残したのが千葉であることに異論はあるまい。千葉はその研究の意義を「（狩猟は）人類と野獣との端的な交渉の方式であって、人類文化の上に及ぼした作用としては、植物との交渉史と並ぶ重要な作用であり、そのような原始文化の成立過程を、この開けつくした日本列島の上で、直接検証しうる数少ないテーマの一つである」点、「日本人の生命観あるいは世界観の形成に重大な働らきをもっていた」点、「日本人の信仰の発生の原始型が、狩猟行為を含めた野獣との交渉全体を考察してゆくことによって、かなりの程度まで確認できるであろう」という点に見出している〔千葉　一九六九　一六―一七〕。さらに、千葉個人の最終的な目標は「他の動物達との戦いについての、日本人の伝承的な態度を考察することは、ひいて人間相互の戦いについての態度を研究することに発展させうる」とした〔千葉　一九六九　二〇〕。

そして、『狩猟伝承研究』に始まり、『狩猟伝承研究補遺篇』に至るまで、書籍が刊行された時期だけでも二一年に及ぶ研究が公にされた。なお、この中で千葉自身は研究の方向性を修正する必要性を述べている。日本古来の狩猟の意義が、飢えをしのぐための食物獲得手段という狩猟経済社会の意義とは異なっているのではないか、殺生という行為が日本人にとって何を意味したか、と新たな課題を提示し、さらには千葉自身が人獣交渉の面からコメントを求められることが増えているという社会的要請から「狩猟伝承研究という表題は人獣交渉史研究という内容をもつべきであろうと考える」と、人獣交渉の面に重きを置くべきと考えるようになったことを明らかにしている〔千葉　一九八六　五―一〇〕。

その千葉の膨大な成果をまとめることは困難であるが、一連の研究は主に以下の要素で成り立っていると考えられよう。第一に、野獣の生態と分布、さらにはその変遷を捉えようとした部分、第二に、日本人の野獣観、自然観を明らかにしようとした部分、第三に狩猟者の信仰や禁忌について考察した部分、第四に狩猟の歴史について分析した部分である。そして、これらの研究を支えるのは北海道を除く全国にわたる聞き書き調査と、狩猟者に伝えられてきた文書である。聞き書き部分では、主に話者の狩猟歴、野獣とよく出会う場所と種類、狩猟の対象とその方法、信仰に関する伝承、獲物の利用法、獲物の内蔵の呼称などについて記されている。これらが千葉が関心を払った部分であったといえる。

では、筆者の関心に沿って本論に関係する部分について、千葉の見解を見ておこう。千葉の狩猟に対する捉え方の特徴の一つは、経済発展段階説によって狩猟を古いもの、原始生活を維持するものとする見方に異を唱え、「日本の鎖国という条件下に新らしく需要の大きくなった結果発達したものがある」とする点にある［千葉　一九七一　四二二—四三五］。また、狩人は決して肉だけを食べて暮らしたのではなく、農産物、穀類を中心に生活は計画され、肉食は栄養補給、あるいは活力をつけるために行われた。その背景には、狩人のみならず、近世期の日本社会の特徴として、「（肉食は）薬用としては効果が認められ、かつ忌まれなかった」ことがあると見なす点も、生業の観点からは重要と思われる［千葉　一九七七　三七一—三七六］。

また、仏教との関わりについては、「人獣交渉に伴なう伝承的行為の中には、民間における在来の神信仰および新来の仏教思想の変容を示す、さまざまの資料を見出しうる」［千葉　一九六九　一八〇］という見方を明確にしている。そこで注目されるのが、千匹塚の建立や諏訪明神の四句の偈であった。千匹塚に関して千葉が「狩猟者の慰霊塔はすべてが個人の計画であって、（漁業者の建立する供養塔とは）その動機が異なったものであることを示している」と指摘したこと、「近世の有名な狩人たちがそのような教えに深く傾倒していたからこそ千匹塚の建立が各地におこなわれ得たのであろう」としたうえで、千匹塚をただちに仏教の山民教化のあらわれと断ずる見方に疑義を示したことは既に第二部第一章で述べた。

しかし、「山民教化」に対しては疑義を示した千葉だが、宗教者が介在していたことは明言している。そしてそれを動物観との関わりから説明していることは注目される。千葉は四国・九州山間の千匹塚について「鉄砲あるいは技術の発達もしくは野獣数の増大といった現象が西日本の山間にあり、そうした現象と大量の殺生とを調和させようとする宗教心のようなものが、千匹塚の建立となって実現した」［千葉　一九九〇　一五—一六］という考えをまず示す。その上で、千匹塚に見られるように大量の動物が狩られたはずなのに、西日本で猪や鹿の生息密度が濃いことから近世期西日本での狩猟圧は高くなかったと推測する。その背景に多くの禁忌が狩猟圧を減ずる方向に働く「狩猟者自身の自己抑制」［千葉　一九九〇　一六］を見る。そして、そのような西日本の狩猟者の動物観を形成する上で宗教者の介在はあったことが確認できるとする。その宗教者とは「修験系あるいは真言又は浄土教系の宗教者と思われる人々」［千葉　一九九〇　一七］である。しかもそれは「葬儀中心の滅罪寺院」ではなく、「兵道者とか念仏聖とかあるいは殺生によって畜生を成仏させうるという中世説経者の一派に属する人びとではなかったろうか」［千葉　一九九〇　一七］と推測している。

草木供養の例から指摘したキーワードである、対象となる動物の個性という点では、千葉はツキノワグマの最大の特徴である「月の輪」に着目している。「熊が畜生の王の位にあるのは首に月の輪を持っているから」とされ、熊を射った猟師は自分の褌で熊に目隠しをし「月輪を射ったぞ」と叫ぶという徳島県美馬郡の例［千葉　一九六九　三七〇］をひいた上で、柳田、倉田一郎が採集した「狩の巻」には「月の輪二つに割るとなへ」があることを示し［千葉　一九六九　三七二］、「月の輪が神秘なものと考えられ、その祟りをうけないことを望む気持が、こうした秘伝の類をうけいれさせた理由」としている。

このほかにも、動物ごとに様々な動物観を千葉は分析している。ここでは主なものだけ挙げると、鹿の場合、独特の肉の香り、角を持つ野獣であること、身体が大きいこと、最も得やすい野獣であったことが挙げられる。特に、角に象徴されるように、「もっとも生命力のみちている野獣」と考えられていた［千葉　一九七七　四五六―四五七］。また一方で、柳田の考えをひきつつ、鹿が神聖な、あるいは霊力を備えた野獣と見なされたことも指摘している。そのために鹿肉を食ったものは長期の精進潔斎で神の許しを得る必要があるという意識が生まれるなど、獣肉食の禁忌が広がったが、それに対抗するものとして現れたのが、その肉を食うことで魂を救う諏訪の勘文の考え方であるとする［千葉　一九七七　四五八―四六〇］。

一方、猪に対しては「嗅覚の鋭敏さと行動範囲の広くて神出鬼没ともいうべき点」から地方の山間海辺の住民の間では神秘観をそそる動物であったことを挙げている。しかし、その能力は農作物を荒らすことと直結しているために「尊重あるいは畏怖するよりも、憎悪感をもって接するようになり、古代より中世、中世より近世へと耕作境界が山間に延び拡がるにつれて、猪に対する精霊意識は急速に退潮し、単に排除さるべき害獣というだけの動物観が定着した」と推測している［千葉　一九七七　四六〇―四六一］。

ところで、鹿も猪も、慰霊の唱えごとの対象である点は共通である。これに対して狐・狸・猿・兎などの小型獣に唱えごとがないのはなぜだろうか。千葉はこの点について、狩人にとって小型獣は「自分たちの威力を侵すほどの作用を及ぼさないから、これを慰める必要もなかった」「猟師は自己の備える力量つまり霊力を、彼らの霊力より上に位置付けているのであって、従ってそれを恐れてなだめることをしない」［千葉　一九七七　四六六］と、霊の強さから説明している。猟師の動物観の一端が、唱えごとの有無に現れているといえるであろう。

二　千葉以後の狩猟研究

千葉の研究以後、狩猟研究は決して盛んだったとは言えないが、永松敦が歴史民俗学の立場を明確にして取り組んでいる。すなわち、「現在聞き取り可能な民俗はどのようにして形成されたのか」が狩猟研究では何も解明されていない、として獲物の内蔵を七切れにして山の神に捧げる宮崎県椎葉村の民俗事象を例に挙げ、コウザキに獲物を供える作法を教示するのは修験者の役目であったこと、修験者はいつ頃から狩猟の祈祷で生計をたてたのか、というところまで解明する必要が生じるとしている［永松　一九九三　七―八］。そして永松はこの著作『狩猟民俗と修験道』で、第一章、第二章では九州地方の狩猟儀礼を中心に分析を行いながら、第三章に「島津氏と修験道」という章を設け、近世期の修験道の変容に言及する。文書の分析から軍神が狩猟の神に変化した例などを挙げ、さらに薩摩藩の作成したテキストが統一的に使われていた可能性を永松は指摘している。すなわち、藩の主導のもと、修験道の祈祷作法が安定期に入った社会に対応した内容に変えられ、宗教者としての活動を存続させたということである［永松　一九九三　二〇九―二二七］。

永松は近年の著作で、近世期の資料を用いて猟師の実態を分析し、西日本における、農業の合間に狩猟をするという姿を描き出している。さらに、東日本に関しては、東北各藩の政策との関わりによって狩猟の性格が規定されてくることなども示しながら、マタギは「農民であり、高持百姓でありながら、季節ごとの狩猟や漁撈に勤しみ、代々狩猟を専門的に扱う家系として機能していた」［永松　二〇〇五　一五七］とする。永松はこうした分析から、従来マタギ・猟師といえば、狩猟のみで生計をたてる専業的な猟師がイメージされてきたことに警鐘を鳴らしている。

また永松は狩猟独特の儀礼や唱えごとについても近世期への注意を促している。永松は近世初期よりも中期・後期の方が山の神の神秘的な説話が語られ、解体作法が細部にわたって整備されている、として、神話的な性格がより強いもの、作法がより複雑なものを古い伝承と捉える見方を批判する［永松　一九九三　二三一―二三二］。そして狩猟の由緒書の分析を通して、これらが近世期に修験者によって作成され、様々な人に書写されて伝播していったことを明らかにしている。

その過程で重要な要素は山の神に関する分析である。近世期の猟師は、経済的な専業性はともかく、「殺生による罪悪感を克服する目的があり、また獲物を藩主などに献上する役割もあり、さらには狼や猪鹿などから農民、ひいては住民の安全を守るという自負も働いている」という心情から、精神的には猟師として確立していた。そして、「猟師は自らの由緒を語ることで山の神と一体化し、独特のアイデンティティーを築き上げた」と永松は捉える［永松　二〇〇五　二一八］。さらに、山の神信仰と猟師との関係を、次のように分析する。山の神を頂点とする宗教世界を修験者などが築き上げ、猟師がその影響を受ける。さらには、狩猟由緒書を通じて猟師自らが山の神を祀る司祭者として変貌を遂げる。そして、この変貌した猟師の姿を見て、多くの民俗学者は猟師が元来宗教者であったと見誤ったと指摘している［永松　二〇〇五　二八九―二九〇］。近世期に着目することで、従来の見方からの脱却を訴えた永松の手法は評価されるべきものといえよう。なお、本論との関連でいうと、永松は狩猟の由緒書について「動物への殺生罪業観を減少、あるいは消滅させる機能を有していたことも否定できない」［永松　二〇〇五　三〇六］とまとめており、この点では中村生雄の「供養の文化」論に則っているようである。また、今後の狩猟研究の課題について「猟師の存在した地域社会の状況を生業面・信仰面・環境面から幅広く把握」し、猟師以外の人びととの関係にまで視野を広げて、「狩猟だけ」に留まらない必要性も指摘している［永松　二〇〇五　三〇六］。

このほか、田口洋美は長期にわたる聞き取り調査を基にマタギの記録を残している。マタギ自身の語りから動物観や世界観など様々なことが読み取れる貴重な資料であるといえよう［田口　一九九四］［田口　一九九九］。なお、田口自身の分析はマタギの移動ルート「マタギ道」の研究に向けられている。また、天野武は野兎に着目してその名称や利用法、威嚇猟について多くの伝承を収集している。野兎猟に関する研究は熊・猪・鹿よりも少なく、独自の価値が認められる［天野　一九九九］［天野　二〇〇〇］。

千葉以降の研究はこのように盛んとは言えないまでも、永松のような重要な成果も生み出している。ただ一方で、柳田の『後狩詞記』で名を馳せた椎葉村や、マタギの里として有名になった秋田県阿仁周辺など一部の地域、天野による野兎猟研究を除けば、狩猟や狩猟者が現在おかれている状況については研究されていない状況にある。その原因の一端は、現在行われている狩猟が「趣味」と見られがちなことに起因しているのではないだろうか。永松は複合生業論やマイナー・サブシステンス論を踏まえ、複数の生業の一つとしての狩猟という視点を打ち出している［永松　二〇〇五　三四］。研究成果の多い椎葉や阿仁といった狩猟で有名な地域も、そもそも複合的な生業を持つ地域である。

ならば、「趣味」と見られる地域の研究も、「楽しみ」を重要な要素として持つマイナー・サブシステンス論の視角（第三節で詳述する）から見れば、狩猟とそれに関する習俗の研究は成り立つのではないか。そこで、ここでは猟友会による動物供養の事例を取りあげ、前章までと同様、生業の中で生まれる動物観という視点から分析を試みてみたい。

第二節　猟友会による鳥獣供養と狩猟の現状

一　茨城県猟友会常総支部石下分会

茨城県常総市は旧水海道市と旧石下町が合併して成立した市である。「鳥獣犬供養之碑」（写真1）があるのは、旧石下町の中心部にあたる。天守閣を模して建設された地域交流センター「豊田城」にほど近い児童公園の一角である。表面に「鳥獣犬供養之碑」と銘があり、裏面には「石下町猟友会」の名と、賛同者全員の名前が刻まれている。碑銘は当時の石下町長の筆によるものである。

写真1　茨城県常総市石下の鳥獣犬供養之碑

石下町猟友会は現在では茨城県猟友会常総支部石下分会となっている。現在の会員数は三四名であるが、猟を休んでいる人が若干いるため、実際に狩猟を行っているのは三〇名ほどとなる。旧石下町域は平地と丘陵からなり、狩猟をできる場所は少ない。一方で石下分会の会員が活動する範囲は茨城県全域の狩猟が可能な地域に及ぶ。なかには隣県の栃木県まで出かけていく人や、エゾシカを狙って北海道まで行く人も四〜五人はいる。狩猟の対象となる動物は、ヤマドリ・カモ・キジといった鳥類と、「大物」と呼ばれる鹿、猪である。銃による狩猟が主であるが、猪は罠猟でも獲る。

猪猟は六〜七人で獣道を見つけて張り込む、いわゆるセコで一つの山を囲む猟である。猟犬には紀州犬が主に使われる。雑種でも凶暴な犬は使えるという。一方、鳥猟は犬さえいれば一人でもできる猟である。こちらに使われる犬はポインター、セッターである。においをとって鳥を探すことと、撃ち落とした鳥を押さえに行くことが犬の仕事である。セッターはいい仕事をするようになるまで二〜三年かかるという。現在では山に入っていくよりも身体の負担が少ない、ということで鳥屋を作ってカモを撃つ猟をする人もいる。

一方、外来生物や害獣、害鳥の駆除を行うことも多い。アライグマやハクビシンを罠で捕ったり、害鳥は銃で撃ったりする。アライグマ、ハクビシンは捕ったら市役所の環境課へ渡す。最近では猪がその数を増やしているため、通常一一月一五日から二月一五日までの猟期が一ヶ月延ばされている。

「鳥獣犬供養碑」が建立されたのは平成三（一九九一）年のことである。先述のように、外来生物や害獣、害鳥の駆除に協力することが多いため、当時の石下町長から石を寄付する、との申し出があり、これを受けて石碑建立の計画が進められた。この時会員に配布された計画書には「鳥獣も口こそききませんが目もあり口もある地球上の生物です。これを殺傷しております石下町猟友会員も長年供養の碑建設は心待ちしておりました」(1)と記されている。こうして会員の賛同、寄付を得て「鳥獣犬供養碑」が建立されたのである。

以後は不定期ながら石下の西福寺（浄土宗）に依頼して、供養祭を執り行ってきた。近年は二年に一度程度の頻度になっているが、毎年行っていたこともある。最近では平成二一（二〇〇九）年に行われた。これまでは石下分会のメンバーだけで行われてきたが、このときは水海道の猟友会と常総分会を設立して初めての供養祭になったこと(2)を受け、常総支部に所属する水海道からの人も参加するようになった。今後は常総支部の行事として供養祭を行うようになる可能性もあるという。

二　静岡県西部猟友会

山間を流れてきた天竜川が浜松平野に出る、平地と山地の境になっている地域が浜松市天竜区二俣や浜北区於呂、根堅である。そこにある椎ヶ脇神社と、奥山方廣寺の椎河大龍王とは関連が想定されること、かつて椎ヶ脇神社に近隣の岩水寺（真言宗）から塔婆を奉納する行事があったことは第一部第六章に述べた。その岩水寺の境内に「野生鳥獣慰霊塔」（写真2）がある。裏面の銘によると昭和四七（一九七二）年に建立されたものである。

この慰霊塔を建立したのが静岡県西部猟友会である。[3]静岡県西部、掛川市から湖西市までの範囲で、約一、〇〇〇人の会員を抱える。豊富な山林を抱える地域だけに、狩猟は近くの山で行われている。傾向としては鳥猟を行う会員の数が減り、猪、鹿の猟が専ら行われるようになっている。一方、熊は静岡県内では獲ってはならない決まりになっている。例外的に、営林所管内の山に熊が出て、危険がある場合に罠で獲ることが数年に一度ある。外来生物や害獣・害鳥の駆除をやることは茨城県の例と変わらない。外来生物駆除の対象となるのもやはりアライグマである。天竜川の鮎がカワウに食べられて漁業に被害が出るため、平成二二（二〇一〇）年は通常の猟期前の一〇月にカワウの駆除を行うなど、この地域ならではの

写真2　岩水寺の野生鳥獣慰霊塔

害鳥・害獣駆除の要請にも応じている。

鉄砲による狩猟が多いが、銃の免許を取るのが難しくなってきており、罠による猟が増えている。ただし、罠で猪を捕るとトメサシ、すなわちかかった猪にとどめを刺すのが難しい、という欠点があり、また銃で猟をする人から見ると罠に猟犬がかかってしまう危険があるため、その棲み分けが頭を悩ます問題となってきている。銃による猟の場合は、何人かでチームを組んで、猪を追う。また、猟犬も使う。猟犬には見つけた猪を逃がさないようにつかず離れずの距離でくっつく役割の留め犬と、山へ追っていく役割の追い犬がいる。一年ほどの訓練で使えるようになるが、みんながほしがるのはより難しい仕事をこなす留め犬であるという。猪猟はこの犬を含め、参加する人のチームワークがしっかりしていないと成功しない。また、同時に姿の見えない猪の行く先を推理し、チームワークで追い込んでいくことが最大の魅力でもある。

この地域では猪をしとめると射地祝い(4)を行う。猪の五臓を剣と呼ぶ。剣を取り出して山に祀り、葉付きの枝を北の方角にさして拝む。この時の唱えごとは「今日はすばらしい射地をいただきました。今後もよろしくお願いします」というものである。その後、剣を半分山に残し、半分を持ち帰る。そして持ち帰った剣を煮て食べる。かつては一番近くの猟師の家に行って、この場を宴会にしていたが、会場になる家の負担が大きいため、最近では盛大な宴会はやらなくなっている。

このことが、慰霊塔建立の背景に影響を与えている。射地祝いは一頭一頭の獲物に対する供養の面も持ち合わせた行事である。しかし、その射地祝いの形態が変化したことで、慰霊碑の建立により、獲物達をまとめて供養することが考えられるようになったのである。当時を知る現静岡県西部猟友会会長の伊藤政夫氏によれば、慰霊塔建立は、西部猟友会では長い間の願いであった、という。一頭ずつ射地祝いで供養をするにせよ、石碑建立、供養祭の開催という形で供養するにせよ、狩猟に携わる人びとの間に、獲物に対して何かをせずにはいられない心情があることを感じさせる例である。

ところで、射地祝いはここで述べたように、獲物一頭ごとに行われる供養であると認識されている。それゆえに、その会場になる家の負担を心配するようになってからは、慰霊碑の建立が念願となったのであった。しかし、シャチという語については「シャチは『山村語彙』が説くようにサチと同じ言葉で、狩の幸運を意味するらしい」〔千葉　一九六九　三九二〕とされてきたのが従来の説である。さらに千葉は「東海地方の狩人が行うシャチマツリは、そのように山の幸を授けられたことに対する感謝であった」〔千葉　一九七七　四六四〕としている。東海地方に限らず、全国的に見ても「『山村語彙』による限り、慰霊的な、つまり山の神に感謝するよりも、死んだ猪あるいは鹿に対してのみ行う儀礼は、薩摩地方のチマツリ、大隅地方のフクマルマツリの二つがあるだけ」〔千葉　一九七七　四六四〕と定義した。

たしかに、ここに取りあげた事例でも、その唱えごとや、内蔵（剣）を山に向かって祀る形式には山の神への感謝という要素は窺える。したがって、千葉の説には現在でも妥当性を見いだせるのであるが、一方でそれが現在では獲物一頭ごとの慰霊と捉えられていたことには、また違った意味を見出さなければなるまい。千葉は「野獣を殺した場合には山の神には獲物を賜った感謝の儀礼を、野獣霊に対しては慰霊の儀式を行わねばならぬ」〔千葉　一九八六　三三七〕という記述に見られるように、山の神への感謝と野獣霊への慰霊を分けて説明しようとしている。しかし、浜松周辺地区の現状からすれば、この二つを分ける発想は見られなくなっており、むしろ慰霊の観念がいつからか優越していたと見ることができる。

そして、射地祭りによる慰霊の延長線上に、石碑建立が考えられ、それにふさわしい場所としてこの地域の代表的寺院の一つである岩水寺の境内が選ばれ、読経と焼香という仏教的な供養の形式がとられるようになったことの意味を、現在では考えるべきであろう。つまり、獲物を仕留めることに対して、何かをせずにはいられない猟師たちの心

写真3　天竜春野猟友会が奉納した塔婆

情を受けとめる場として、仏教寺院は期待されているのである。動物霊に対する供養が、現在仏教寺院に期待されている役割の一つであることがここには如実に表れているといえる。

現在の供養祭は、四月末、または五月である。会員数が多いため、分会長など役員を中心に五〇人程度の人が参加する。内容は慰霊塔の前での読経、焼香である。西部猟友会の分会にあたる浜松市天竜区の天竜春野猟友会では、猟期終了後に鳥獣供養を行っており、西部猟友会の供養祭にこの時の塔婆を持参する（写真3）。

なお、静岡県猟友会では、東部、中部、西部の三つの支部が持ち回りで年一回供養を行っており、西部猟友会が担当する年はこの野生鳥獣慰霊塔の前で供養を行っている。この時の参加者は一〇〇名ほどになる。

第三節　現代の狩猟における供養の背景

ここからは狩猟のあり方から供養の背景を探っていこう。本節では石下分会長石山岩夫氏、静岡県西部猟友会長伊藤政夫氏からの聞き取りに加え、千松信也の著書『ぼくは猟師になった』(5)も参照する。千松は京都在住で、運送会社のアルバイトで現金収入を得ながら、くくり罠による猪、鹿の狩猟によって肉類については自給する生活を続けている人物である。石下、静岡西部の事例では銃猟の話が主となり、地域的な偏りもあるため、猟師に共通する心情を理解するには、主とする猟の方法と地域を異にする、千松の叙述は有効であろう。

現代の狩猟のあり方としては、それが現金収入の手段として機能しているところはごく少ないことを考えなければならないだろう。大抵は何らかの仕事を持っている人やリタイアした人が趣味として関わることになる。しかし、だからといって本論で強調してきた生業からの視点が無効になるのではない。菅豊が同じく現金収入としては非効率的な伝承的漁法を続ける、越後大川の鮭漁をマイナー・サブシステンスとして取りあげ、楽しみという要素を強調している［菅　一九九八］通り、楽しみのためにやることも、生業的な側面をもっていることを考えるべきであろう。さらに松井健はマイナー・サブシステンスの特徴として自然との関わりを挙げている。松井によれば、技法の習熟と自然への立ち入りを要請するマイナー・サブシステンスは「身体全体を通して自然との直接的な関わりを体験させ、その時その場所において深く自然につつまれていることを鮮烈に体感させるという点で、さらに突出した意味を記憶の沈殿の深層にもたらす」［松井　一九九八　二六七］という働きを持っているのである。

そこで、第二部第二章に取りあげた草木塔建立者、上杉勝己氏の例も思い出しておきたい。上杉氏が自給自足の生活をするのは、あくまで別荘「どんど庵」にいる間だけである。しかし、そこでの生活が氏の草木に対する見方を育み、ついには草木塔建立という形をなしたのである。楽しみのためといえど、人の動植物観に影響を与えるのである。したがって、現金収入の手段となり得ていない狩猟にたいしても、生業が育む動植物観という視点は有効なのである。

では、現金収入とならない狩猟が現在行われている理由、すなわち狩猟の楽しみとはどのようなところにあるのだろうか。これは狩猟の種類によって当然違ってくる。鳥の場合、動く鳥を撃ち落とす、射撃そのものの楽しみが挙げられる。石下分会長の石山岩夫氏は、鳥の中でもヤマドリを狙うことを好んでいる。それは、ヤマドリのスピードが速いからである。特に、沢づたいに下っていくヤマドリのスピードは時速二〇〇キロメートルにも達するといわれ、「棒っきれが流れて来るみたい」に見えるという。したがって、クレー射撃などで練習し、磨いた射撃の技術で、これに対峙することが大きな魅力となるのである。ヤマドリが出て行く瞬間の緊張感は、やったものにしかわからない魅力があるという。

一方、猟犬を使い、何人ものセコで猪を追っていく銃猟では、犬も含めみなで獲物を追っていくチームプレー、猪の痕跡を探し、見つけた猪を無線で連絡をとりながら追っていく、いわば推理ゲームのような猪との掛け合いが魅力となる。先述の射地祝いの場は、かつてほど盛大にやらなくなったとはいえ、その獲物をしとめるまでの経過を振り返る場となっている。これもまたチームを組んで獲物を追う楽しみの一つであるといえよう。

罠猟の場合、痕跡から姿の見えない獲物の通り道をいかにみつけ、どんな場所に罠を仕掛け、どうやって罠に気付かせないようにするか、という取り組みの繰り返しである。知恵比べの楽しさ、と表現できるであろう。千松は「様々な情報から推測し、思ったとおりのイノシシがワナにかかってくれるとしめしめ、読み通りやな」となると記している［千松　二〇〇八　八三］。一方で罠猟の場合、行ってみるまで何が起きているかわからない、という楽しみもある。かかっていないまでも何らかの痕跡があり、場合によっては罠の場所を変える。一方で、キツネやタヌキなど予想外の獲物がかかっていることがある。こういう状況を千松は「たとえ狙った獲物がかかっていなくても見回りに行った山ではいつでも何かが起こっていて退屈することはありません」と述べている［千松　二〇〇八　九四］。

また一方、仕留めた獲物を友人・知人にあげてその味を楽しんでもらうのも狩猟の楽しみの一つである。石山氏は獲物の多くを人にあげているし、千松も、最初に仕留めた獲物（鹿）を、友人達と解体してみんなで食べたことが印象に残っており、「いろんな友人に食べてもらいたいと思う気持ちが強い」と述べている［千松　二〇〇八　五三］。射地祝いにおける共食は猟を振り返る場ともなるだけに、それが楽しいことはなおさらである。

現在、狩猟をするには楽しいことばかりではなく、苦労も多い。その内の一つは、周囲の偏見の目である。特に、山林に近いにもかかわらず、狩猟に対する理解のない新興住宅地では、銃を持ち、犬を連れて歩いているだけで警察に通報されてしまうという有様である。一方では、自治体や警察からは住宅地に出没した野獣の捕獲や、害獣駆除を期待され、これに応える責任を負っている。その上現金収入にはならないのだから、傍目には割に合わないように映る。しかし、それでも狩猟を続けている人達がいるのは、こうした楽しみの要素は欠かせないものであると言えよう。

そこで次に考えるべきは、楽しみであるから、生活に直結する生業と異なり、動物達に対して、何も感じることはないのか、ということである。その答えは否である。ここまでに指摘した狩猟の楽しみの中に、筆者が前章までで指摘してきた動物の個性を認識する場面が既に含まれている。鮭や養殖漁業の部分において指摘した、一匹・一頭ずつ殺していることはここまでに述べた狩猟にも共通している。そのなかでも、例えばヤマドリの場合、うまく撃って、きれいに落ちていった獲物というのは記憶に残るものであるという。また、仕留めるまでに苦労した獲物も、記憶に残りやすいという。

苦労した獲物が記憶に残るという点では、猪の場合にさらに顕著である。銃猟でも罠猟でも、猪の痕跡を探すことを前述したが、このときどんな猪が出てきたのかは予想がつく。そしてその猪に狙いを定めてその行動を予想することがベースになる。つまり、どの猪でもいいから出てきたのを獲る、というやり方なのではなくある特定の猪を追っていくのである。千松が最初に仕留めた猪は、その痕跡からいることがわかっていて、一年越しで仕留めたのだという［千松　二〇〇八　六六―七二］。また、銃猟の場合は仕留めるまでに長く追いかけた獲物も苦労した獲物として記憶に残る。

また一方で、猪の場合は、敵に対して突進していく習性があるから、危険も伴う。伊藤氏は猪に倒され、上に乗られてしまったことがある。また、足には猪の牙でつけられた傷がいくつか残っている。このときの猪の顔ははっきりと覚えているという。長年猪と対峙してきて、一頭一頭の猪の顔つきの違いもわかるため、こういう時の猪の顔は特に印象に残るのである。

これらの点から考えれば、狩猟の対象となる動物達は、どれも同じなのではなく、間違いなく他とは違った個性を持った生き物として認識されるのである。

なお、猟犬のことについても触れておくべきであろう。猟犬は年老いてフラフラになってもなお、獲物を追いかけるもので、死ぬ直前まで使えるという。ただ一方で、事故死という結果になる可能性を常に持っている。猪猟の場合は特にそれが顕著である。伊藤氏は五〇年間で一五頭の犬を猪に殺されたという。特に危険なのは猪をその場にとどめる役割をする留め犬である。また、「オヤジを守ろうとする忠実な犬」ほど、猪に立ち向かうために危険が大きいのだという。ヤマドリの場合は、猪ほどの危険はないが、それでも獲物を追おうと走り出したところで交通事故に遭い死んでしまうなど、思わぬ事故で命を落とすケースもある。犬が最後まで忠実に獲物を追うことや、有能なパートナーである犬が不慮の死を遂げてしまうことなどが、猟犬もあわせて供養の対象になる背景になっているとみることができよう。

これらのことが、狩猟に携わる人達の気持ちに少しずつ引っかかりを生んでいくのであろう。したがって、石山氏も伊藤氏も、供養をすることによって気持ちが軽くなる、落ち着く、という心情は共通している。供養によって気持ちにひっかかっている様々なものを軽減することができるのである。

小　結

現金収入としては一部の例外的な地域を除けば成り立たなくなり、また狩猟人口も減少の一途をたどるという中で、研究もまた盛んに行われているとは決して言えない狩猟ではあるが、動植物供養を糸口として、他の生業と同様の視点から分析することは本章で試みたように有意義な手法であったといえる。それは、動物観を狩猟が規定しているからであり、その意味で狩猟はやはりいまも生業の延長線上にあるのであり、マイナー・サブシステンスという枠組みを設定して狩猟を研究する意義は少なくともいくつかの側面で失われていないというべきであろう。

なお、千松の著書には動物供養に関する記述はなく、特に儀礼などを行っている様子もないが、それでもなお、千松自身の感慨として、毎年猟期終わりに、仕掛けを外し、山を下りていくときは、自然と感謝の気持ちになるということが述べられている［千松　二〇〇八　一八二］。狩猟を「自分自身の存在自体が常に問われる行為」とする感慨や［千松　二〇〇八　二二二］「狩猟をしている時、僕は自分が自然によって生かされていると素直に実感できます」［千松　二〇〇八　二二二］と動植物供養に関連してよく聞かされる「生かされている」という感覚を述べていることとあわせ、たとえ石碑の建立や供養祭の開催という形をとっていなくても、供養につながるような心情は生まれている、ということがわかる重要な記述である。本論で取りあげてきた動植物観と供養の気持ちとは、供養が行われていうところでのみ認められる特殊な心情なのでは決してなく、潜在的にはより多くの人の心に兆しているものであるといってよかろう。そして、第一部、第二部を通して、動植物供養をつなぐ線として浮かび上がってきたものは、動植物に個性を認識する、という動植物観にあったことを再度確認しておきたい。

注

（1）　石下分会長石山岩夫氏所蔵の資料を拝見した。

（2）　かつての石下町猟友会は、千代田町、八千代町の猟友会とともに鬼怒支部に属していたが、平成二一（二〇〇九）年からはこちらを離れ、水海道とともに常総支部を設立した。

（3）　ここでは「野生鳥獣慰霊塔」の銘にあわせ、慰霊の語を用いる。ただし、第二部第三章に見た動物園・水族館の場合と異なり、仏教（宗教）色を消すという明確な意図を持ってこの用語が選ばれたのではなく、岩水寺の境内にあって、供養祭も岩水寺の僧侶が導師となって行われるため、静岡県西部猟友会の事例に関しては、ほぼ供養と同義と見なしてよい。

（4）「シャチ」の語については千葉は「シャチ祭」と表記している。しかし、西部猟友会の事例について話者の伊藤政夫氏は「射地」の字を書く、と説明された。このため、少なくともこの事例については伊藤氏に従い「射地」の表記を用いる。

（5）［千松　二〇〇八］。

終章　生業が生む信仰と仏教民俗

第一節　生業と動植物観

本書で目指したことは、生業を基盤として生み出され保持された、生活文化やそれを支える思考様式としての信仰を対象領域とし、そこに目立たないながらも常に存在し、全体を貫く存在としての仏教の姿を見て、人々がもとめるものと、仏教者が応えようとするものの交錯を描くことであった。

まずは本稿に多く取りあげた動植物供養の事例から、「人々がもとめるもの」、すなわち動植物供養の背景にある心意とは何であったのかを考えていこう。**第一部第二章**「鮭漁と鮭供養」に取りあげた鮭供養の存在からは、鮭という魚の特殊性が浮かび上がってきた。一つには、鮭が地域のシンボルであるために、友人・家族の帰省時にはこれを土産に持たせたり、また、鮭漁があるために、組合員は出稼ぎに出る必要がなかったり、また地域全体で取り組む漁であったりといった性格から、鮭が人のつながりを生む特別な魚であることが指摘できる。また、鮭供養の広がりの背景には、人工ふ化による採捕量の拡大があり、かつて大漁の基準であった「千本」を達成する地域が増えて、鮭供養が豊漁儀礼から終漁儀礼へと変化しているという事情があった。すなわち、供養という行事の背景には、その地域の、対象となる魚の漁の歴史が密接に関連していたのである。

そして、鮭漁の例を**第一部第三章**「養殖漁業と供養」に取りあげた事例と比べてみたとき、見過ごせない問題が殺し方の問題であった。鮭を殺すときには木の棒を用い、一尾ずつ頭を叩く方法によっていた。これは菅豊の指摘する事例に、地域によっては鮭の頭を叩くときに「トウ、エビス」という唱えごとがあったり、アイヌや北米の先住民には叩く棒に特別な装飾を施したりする例があることから、特別な行為である可能性が指摘できた。そこで、これをハマチ養殖の例と比べると、冷蔵技術が発達する前のハマチ養殖では、特注の出刃で一尾ずつ首を刺す、という方法がとられていた。それゆえに、二人がかりで魚体の大きなハマチに対峙しなければならない上に、一日の作業が終わって帰ってくるとシャツが血で赤くなってしまう、という視覚的な印象も強かった。ここでも、一尾ずつ殺す作業が供養の背景に認められた。

さらに、真珠養殖の例では、真珠を取り出すために、パールナイフというこれまた特注の道具で、一つずつ貝の肉を切り離していた。鰻の例では、必ず供養祭に参加する存在として、裂きの職人がいたことから、一尾ずつに釘打ちし、開いていく、やはり一尾ずつ殺していく作業が背景にあることが想起された。これらの事例を考えるとき、やはり一尾ずつ殺すことの意味は何なのか、と考えざるを得ない。

一方で、共通点としての「殺す」作業に対し、ハマチ、真珠貝、鰻それぞれにその仕事特有の事情を抱えていたことも見落としてはならない。ハマチ養殖の場合、一年を通して病気・寄生虫のリスクと闘わなければならなかった。また、赤潮や低水温など季節によって表れてくる不安要素もあった。そして、冷蔵技術が発達していない当時、魚体の大きなハマチを、鮮度を保ったまま出荷するための最良の方法として採用されていたのが、出刃で延髄を切るという殺し方であった。

真珠貝養殖では赤潮が最大の不安要因にあった。一方で、昭和三二（一九五七）年の真珠祭での真珠供養では、輸出不適格品の真珠を海に沈めて供養していることも見落とせない。八〜九ヶ月間、手数をかけて貝を育て、その貝を殺して真珠を取り出し、ところがその真珠が不適格品とされて使われないままになってしまう。これは装飾品を造るという、真珠養殖ならではの事情と考えることができる。

魚介類供養の現場では、殺す以上はおいしく食べてやることが務め、という考えに出会うことがある。鯨には捨てるところがない、豚は鳴き声以外全部使える、と利用し尽くすことを誇る心情がそうであるし、静岡うなぎ漁協中遠加工場の供養祭後の懇親会で、可睡斎の僧侶が挨拶の言葉として「静岡の鰻屋さんを見ていると、鰻が活かされていると感じる」という表現を選んだのも一例であろう。先述のハマチの殺し方も、よりおいしく食べるためにその方法が採用されているという意味で、ただ商品価値を高めるためだけでなく、こうした発想の延長上に位置付けられる側面ももっていると言える。ところが、食べることを目的とせず、装飾品としてより真円に近い形状が求められる真珠の場合、どうしても不適格品がでてしまう。それが生産者の心にひっかかるのは、十分に理解できることと言えよう。

鰻の場合、一年を通じて池の水温を高温に保つため、維持費が多くかかり他の漁業以上に「バクチ商売」の性格を強めていることが特徴として挙げられる。さらには、養殖の根幹を支えるシラスウナギの供給量が不安定である上、その産卵の場所をはじめ未だ解明の途上にある、言い換えればわからない部分が多いことも重要な問題であった。自然を相手にする以上、どの生業にもわからない部分、ブラックボックスといえる部分はどうしても残るとは言えるだろう。しかし、よりによって生業の根幹部分に関わることが、ブラックボックスの中にある、という生業が、現代においてどれほどあるだろうか。このことは鰻養殖の宿命的な不安定要因として常につきまとってくる。また、人為的要因として産地偽装問題に見舞われたのは、産地のブランドが定着し、また販売単価の高い鰻ならではの不安要素であった。

さて、ここまでに述べた殺し方の問題と、それぞれの生業が抱える事情とを通して、魚介類供養の背景となる動物観は見えてくるだろうか。そこで一つのキーワードとして考えられるのは「個性」である。一般的な定義でいうと、(1)「個人に具わり、他の人とはちがう、その個人にしかない性格・性質」「個物または個体に特有な特徴あるいは性格」である。

殺し方の問題でいえば、一尾ずつ殺すこととは、その個体の他にない特徴を認識することの積み重ねではないか、ということである。例えば、鮭供養の例で取りあげた津軽石では、漁の盛期には採卵場いっぱいに三〇〇尾もの鮭を入れての作業を何度もくりかえしている。ベルトコンベアーもある設備から、流れ作業のような印象も受ける。しかし、大量だからといって、どれも同じように流れ作業で、とはいかない要素もある。採捕・採卵終了後、休憩中の雑談に仕事の苦労話などを聞いていたとき、「なかにはゾンビみたいによみがえってくるやつもいるんだよなぁ」と聞かされたことがある。人がやることであるから、当然百発百中とは行かないし、鮭自体も魚体の大きさなど一尾ずつの違いがある。その中で、なかなか死なない個体などを見つけると、「こいつはなかなかしぶといな」という気持ちにさせられるのである。それがつまり、他とはちがう個性を見つけることになる。一尾ずつ殺す、という形態をとる限り、ハマチ・真珠貝・鰻など他の事例でも似たことは起こるだろう。さらに、鰻の場合にはその変形として「池による個性」があった。すなわち、鰻の性質は育てられた池によって違うため、焼きを担当する職人が温度を変えて対応していたのがそれである。

一方で、一尾ずつの個性までは立ち入らない、それぞれの生業が持つ事情はどのように捉えられるであろうか。先に鰻については「池による個性」のあることを指摘したが、この場合は辞書通りの定義からさらに解釈を広げ、対象となる魚介類に「種としての個性」があると考えればよい。端的に言えば、「他の魚種とは異なる特別さ」ということである。一つ一つの生業は、地域の自然環境や生業の変遷といった、自然的、歴史的要素、そしてその生業が現在置かれている状況といった様々な要素から選び取られている。もちろん、自然環境や、経済状況などのいわば人為的環境の変化から、それ自体変更される可能性は常にあるとはいえ、現段階では他を以て代え難い生業であり、その対象である魚介類も他を以て代え難い存在であるといえる。そこから仕事へのやり甲斐や愛着が生まれるであろうし、魚介類への愛着も生まれてくるのではないだろうか。

一方、第一部第四章「供養塔の維持と記憶の継承」に取りあげたような、かつての豊漁の記憶についても「個性」をキーワードとして考えることができる。そこでは困窮した村を大漁が救った、という記憶がポイントである。したがって、今捕れる魚とはちがう、特別な魚である。「支毘大命神」という名付けはそれを最も象徴的に表していると言えよう。

先にまとめたように、それぞれの生業には特有のリスク、不安要素もある。しかし、それにもかかわらずその生業を選ぶだけの魅力ややり甲斐もそこにあるからこそ、その仕事が続けられているはずである。こうした不安要素という負の面も、仕事としての魅力や魚への愛着といった正の面も含めて、「種としての個性」を考えれば、魚介類供養の現場にいる人々がどのような視線で対象の魚介類と対峙しているかをこの言葉で言い表すことは十分に可能であろう。「個性」をキーワードとする考え方は、第二部に取りあげた事例にまで広げて考えることができる。第二部第四章「狩猟と動物供養」に見た事例では、苦労した獲物は忘れない、という心情に個性の認識が端的に表れていた。全ての獲物が同じではないからこそ、供養したいと思う気持ちが湧いてくるのではないか。かけがえのないパートナーといえる猟犬の存在に至っては、決して他と同じ存在でないことは言うまでもないことであろう。

一方、第二部第三章「動物飼育と供養　―動物園・水族館の事例を中心に―」に取りあげた動物園・水族館は、生き餌という特例はあるにせよ、生き物を殺す場ではない。しかし、動物園・水族館は現代人のために必要な施設と理解その意義を理解されている一方、本来はまったく異なる自然環境の中で暮らすはずの動物を、人為的な環境の中に押し込めている、というジレンマがあった。そして、その動物達と、長いものでは何十年と付き合い、場合によっては成体になる前から育て上げることもある。それゆえ、動物の死に際しては自分にもその責任の一端を感じる心情がある。端的に表現するならば、「死なせる」という感覚である。これが動物園・水族館における慰霊の重要な要因であると考えられる。

さらに重要なのは草木供養の事例である。古代インドでは、輪廻転生する可能性があるものとして、あらゆる動物が想定されたが、植物はその対象にならなかった。そして現代の世界にも、動物と植物を峻別する発想がある。桜井厚によると、アニマル・ライツを訴える人々は、苦痛を感じる能力があるかどうかという感覚が指標となっているのだという〔桜井　二〇〇九　一一五〕。植物を除外できる論理構成をとっているのである。つまり、植物に生命を認めたり、動物と同等の扱いをすることは決して普遍的なことではない。だからこそ、草木供養の事例は生命観の一端を明かす可能性を持っている。

第二部第二章「造園業と草木供養」に見た草木供養で重要な要因には、木を伐採することなどもあったが、それ以上に枯死させることに対する気持ちの引っかかりがあった。つまり、ここでも動物園・水族館の例と同じく「死なせる」という感覚が共有され、その感覚は慰霊や供養を継続して行っていく要素となっていた。つまり、動物と同様に草木が扱われ、生命あるものと見なされているのである。では、この事例ではなぜ草木に生命の存在を認めているのだろうか。これもまた、「個性」をキーワードに考えることができる。庭作りの段階で、造園業者が草木の選定において意識するのがシン・ギョウ・ソウ（真・行・草）の組み合わせであり、そのためには何軒もの植木屋を廻って理想の木を探していた。つまり、一本一本の木の個性を見抜くことが、必然的に求められるのが造園業という仕事であった。そこから草木に生命を認める考え方が生まれ、その木を切ることや枯らすことを「死なせる」と意識する発想が定着しているものと考えられる。

つまり、生業上必要な作業や観察が、動植物の個性を認識させる方向に働き、それを認識することが動植物に生命の存在を認めることにつながっているとまとめることができる。さらにそのために、動植物に対して「殺す」「死なせる」という感覚が共有されている。これこそが、生業における動植物観のあり方であるといえる。

なお、こうした見方に立つならば、道具の供養についても生業に関わる限り、同じ分析ができるのではないかと考えている。なぜなら、普段の仕事で使う道具や自分が作り出した製品は、他を以て代え難い存在であると考えられ、それはつまり道具の個性となるからである。したがって、道具に対し、生命、魂を見出すことは本論で取りあげた動植物供養の事例と同様の現象であると見ることができる。生物ではない道具に対して供養を行うことも、生物に対する供養の延長線上に捉えることができよう。

第二節　「殺生」とむきあう

第一節に見た動植物観の根底は、生業上必要な作業や観察にあった。ならば、動植物供養が行われていないところにも、似た心情が存在していてもおかしくはない。実際、千松の著書に、猟期終わりには自然と感謝の気持ちになることが述べられていたことは第二部第四章で指摘した。では、本書で扱った事例では、なぜそれが動植物供養という形をとっていたのだろうか。また一方で、こうした人々の心情に仏教が与えた影響を考えるとき、動植物供養という形式を与えたのも仏教なら、それに相反するような不殺生の教えを持つのもまた仏教であるという点を避けて通ることはできない。本書の事例を仏教の観点から分析する前に、前提としてこの二点を検討しておこう。

中村禎理は歴博フォーラム「動物と人間の文化誌」で、人が動物を殺すことについて次のように述べている。

人は動物を殺します。少なくとも現代の日本人が、家畜であれ野生動物であれ、人に近い高等哺乳類を殺した場合、罪責の思いを持ちます。動物を殺したときに、何らかの心の痛みを感じる文化が少数とはいえません。しかし動物を殺さなければ、人は生きていけない。この矛盾を避けるために、動物殺しにともなう心の痛みを消去する仕組みが、それぞれの文化にそなわっていると推定できます。

そしてその仕組みを①動物を神の賜物として罪責感を消す、②殺した動物の霊を弔う、③死んだ動物を利用するものが、動物を殺すものから分離され、前者は動物の殺生にともなう心の痛みを回避する、④動物殺しに罪責を感じない、の四つのパターンがあるとしている。その上で日本の場合について、動物が山からきて山に帰る、アイヌの熊送りのような方法から、中世に山からきて天または浄土に去る諏訪信仰型、神仏混交型に変わり、さらにのちの時期に供養という葬式仏教型に変わった、と説明している〔国立歴史民俗博物館　一九九七　一七五—一七九〕。

中村生雄はこの説を受けて、③と④を独自の類型として立てることはできないとし、①と②のパターンを整理して、それぞれ「供犠の文化」「供養の文化」と名付けて提示した。そして「供犠の文化」は自然からの簒奪《さんだつ》の行為とそれにもとづく罪責感の解消を「超自然」の神の権限を導入して遂行するもの、対して「供養の文化」は動物殺しに伴う「心の痛み」を継続的に引き受け、それを供養と鎮魂のための祭を通して反復確認するものと説明した〔中村二〇〇一a　二一六—二二四〕。中村生雄は罪責感の根底にある動物観・殺生観についても重要な指摘をしている。インド仏教の不殺生の根底には、人があらゆる動物に生まれ変わる、という輪廻転生の思想があると言われる。しかし、中村生雄は日本での輪廻転生譚では『日本霊異記』に牛馬などの家畜になる例があって以降、山野河海の動物に転生することさえそれほど多くはなくなり、人間はあくまで人間にしか生まれ変わらないというのがこの国の転生イメージの大勢として定着していくことになる、としている。その一方で、動物と人間の境界はきわめて不分明なものであり、神と人と動物はゆるやかに接続し、相互に乗り入れ可能な存在としてイメージされていた、と輪廻思想とは切り離されたところで人と動物の連続性を指摘している。そしてこの関係が意識されればされるほど、殺害したり食用に供したりすることに対する忌避と自責の感情は大きくなっていくだろうとして、次のように述べる。

人間と動物との差異を極小化していくような観念が主流となっていけば、それに応じて狩猟や漁撈の獲物となる生き物の生命を奪うことも、当然、種を同じくする人の生命を奪うことと類比的にとらえられ、断罪されていくほかかない。言い換えれば、そこでは新たに、動物殺しにともなって生じる罪責感情にどう対処するかという難問が浮上するのであった。

そして日本ではとりわけ近世以降動物殺しの罪責感を軽減する装置として「動物供養」が積極的に導入されることになった、とするのである。なお、中村生雄が考えるその前史は次のようなものである。古代には神の御饌などとして消費行為を儀礼的象徴的に正当化していた。そして中世には動物も成仏の主体となり[2]、彼岸の浄土を志向する人間と同一地平の存在とみなされ、人間が動物を恒常的に捕獲し、利用することを肯定する宗教上の観念と儀礼を形成することになった。このような展開は中村禎理と同様の変遷を想定しているものと見てよいだろう〔中村　二〇〇一b　九一―一〇三〕。この両者の論からは、人間が動物を殺すことに罪責感を持つことは普遍的なことと想定でき、それに対処する方法は文化によって違う、という点を確認できる。

そこで日本の場合はどうであったかを考えるにはその歴史的な動物観・殺生観の変遷を見ることが必要であることが、中村禎理、中村生雄ともにそれを試みようとしているように明らかである。手がかりとして、古代・中世に繰返された殺生禁断令と、仏教的な殺生観の浸透の問題がある。殺生禁断令については「殺生禁断の貫徹などということは、日本列島の自然環境とそこに生きる民衆という条件からも通時代的に不可能」〔苅米　一九九六　二六〕、「殺生禁断令は厳密に実行することが不可能な形式的・観念的な法」〔永井　一九九三　四三〕と指摘されている。その上で支配イデオロギーとして殺生禁断令を捉える研究がなされている。従って、殺生禁断令の実効性についてはもちろん懐疑的である必要がある。しかし、時に具体的加罰も伴った〔苅米　一九九六　一九〕ということから、一定の影響は与えたものと思われる。これに対して、生業を継続していくために「何らかの回避および妥協の回路」〔苅米　一九九六　二四〕が必要になるという点は重要な要素ではないか。民衆は殺生禁断と対峙する中から、それを克服する方法を考えだしながらも、殺生の罪の意識はその都度確認されずにはいられなかったと思われる。つまり、殺生禁断令の影響下にあった地域においては、この歴史の中で狩猟・漁撈の生活と殺生による罪責感のせめぎ合いを宿命づけられた、と言える。

その解決法の一つが諏訪明神の四句の偈である。また、苅米は寺院側から殺生を容認した、という例も挙げている〔苅米　一九九六　二四〕。苅米の論考では、殺生禁断思想は村落におけるクチアケ制や休漁などの民俗慣行と習合した可能性があるとする指摘も重要なものである。「殺生禁断思想は自然への畏怖にもささえられるかたちで、民衆の生活意識に浸透した」という表現が、仏教的不殺生の思想が普及したプロセスをよく表しているように思われる。そのような形の一方で、不殺生戒と生活のせめぎ合いからは、動物供養が生み出され、近世以降定着し、中村生雄のいう「供養の文化」が生まれた、ということになろう。

だが、ここで忘れてはならないことが一つある。ここに取りあげた研究からは、「罪責」という面が強調されるのであるが、生業の現場で常に殺生と罪の意識に苛まれながら仕事をしているのかといえば、もちろんそうではないということである。そのようなことでは仕事になるまい。むしろその恵みに感謝しながら、積極的に生業にかかわっているのである。例えば、鮭採捕の現場を見てみれば、そこには活気や威勢の良さ、といったものを感じる。狩猟においては、マイナー・サブシステンス論を援用して述べたように、楽しみという要素が欠かせない。殺生の悲壮感などはない。だが、誰もが最初からそうであったのかといえば、違うのではないか。鮭の頭を棒で思い切り殴りつける光景を慣れない人間が見れば、多少は衝撃を受けるであろう。「慣れている」ということは回数を重ねることでその衝撃を克服したことである。

その「慣れ」の中には、現実に生業による殺生を通して、様々なものを手に入れ、そのことの意味を十分に理解しているということが挙げられよう。それを食べれば美味であることを誰も否定できまい。また、その生業があるおかげで、過疎高齢化の流れの中でも、地域の活気を保つことができるという面もある。見方によってはやむを得ない殺生だが、反面それを積極的に行っていることも確かである。積極的に殺生に関わっているという点を確認するため、もう一つの例を挙げよう。

毎日新聞の連載企画「新教育の森」に鹿児島市立川上小学校の「アイガモの命をいただく会」が紹介されていた。[3]これによると、川上小学校では一九九六年から五年生がアイガモ農法による米作りの体験学習を行っている。しかし、アイガモ農法の利点は無農薬米とカモ肉を同時に得ることであるのに、アイガモを農家に譲ってしまい、最後を見届けずにいたことを心残りに思っていた教諭の発案により、子どもたちと保護者、近隣の農家が一緒にカモをさばいて食べる「アイガモの命をいただく会」が始められたのだという。子どもたちは毎年カモを食べるか食べないか話し合い、参加しない子どももいる。この記事では二〇〇六年の会の様子が紹介されている。カモの首に農家の人たちが包丁を入れるときには、遠巻きになり、目を真っ赤にしていた子どもたちも、作業が進むとともににぎやかになり、積極的に解体に加わったという。記事には、カモの毛をむしる子どもたちの写真が添えられている。

この記事に紹介された保護者や子どもたちの感想が大変示唆的である。「今の世の中は情報はたくさんあるけど、食べることの意味を忘れている気がする」（母）「毎日当たり前のように食べていたものは、一つ一つの大切な、かけがえのない命だったんだ」「こうやってまた明日も命を食べ続けるんです」（児童）など、食べることと命の意味を、一つの殺生の現場に立ち会うことで感じ取った様子がよく分かる。殺生をともなう生業に関わる人々は、その意味を最も強く感じ取っていることになろう。殺生の対象に個性を認め、「殺す」「死なせる」という感覚を明確に持っているからである。その感覚は、田中宣一の表現を借りれば気持ちの「ひっかかり」となってどこかに残っていくのではないだろうか。

積極的に殺生を行うということは、一つの生業の中に動植物を生業の対象として、場合によっては資源として捉える動植物観と、個性と生命を認め、殺すことによって「ひっかかり」を生む動植物観とが重層的に存在していることを表している。それは動植物供養の場に、大漁や安全といった現世利益の要素が重ね合わされることに表れている。第二部第一章ではこれをフェルトカンプや中村生雄の議論を参照しながら、動植物供養には動植物観の科学・経済的な側面と感覚・心情的側面の重層性が見られる、という提起をした。本書の動植物供養の事例からこの点をもう少し検討してみよう。

それが収入を得るためであれ、マイナー・サブシステンスのように楽しみのためであれ、ある生業で動植物と関わることは、その動植物を利用することを前提とするはずである。つまり、殺す、死なせることを前提としなければ生業は成り立たない。むしろ、より多く利用した方が、生業としては有利である。そして、生業を成り立たせるために対象となる動植物についての知識を、当事者は当然備えている。ここに動植物観の科学・経済的側面が表れている。しかし、自然を相手にしているために、科学的・経済的な動植物観を突き詰めてみても、どこかにわからない部分、ブラックボックスが残ってしまう。

そこに動植物に個性と生命を認める感覚的・心情的な動植物観が表れてくる。対象となる動植物に個性と生命を認める動植物観は、それを殺すことによって心に「ひっかかり」を生む。その「ひっかかり」を除くことでブラックボックスに働きかけ、大漁や身の安全を得ようとするのが動植物供養の現世利益的な面であろう。

ただし、これだけでは動植物を殺す、死なせることや、動物園・水族館で動物を人工的な環境に閉じこめることを「やむを得ない」と表現していたこと、先に示したように、殺した動物を利用しつくす、すなわち「活かす」ことを誇ったり讃えたりする心情のあること、そして何より、「生きているものを殺したら供養しなければならない」という、ごくシンプルな理由付けが強く共有されていることの説明には不足することになろう。この三点を結ぶキーワードは「責任感」ではないだろうか。自分は生きるためにやむを得ず動植物を利用し、殺す、死なせる。ただし、利用する以上は、動植物の死が無駄にならないようこれを最大限に活用する、すなわち「活かす」。そして、供養する。この一連の流れを果たすことが、動植物に対する責任として意識されている。供養をすることが自らの責任を果たすことであるからこそ、それによって大漁や身の安全を得ることもでき、心の「ひっかかり」を除いて、心を落ち着かせることもできるのであろう。

第三節　仏教が果たす役割

ここまでは、主として動植物供養を求める側の心情を、生業と動植物観から述べてきた。では、ここで仏教が果たしている役割とはいったい何なのか考えてみよう。人々が仏教に何を求めているかは、共通の心情を持ちながら、供養という形をとることができない、第二部第三章の動物園・水族館の事例から読み取ることができる。楽寿園の事例では魂入れのみは僧籍を持つ知人に頼んでいた。つまり、可能ならば僧侶の関与のもと、動植物供養を行うことを望む心情があった。楽寿園以外のどの事例においても、政教分離に抵触しないか慎重に検討した結果として慰霊という形を選んでいることを考えると、宗教色をなくす必要がなければ供養という形をとる可能性は高かったといって差し支えあるまい。このことから、現在でも霊を祀るということに関しては、僧侶の能力を期待する心情が強いことが窺えよう。

すると、佐々木が分析していた、僧侶の捉え方がここでも見られるのではないか、という点に気付く。序章にも挙げたが、以下に再掲しよう。

（筆者注　人々が死者の弔いを寺に依頼する理由は）端的に言えば寺と寺を主管する僧（住職・住持）には法力とか行力あるいは仏力が具わっており、この力または資質が死者・死霊を安定させうるとの観念や心情が人びとに共有されているからということになろう。
［佐々木　二〇〇四　五］

動植物供養を行う人々も、生業と動植物観から来る気持ちの引っかかりに対して、動植物の霊に働きかけて、感謝の気持ちを表現し、その気持ちを鎮める力を僧侶に期待しているとみることができよう。

これに対して、僧侶が不殺生戒を盾に佐々木の言う「仏力」の行使を拒否したのでは、仏教と生業との接点は生まれない。信仰に対する気持ちが生業からも生まれてくる以上、その接点に人々の気持ちにあったやり方を見出さなければならない。そこで動植物供養という形式が必要となるのである。さらには不殺生戒との整合をとるように教えをアレンジすることまである。それが第一部第三章に指摘した、静岡うなぎ漁協中遠加工場の供養における可睡斎の僧侶の挨拶に端的に表れていた。供養の後の直会の場とはいえ、供養の参加者がそのまま移動し、しかも精進料理をいただくという場である。そこでの挨拶は一種の法話の役割を持っているといってもいい。その挨拶の内容に、「不殺生戒とは『活かさなければいけない』ということ」「静岡の鰻屋さんを見ていると『活かされているな』と感じる」と話すことは、教学上は齟齬があるのかもしれないが、鰻生産者や加工者の心情に近づこうとする態度であるといえる。このようにして、人々との接点を作っていくことで、仏教は影響を持ち得てきたのではないだろうか。

そうした意味で葬式仏教と並ぶ両輪の片方が現世利益であったのではないか、というのが序章において提起した問題であった。動植物供養自体が、第一義的には第二節に述べたような心情を鎮める方向に働いているが、そのことは同時に供養という責任を果たすことによる大漁祈願や安全祈願の側面をも持つものであった。そこでより現世利益の側面の強い事例から生業と寺院の活動の相関を検討するために、第一部第五章「漁業と寺院参拝」で水運、漁業と仏教との関係を歴史的変遷も視野に入れて青峯山と那智山の信仰で取りあげた。また、第一部第六章「方廣寺と鎮守の信仰」の奥山半僧坊の事例では、第五章の事例以上に寺院側からの働きかけが明白に行われていた。そしてこれらの事例では、生業の視点から寺院の信仰史を再構成することが可能ではないかと思われた。青峯山正福寺はその典型的な存在である。正福寺の成立した地は、湧水のある水源地であり、海から見れば山アテの地であった。ゆえに麓の農村から水の神、漁村からは龍宮として信仰されていたであろう。しかし、青峯山を目印とする鳥羽港の風待ちの港としての発達、すなわち廻船による水運の発達が、青峯山の山アテの地としての性格を強調し、海上安全の祈祷寺としての発展を促した。さらには、大波にあったとき、青峯山の観音が現れ、救ってくださるという伝承がこの中で成立した。近代になり、漁民が沖合、遠洋へ進出していくと、廻船に変わって広域に青峯山の信仰を伝える存在となり、現在の盛況を見るに至った。このように、正福寺の祈祷寺としての発達には、生業の変遷が深く関わっていた。

中世以来の「蟻の熊野詣で」という表現に代表される伝統から、生業と関連した信仰の印象が薄い那智山についても、その信仰の一面に漁民ならではの習俗が存在することを指摘できた。一つは熊野那智大社で禰宜が祈祷に廻っている範囲においては、漁民の側も那智山へ参拝して旗を受けてくる習俗があること、今一つは、勝浦港に入港した船が那智山へ参拝するという習俗が存在することがそれである。その背景には、青峯山同様、沖合・遠洋漁業の発展を想定することができる。その象徴とも言える存在が、遠洋船を集結した魚霊供養碑建立の中心人物と目され、青岸渡寺への月参を欠かさなかった長久丸の大門長一氏であろう。さらに大門氏の場合、その信仰の形跡が青岸渡寺の境内に頌徳碑として遺されたのである。この一事をとっても、大勢から見ればたとえ一部に過ぎないとはいえ、漁民の視点から見た那智山の信仰史が考慮されることは欠かせない要素であることが知れよう。

青峯山にせよ、青岸渡寺にせよ、近代の展開として欠かせないのは、沖合・遠洋漁業の発展による漁民の活動範囲の広がりであった。しかも、これまで民俗学では関心が払われることがなかった遠洋漁業船の船主は、最も盛んに月参をしている存在であった。生業の視点から寺院の信仰史を考えるならば、彼らの存在を抜きにして語ることはできない。彼らの信仰の背景には、船員に対して重大な責任を持つ一方で、自らができることには限界があるという船主のあり方が指摘できた。一方で、広範囲にわたって、多くの定期的に参拝する寺社があるのが彼らの特徴であった。信仰の対象を求める心情を持ち、しかも行動範囲が広い遠洋漁業船船主という存在が近代に出現したことは、海上安全祈願を担う寺社にとって重要な要素であったはずである。それは、寺勢を拡大させる機会という意味合いからでもあるし、また新たに出現してきた生業の形態に対し、寺院側がそれに携わる人々の要請に応えていかなければならないという点からでもある。

その意味で、寺院側からの働きかけと、新たな生業の要請の出現という双方の交渉が見られたのが奥山半僧坊の明治一四年大火以降の展開であったと考えられる。臨済宗方廣寺派総本山である方廣寺に、奥山半僧坊と椎河大龍王という鎮守があることは、方廣寺がその成立の段階で取り込んだ、そして成立以降引き受けてきた地域の信仰の存在を示していると捉えることができる。それはすなわち、椎河大龍王の「鱗の聖経」に見る請雨祈願と、奥山半僧坊の縁起に見る、おそらくは浜名湖の漁撈・水運を対象とした水上安全祈願であった。しかし、廃仏毀釈と大火の打撃から立ち直ろうとする方廣寺は奥山半僧坊を中心とした布教活動に打って出る。その中で半僧坊には火伏の効験が加えられ、また布教活動の機運に乗って、伊勢の御師を思わせる活動形態の外務員も生まれてきた。

ちょうどそれ以降、外務員の一人が活動の地に選んだ三重県では、漁民が沖合・遠洋へ出て行くようになっていた。それはつまり、先述のように、広範囲に信仰対象を求めようとする心情が広まる傾向に合致したはずである。そこで、三重県の一部漁民・船主の間で奥山半僧坊は海上安全の信仰の対象となった。つまり、この事例は、近代の時代状況に対応して、信仰を広めようとする寺院と、信仰対象を広げようとする漁民の心情とが合致したところに生まれた習俗といえるのである。民俗と仏教とが混じり合い、一つの民俗信仰が生まれる過程を如実に示すものと捉えることができる。

ここで、本書において明らかになったことをまとめて、結論としよう。本書においては生業を視点とすることによって、動植物供養や海上安全祈願といった民俗信仰を支える、主に近代の地域的生業史や人々の心情を明らかにすることができた。すなわち、生業の中には人々が信仰を求める契機となる要素が多々潜んでいるということである。なかでも、動植物供養の根底にある、動植物に個性を見出し、そこから生命を認める発想を確認したことは本書の重要な成果であった。また、生業を視点とすることによってこれまで看過されがちであった生業史と寺院史の関わりや、遠洋漁業船船主の信仰を本書において捉えることができた。

一方、寺院の側は多種多様な生業の場からの信仰の要請に応えることによって、動植物供養や海上安全祈願といった民俗信仰を支えていた。そして、祈祷寺としての役割を持つ寺院においては、その寺院の信仰史と生業の信仰史とが相関関係を持って現在のあり方を作り上げてきたことが明らかになった。これこそ藤井正雄が提起した〈民俗の仏教化〉〈仏教の民俗化〉の相関の一端を示すものであったといえよう。そこには序章において提示した「通奏低音としての仏教」というあり方が現れていると考えられる。

そこに日本人と仏教との関わり方がある。筆者の最終的な課題である、日本人と宗教というテーマには、こうした通奏低音として存在する宗教をどう捉えるかということが重要な課題になることを、本書で示すことができたと考えている。

注

（1）『広辞苑』第五版　一九九八年　岩波書店。

（2）例えば、諏訪明神の四句の偈で「故宿人天　同証仏果」とされていることなど。

（3）毎日新聞二〇〇六年三月一三日朝刊。

参考文献

赤羽正春（二〇〇六a）『鮭・鱒Ⅰ』法政大学出版局

（二〇〇六b）『鮭・鱒Ⅱ』法政大学出版局

阿部友紀（二〇〇八）「効く祈願と効かない祈願―善宝寺龍王講にみる「ご利益」観―」『東北民俗』第四二輯　東北民俗の会

天野　武（一九九九）『狩りの民俗』岩田書院

（二〇〇〇）『野兎の民俗誌』岩田書院

池上廣正（一九九一）『宗教民俗学の研究』名著出版

池上良正（二〇〇四）「現世利益と世界宗教」『岩波講座宗教第二巻　宗教への視座』岩波書店　一六七―一九二頁

石原義剛（二〇〇二）「熊野灘海民の願いと祈り」みえ熊野学研究会編『熊野の民俗と祭り』みえ熊野の歴史と文化シリーズ二東紀州地域活性化事業推進協議会　九―二八頁

市川健夫（一九七七）『日本のサケ　その文化誌と漁』日本放送出版協会　ＮＨＫブックス

井之口章次（一九五九）「農耕年中行事」『日本民俗学大系　第七巻　生活と民俗Ⅱ』平凡社　一一七―一六六頁

岩井宏實（一九八七）「住吉と金毘羅」守屋毅編『金毘羅信仰』民俗宗教史叢書一九　雄山閣　九三―一〇三頁

（一九八八）「白山の海神信仰」櫻井徳太郎編『日本宗教の正統と異端』弘文堂　二〇五―二一四頁

岩本由輝（一九七九）『南部鼻曲がり鮭』日本経済評論社

梅津幸保（一九九八）『草木塔を訪ねる』置賜民俗学会
大木　卓（一九八七）『犬のフォークロア　―神話・伝説・昔話の犬―』誠文堂新光社
大崎智子（一九九五）「上野不忍池弁財天堂の供養碑をめぐって」『常民文化』一八　五九―八〇頁
大島建彦（一九九八）『アンバ大杉信仰』岩田書院
大塚秀雄（一九九六）『鰻養殖業の経済学』財団法人農林統計協会
大丸秀士（二〇〇二）『動物慰霊や動物愛護のモニュメントについてのアンケート調査』
大村英昭（一九九六）『現代社会と宗教　―宗教意識の変容』叢書現代の宗教一　岩波書店
大村英昭・佐々木正典・金児曉嗣（一九九〇）『ポストモダンの親鸞　真宗信仰と民俗信仰のあいだ』同朋舎出版
小野寺正人（一九九一）「陸前金華山信仰について」『陸前の漁撈文化と民間信仰』ヤマト屋書店
（一九九四）「鮭の漁撈習俗と伝説の成立　―弘法石伝説と鮭の大助伝承に関して―」『日本民俗学』一九九　六五―八〇頁
小山田信一（一九八〇）『草木塔』米沢豆本番外　米沢豆本の会
鎌田幸男（一九八七）「鰡漁と供養塚」『民具マンスリー』二〇―九　八―一八頁
（一九八九）「魚供養塚の考察　―鮭・鱒・鯆塚に関して―」秋田短期大学『論叢』四三　六八―八〇（十七―二九）頁
（一九九五）「魚供養等に関する追稿」『秋田民俗』二一　五五―六三頁
神野善治（一九八四）「藁人形のフォークロア　―鮭の精霊とエビス信仰―」『列島の文化史』一　日本エディタースクール出版部

亀山慶一（一九八三）「漁村における稲荷信仰」直江広治編『稲荷信仰』民衆宗教史叢書三　雄山閣出版
（一九八六）『漁民文化の民俗研究』　弘文堂
苅米一志（一九九六）「日本中世における殺生観と狩猟・漁撈の世界」『史潮』新四〇　歴史学会　六―三〇頁
川崎晃稔（一九九一）「南九州のエビス神」　北見俊夫編『恵比寿信仰』民衆宗教史叢書二八　雄山閣出版
木村　博（一九八八）「動植物供養の習俗」『仏教民俗学大系四　祖先祭祀と葬墓』　三七五―三七九頁
（一九九一）「虚空蔵菩薩と鰻」『虚空蔵信仰』民衆信仰史叢書二四　雄山閣出版
郷田洋文（一九五九）「年中行事の地域性と社会性」
『日本民俗学大系　第七巻　生活と民俗Ⅱ』平凡社　一六七―二三八頁
国立歴史民俗博物館
（一九九七）『動物と人間の文化誌』　吉川弘文館
小島孝夫（二〇〇五）「漁撈習俗伝播の諸相――資源分布と文化変容」
小島孝夫編『海の民俗文化　漁撈習俗の伝播に関する実証的研究』　明石書店　二四三―三
四八頁
（二〇〇六）「里と海・山のなりわい」
谷口貢・松崎憲三編『民俗学講義　―生活文化へのアプローチ―』　八千代出版
小島瓔禮（一九九一）「馬と人生　―日本人の見た馬―」
小島瓔禮編著『人・他界・馬』　東京美術　一―一九頁
（一九九一）「馬頭観音以前のこと　―生死観からみた馬の供養―」
小島瓔禮編著『人・他界・馬』　東京美術　二〇―三九頁

小林公子（二〇一〇）『生業信仰の形成と展開―技（わざ）の神から同業組織の神へ―』大河書房

五来重（一九五九）「仏教と民俗」『日本民俗学体系八　信仰と民俗』平凡社

（一九九五）「仏教民俗学の二十五年」『宗教民俗集成七　宗教民俗講義』角川書店

（一九八〇）「総説　仏教民俗学の概念」『講座・日本の民俗宗教二　仏教民俗学』弘文堂　二―一五頁

斎藤市郎（一九六〇）『遠洋漁業』恒星社厚生閣

桜井　厚（二〇〇九）「屠場の社会／社会の屠場」菅豊編『人と動物の日本史三　動物と現代社会』吉川弘文館　九八―一二三頁

櫻井徳太郎（一九八〇）「総説　民俗宗教論をめぐって」五来重・櫻井徳太郎・大島建彦・宮田登編『講座　日本の民俗宗教　五　民俗宗教と社会』弘文堂

桜田勝徳（一九四二）『漁人』六人社

（一九五九）「年中行事　総説」『日本民俗学大系　第七巻　生活と民俗Ⅱ』平凡社　一―一六頁

（一九六八）『漁撈の伝統』岩崎美術社

佐々木宏幹（二〇〇四）『仏力』春秋社

佐藤憲昭（一九八八）「善宝寺信仰とシャーマニズム」櫻井徳太郎編『日本宗教の正統と異端』弘文堂　二一五―二三二頁

佐藤忠蔵（一九六六）「草木供養塔」『置賜文化』三八　置賜史談会

佐野賢治（一九八七）「置賜通い―米沢市六郷町周辺」

『あるくみるきく』二四七　日本観光文化研究所　二六―二九頁
（一九九一）「鰻と虚空蔵信仰　―禁忌の歴史民俗学的一考察―」
『虚空蔵信仰』民衆信仰史叢書二四　雄山閣出版
進藤直作（一九七〇）『瀬戸内海周辺の鯨塚の研究』生田区医師会
新谷尚紀（二〇〇九）『お葬式　死と慰霊の日本史』吉川弘文館
菅　豊（一九九四）「呪具としての魚叩棒・呪術としての魚叩行為（アイヌ編）」
『動物考古学』一　二一―四一頁
（一九九五）「呪具としての魚叩棒・呪術としての魚叩行為　―北西海岸ネイティブ編―」
『動物考古学』四　五三―七九頁
（一九九六）「呪具としての魚叩棒・呪術としての魚叩行為　―日本本州編―」
『動物考古学』五　三九―六七頁
（一九九八）「深い遊び　―マイナー・サブシステンスの伝承論」
篠原徹編『現代民俗学の視点一　民俗の技術』朝倉書店　二一七―二四六頁
（二〇〇〇）『修験がつくる民俗史　―鮭をめぐる儀礼と信仰―』吉川弘文館
（二〇一二）「反・供養論―動物を「殺す」ことは罪か?―」
秋道智彌編『日本の環境思想の基層　人文知からの問い』岩波書店　二二五―二四八頁
栖川隆道（一九八五）「禅宗寺院と稲荷信仰」五来重監修『稲荷信仰の研究』山陽新聞社　五四一―六三八頁
千松信也（二〇〇八）『ぼくは猟師になった』リトルモア
鈴木正崇（二〇〇四）「祭祀伝承の正当性　―岩手県宮古市の事例から―」

『法学研究』七七―一　慶應義塾大学法学研究会

高木大祐　（二〇〇三）　「漁民の石に関する信仰とエビス信仰」
成城大学大学院文学研究科日本常民文化専攻田中宣一研究室／編
『えびすのせかい　全国エビス信仰調査報告書』　二九―三七頁

高桑守史　（一九九四）　『日本漁民社会論考―民俗学的研究―』　未來社

武田　明　（一九八七）　「金毘羅信仰と民俗」
守屋毅編『金毘羅信仰』民俗宗教史叢書一九　雄山閣　三三―五一頁

田口洋美　（一九九四）　『マタギ　森と狩人の記録』　慶友社

（一九九九）　『マタギを追う旅　―ブナ林の狩りと生活』　慶友社

田口理恵　編　（二〇一二）　『魚のとむらい　供養碑から読み解く人と魚のものがたり』　東海大学出版会

田中宣一　（一九八九）　「現代の『放生会』と魚霊供養」　『焚火』六　八〇―八九頁

（二〇〇六）　『供養のこころと願掛けのかたち』　小学館

谷口　貢　（一九九六）　「民俗学の目的と課題　民俗とは」
佐野賢治・谷口貢・古家信平・中込睦子編『現代民俗学入門』　吉川弘文館　一―七頁

（二〇〇九）　「民俗信仰研究のあゆみ」　『日本の民俗信仰』　八千代出版

千歳　栄　（一九九七）　『山の形をした魂　山形宗教学ことはじめ』　青土社

千葉徳爾　（一九六九）　『狩猟伝承研究』　風間書房　第四版（一九九五）

（一九七一）　『続狩猟伝承研究』　風間書房　第四版（一九九五）

（一九七五）　『狩猟伝承』　法政大学出版局

（一九七七）『狩猟伝承研究後篇』風間書房　再版（一九九〇）
（一九八六）『狩猟伝承研究総括編』風間書房
（一九九〇）『狩猟伝承研究補遺篇』風間書房
坪井洋文（一九七九）『イモと日本人』未来社
寺田喜朗（二〇一二）「浦村における魚供養の生成と定着―南伊勢町奈屋浦の変遷と漁撈習俗―」『大正大学大学院研究論集』第三六号　大正大学
飛田範夫（一九八五）『「作庭記」からみた造園』鹿島出版会
永井英治（一九九三）「中世における殺生禁断令の展開」『年報中世史研究』一八　中世史研究会
中田四朗（一九七三）「奈屋浦における鮪大漁記録から」『海と人間』一　海の博物館　一二―二三頁
（一九八四）「亡村的極窮を救った鮪網漁業―須賀利浦　芝田吉之丞の鮪網―」『海と人間』一一　海の博物館　三五―六〇頁
永松　敦（一九九三）『狩猟民俗と修験道』白水社
（二〇〇五）『狩猟民俗研究―近世猟師の実像と伝承』法藏館
中村生雄（二〇〇一a）『祭祀と供犠―日本人の自然観・動物観―』法藏館
（二〇〇一b）「『日本仏教』から見た人と動物―『殺生肉食』と『動物供養』の問題を中心に―」懐徳堂記念会編『生と死の文化史』和泉書院
中村康隆（一九九一）「仏教民俗学の構想」『仏教民俗学大系一　仏教民俗学の諸問題』名著出版
西濱広亮（二〇〇八）「貧困漁村に生きる「旅稼ぎ」人たち～捕鯨業との関わりから～」みえ熊野学研究会編『熊野産業史　海と山の恵みに生きる』

みえ熊野の歴史と文化シリーズ八　東紀州観光まちづくり公社　一四七―一五三頁

二野瓶徳夫（一九八一）『明治漁業開拓史』平凡社

野村史隆（一九八六）「青峰山と青峰信仰」『海と人間』一三　海の博物館　二五―六一頁

（一九九二）「伊勢・志摩海民の漁撈と信仰」『海と列島文化八　伊勢と熊野の海』小学館　四四一―四八二頁

野本寛一（一九八六）「仏教受容の基層民俗　―生業形態からの視角」宮家準編『大系仏教と日本人九　民俗と儀礼』春秋社　二〇六―二五七頁

（一九九三）『稲作民俗文化論』雄山閣

（一九九七）「総説　生業の民俗」『講座日本の民俗学五　生業の民俗』雄山閣　三―一八頁

長谷部八朗（二〇〇六）「民俗宗教の諸相」谷口貢・松崎憲三編『民俗学講義　―生活文化へのアプローチ―』八千代出版　二二三―二四〇頁

平賀大蔵　編（一九九四）「三重県下の海の石碑・石塔（一）　―大漁碑・魚介類供養塔―」『海と人間』二二　二一―三五頁

エルメル・フェルトカンプ（二〇〇六）「ペットの家族化」新谷尚紀・岩本通弥編『都市の暮らしの民俗学三　都市の生活リズム』吉川弘文館　一二〇―一五一頁

（二〇〇九）「英雄となった犬たち　軍用犬慰霊と動物供養の変容」
菅豊編『人と動物の日本史三　動物と現代社会』吉川弘文館　四四―六八頁
藤井正雄（一九九一）「比較仏教民俗学　覚え書き　―仏教の民俗化と民俗の仏教化をめぐって―」
『仏教民俗学大系一　仏教民俗学の諸問題』名著出版
船越清司（一九八三）『郷土創造　遠州鉄道物語』遠州鉄道
堀　一郎（一九五一）『民間信仰』岩波書店
松井　健（一九九八）「マイナー・サブシステンスの世界　―民俗世界における労働・自然・身体」
篠原徹編『現代民俗学の視点一　民俗の技術』朝倉書店　二一七―二四六頁
松崎憲三（一九九三）「ペット供養　―犬・猫を中心に―」『信濃』四五―一　一―二一頁
（一九九六）「寄り鯨の処置をめぐって」『日本常民文化研究紀要』第十九輯　三一―七六頁
（一九九六）「動植物の供養覚書　―供養碑建立習俗をめぐって―」
『民俗的世界の探求　―かみ・ほとけ・むら―』慶友社
（一九九九）「鯨鯢供養の地域的展開　―捕鯨地域を中心に―」
『日本常民文化研究紀要』第二十輯　二五―八四頁
（二〇〇二）「馬頭観音信仰の変遷　―馬の供養をめぐって」
印南敏秀・佐野賢治・神野善治・中村ひろ子編
『もの・モノ・物の世界　―新たな日本文化論』雄山閣　一六二―一七七頁
（二〇〇四）『現代供養論考　―ヒト・モノ・動植物の慰霊―』慶友社
南沢　篤（一九六八）『ハマチ養殖一二ヶ月』緑書房

宮家　準（一九八九）『宗教民俗学』東京大学出版会
宮本袈裟雄（二〇〇三）『庶民信仰と現世利益』東京堂出版
（二〇〇九）「民俗信仰の多様性と重層性」『日本の民俗信仰』八千代出版
武藤鉄城（一九四〇）『秋田群邑魚譚』アチック・ミューゼアム
最上孝敬（一九五九）「はじめに　―生業と民俗」『日本民俗学大系　第五巻　生業と民俗』平凡社　一―一二頁
柳田國男（一九六三）「犬そとばの件」『定本柳田國男集』一三巻　筑摩書房
（一九六八）「豆の葉と太陽」『定本柳田國男集』三一巻　筑摩書房
（一九七〇）「民間傳承論」『定本柳田國男集』二七巻　筑摩書房
矢野敬一（二〇〇六）『慰霊・追悼・顕彰の近代』吉川弘文館
結城嘉美（一九八四）「草木塔の調査報告」『山形県立博物館研究報告』五
湯川洋司（一九九七）「生業の相互関連」『講座日本の民俗学五　生業の民俗』雄山閣　二七一―二九二頁
吉永義信（一九四一）「山水河原者」『庭園と風光』二三巻六号　日本庭園協会
吉原友吉（一九八二）「鯨の墓」谷川健一編『日本民俗文化資料集成第一八巻　鯨・イルカの民俗』四〇九―四七七頁
依田賢太郎（二〇〇七）『どうぶつのお墓をなぜつくるか―ペット埋葬の源流・動物塚』社会評論社
米井輝圭（一九九八）「慰霊」佐々木宏幹・宮田登・山折哲雄監修『日本民俗宗教辞典』東京堂出版　四〇―四二頁

初出一覧

序章　生業からの仏教民俗研究へ向けて　書き下ろし

第一部　漁業と仏教民俗

第一章　研究史と問題の所在　書き下ろし

第二章　鮭漁と鮭供養

「漁撈儀礼と供養―東北地方の鮭供養を事例に―」『西郊民俗』一九二号　西郊民俗談話会　二〇〇五年

「漁業と供養　―東北地方の鮭供養を事例として―」『日本民俗学』二四八号　日本民俗学会　二〇〇六年

第三章　養殖漁業と供養

第一節　ハマチ養殖の変遷と魚霊供養　―尾鷲市三木浦の事例―

「『殺す』ことと供養の関係を問う―魚介類供養の事例から―」『次世代人文社會研究』二号　韓日次世代学術ＦＯＲＵＭ

第二節　真珠養殖と真珠供養　―志摩半島の事例―

第一節に同じ

第三節　養鰻漁業と鰻供養

「養鰻漁業の変遷と鰻供養の展開　―静岡・愛知県の事例より―」『民俗学研究所紀要』三四集　成城大学民俗学研究所

二〇一〇年

第四章　供養塔の維持と記憶の継承　書き下ろし

第五章　漁業と寺院参拝

第一節　漁民の信仰を集める寺社　書き下ろし

第二節　青峯山正福寺の信仰

「青峯山正福寺信仰をめぐって　―大漁祈願・航海安全祈願の展開―」『民俗学研究所紀要』三一集　成城大学民俗学研究所　二〇〇七年

第三節　勝浦港と那智山

「那智山と遠洋漁業―青岸渡寺の魚霊供養碑をめぐって―」『西郊民俗』二〇三号　西郊民俗談話会　二〇〇八年

第四節　遠洋船主の寺社参拝習俗

第三節に同じ

第六章　方廣寺と鎮守の信仰　書き下ろし

第二部　諸生業の動物観と供養・慰霊

第一章　研究史と問題の所在　書き下ろし

第二章　造園業と草木供養

第二節　置賜地方の草木塔・草木供養塔

「草木塔の現代における意義」『常民文化』二七号　成城大学常民文化研究会　二〇〇四年

第三節　造園組合と草木供養

「造園業者と草木供養塔　―技術と世界観の分析を中心に―」『民具研究』一三三号　日本民具学会　二〇〇六年

第三章　動物飼育と供養　書き下ろし

第四章　狩猟と動物供養　書き下ろし

終章　生業が生む信仰と仏教民俗

第一節　生業と動植物観　書き下ろし

第二節　「殺生」とむきあう

「『殺生』と『供養』の間」『常民文化』三〇号　成城大学常民文化研究会　二〇〇七年

第三節　仏教が果たす役割　書き下ろし

なお、本書への収録にあたって加筆・修正を行っている。

あとがき

私が最初に動植物供養の存在に気付いたのは、小学校四年生の時までさかのぼる。家族旅行で訪れた松島で、瑞巌寺境内の鰻塚がふと目に留まったのである。小学生のことだから、別にそれについて興味を持ったわけではない。ただ、こういうものがあるのか、という漠然とした印象をなぜかその後忘れずにいたのである。

筑波大学日本語・日本文化学類在学中に民俗学を志し、卒業論文のテーマ候補に動植物供養を考えたのは、そんな印象がきっかけだった。そして、中込睦子先生に最初にテーマについて相談したときに、先生が興味を示されたことで、このテーマは面白くなると思い、いよいよ研究に取り組み始めた。その時、中込先生がこれを読んでおきなさいと示されたのが、田中宣一先生と松崎憲三先生の論文だった。そして私は、お二人のおられる成城大学大学院に進学し、さらに動植物供養の調査を重ねたのである。私の大学院在学中、松崎先生が二〇〇四年に『現代供養論考―ヒト・モノ・動植物の慰霊―』を、田中先生が二〇〇六年に『供養のこころと願掛けのかたち』を上梓され、私にとって学ぶところが大きかったのは大変幸運であった。田中先生のご著書からは、これまでの論者が「罪責」と表現してきたことを、道具供養の例から「ひっかかり」と表現されたことに大きな示唆を受け、それが本書結論にも反映されている。

そして、指導教授の松崎先生からは、ご著書から示唆を受けたのはもちろん、徹底的にフィールドワークに立脚するスタンスや、幅の広さ・奥の深さをともに追求しなさいというお言葉で叱咤激励を受け、博士論文の完成に至るまで導いていただいた。漁業と寺院参拝というテーマが動植物供養と並ぶ本書のもう一つの柱だが、これは修士論文まで動植物の供養ばかりやっていた私の研究に幅を持たせようと、松崎先生が青峯山というテーマを示されたことが始まりであった。そこから、これまでの民俗学では十分に取り組まれてこなかった領域に入っていくことができた。さらに、その調査の過程で尾鷲市三木浦の遠洋漁業船長久丸に出会ったことが、研究の幅を広げてくれた。

こうした経緯で、博士論文「生業の信仰と仏教民俗　―供養と現世利益の視点から―」を平成二二年度に成城大学へ提出することができた。本書はこの博士論文に加筆・修正を加えたものである。ひとえに松崎先生のご指導の賜物である。心から感謝申し上げたい。また、研究の過程でお力添えをいただいた、中込先生と田中先生、博士論文の副査をしていただいた小島孝夫先生、岩佐光晴先生にも感謝申し上げる。

そして、フィールドで出会った方々のご厚意がなければ、本書は決して完成することはなかった。本来はお一人お一人にお礼を申し上げるべきだが、以下お名前を挙げさせていただき、感謝の意を表したい。津軽石鮭ます孵化場職員の皆様、富樫一雄氏はじめ箕輪鮭漁業生産組合の皆様、池田昭二郎氏はじめ川袋鮭漁業生産組合の皆様、十里塚の鈴木藤雄氏、鈴木智恵子氏、もと吹浦鮭鱒建網組合の池田春吉氏、小砂川の加藤長悦氏、潟の口建網組合の皆様、三協水産の三鬼誓郎氏、浜名湖養魚漁業協同組合、静岡うなぎ漁業協同組合中遠加工場、同吉田加工場、一色うなぎ漁業協同組合、島勝大敷株式会社、奈屋浦の加藤多喜男氏、青峯山正福寺堀口誠仁氏、熊野那智大社新名俊二氏、那智山青岸渡寺高木亮英氏、株式会社長久丸大門長衛氏、大門長正氏、方廣寺総務部、金原仁氏、上杉勝巳氏、東京庭職組合芹沢辰夫氏、玉川造園組合菅田正夫氏、狛江造園組合栗山祥夫氏、三島市立楽寿園、静岡市立日本平動物園、豊橋総合動植物公園、さいたま水族館、茨城県猟友会常総支部石下分会石山岩夫氏、静岡県猟友会伊藤政夫氏。

また、本書は「平成二五年度成城大学科学研究費助成事業等間接経費による研究支援プロジェクト」の「研究成果の公表（出版等助成）支援」を受けて刊行した。成城大学に感謝申し上げる。

最後に、私が本書の刊行にたどり着いたのは家族の支え、特に息子の進む道を黙って見守ってくれた父の影響が大きい。その父敏行は、博士論文執筆中に永眠した。せめて本書を仏前に捧げることとしたい。

平成二六年一月一七日

髙木　大祐

索　引

【あ】

【い】

【う】

【え】

【お】

【か】

【き】

【く】

【け】

【こ】

【さ】

【し】

【す】

【せ】

【そ】

【た】

【ち】

【つ】

【て】

【と】

【な】

【む】

【も】

【や】

【ゆ】

【よ】

【ら】

【り】

【わ】

著者略歴

髙木大祐（たかぎ　だいすけ）
一九七七年生　埼玉県草加市出身
成城大学大学院文学研究科日本常民文化専攻博士課程後期単位取得退学
成城大学民俗学研究所研究員
我孫子市杉村楚人冠記念館嘱託職員
専門は民俗学　博士（文学）

〈主要著書・論文〉
「漁業と供養　―東北地方の鮭供養を事例として―」（『日本民俗学』二四八号　日本民俗学会　二〇〇六年）、「造園業者と草木供養塔　―技術と世界観の分析を中心に―」（『民具研究』一三三号　日本民具学会　二〇〇六年）、「上田・小県・佐久地方の御柱祭　―ムラの御柱祭とその特質―」（『民俗学研究所紀要』第三〇集　成城大学民俗学研究所　二〇〇六年）、「『小京都・津和野』の発見　―イメージの形成と『小京都』の現状―」（松崎憲三編『小京都と小江戸　―「うつし」文化の研究―』岩田書院　二〇一〇年）

動植物供養と現世利益の信仰論

二〇一四年二月二五日　第一刷

著　者　髙木大祐
発行所　慶友社
〒一〇一―〇〇五一
東京都千代田区神田神保町二―四八
電　話〇三―三二六一―一三六一
ＦＡＸ〇三―三二六一―一三六九
組　版／ぷりんてぃあ第二
印刷・製本／エーヴィスシステムズ

ISBN978-4-87449-144-7 C3039